轨道交通行业系列培训教程

转向架柔性加工操作技术

主　编　管益辉　高思军
副主编　都江炜　王正强　徐　超
参　编　马文波　周国栋　王清章
　　　　曹全奎　崔坤强　李乐营
　　　　李启士　顾永鹏　钱　宇
主　审　贾广跃

机械工业出版社

本书较系统地介绍了转向架柔性加工操作技术，其中：第1章为转向架柔性制造概述；第2章介绍了柔性制造生产线与数控加工系统；第3章介绍了构架加工生产线；第4章介绍了轴箱体柔性加工生产线；第5章介绍了车轮柔性加工生产线；第6章介绍了车轴柔性加工生产线。本书以加工转向架各部件的自动化生产线为对象，通过实例进行详细分析介绍，由浅入深，层层递进，便于广大技术操作人员的学习及使用。

本书主要供轨道交通行业转向架柔性加工操作技术的培训使用，也可以供相关从业人员参考。

图书在版编目（CIP）数据

转向架柔性加工操作技术/管益辉，高思军主编. —北京：机械工业出版社，2023.3

轨道交通行业系列培训教程

ISBN 978-7-111-72358-5

Ⅰ.①转… Ⅱ.①管… ②高… Ⅲ.①转向架-柔性制造系统-技术培训-教材 Ⅳ.①U260.331

中国国家版本馆CIP数据核字（2023）第034085号

机械工业出版社（北京市百万庄大街22号 邮政编码100037）
策划编辑：侯宪国　　　　　责任编辑：侯宪国
责任校对：张亚楠 邵鹤丽　　封面设计：马若濛
责任印制：单爱军
北京虎彩文化传播有限公司印刷
2023年6月第1版第1次印刷
184mm×260mm·14印张·346千字
标准书号：ISBN 978-7-111-72358-5
定价：49.80元

电话服务　　　　　　　　　网络服务
客服电话：010-88361066　　机 工 官 网：www.cmpbook.com
　　　　　010-88379833　　机 工 官 博：weibo.com/cmp1952
　　　　　010-68326294　　金 书 网：www.golden-book.com
封底无防伪标均为盗版　　　机工教育服务网：www.cmpedu.com

前 言

随着我国铁路和城市轨道交通建设进程的加快,路网规模迅速扩大,产品技术不断升级,系统集成度逐步提高,轨道交通运营方式正向网络化和多样化发展,从而对轨道交通的安全性、可靠性提出了更高、更苛刻的要求,以产品质量保证产品的运营安全尤为重要。数控铣削、车削等技术的应用越来越广泛,在智能化生产中扮演着越来越重要的角色。目前,虽然针对有关数控铣削、车削操作编程的书籍较多,但针对采用卧式加工中心、龙门式五面加工中心、立卧式双主轴车削中心、空心轴中孔钻珩、全自动外圆磨床等先进设备进行数控加工的专业化书籍在市面上少之又少,能阐述将这些设备运用到轨道交通行业进行柔性化生产加工这种实际问题的书籍更是未曾面世,因此我们编写了本书。

本书由中车青岛四方机车车辆股份有限公司长期在一线从事生产实践工作的技能大师与工程技术人员编写,由中国中车金蓝领创新工作室领衔人、首席技能专家管益辉和中车资深技能专家高思军担任主编。本书内容与实际生产结合紧密,要点精炼,重点突出,图文并茂,通俗易懂,结构清晰,便于培训与教学。

全书由管益辉、高思军担任主编,都江炜、王正强、徐超担任副主编,马文波、周国栋、王清章、曹全奎、崔坤强、李乐营、李启士、顾永鹏、钱宇参与编写,贾广跃担任主审。全书共分为6章,第1章介绍了当今智能化制造,由王正强、徐超编写,第2章介绍了柔性制造生产线与数控加工系统的相关内容,由管益辉、周国栋、王清章编写;第3章介绍了龙门式五面加工中心进行构架部件自动化生产的相关内容,由高思军、管益辉、李启士编写;第4章介绍了以卧式加工中心为主体组成的轴箱体柔性加工生产线的相关内容,由管益辉、周国栋、王清章编写;第5章介绍了以双主轴立式车削中心为主要设备的车轮柔性加工生产线的相关内容,由都江炜、管益辉编写;第6章介绍了卧式双主轴车削中心、空心车轴中孔钻珩、全自动外圆磨床对车轴柔性加工的相关内容,由管益辉、马文波、曹全奎编写。本书的封页、内容简介、前言、目录、书中附图与表格以及格式等由顾永鹏、钱宇、崔坤强、李乐营统筹编写。本书的编写得到了中车青岛四方机车车辆股份有限公司工会与人力资源部的大力支持与帮助,在此表示由衷的感谢。

由于以先进机床设备为主体进行柔性生产加工作业在当今书籍资料中处在前沿位置,在编写过程中,还需要大家的进一步探求、验证。我们参考了有关的书籍、论文、期刊、资料等,在此对相关文献的有关作者表示感谢。

由于编者水平有限,书中难免存在不妥之处,恳请广大读者批评指正。

编 者

目 录

前言
第1章 转向架柔性制造概述 ………… 1
1.1 柔性制造的基本概念及意义 ………… 1
   1.1.1 柔性制造的基本概念 ………… 1
   1.1.2 柔性制造的意义 ………… 2
1.2 柔性制造系统的分类、组成及优势 … 3
   1.2.1 柔性制造系统的分类 ………… 3
   1.2.2 柔性制造系统的组成 ………… 4
   1.2.3 柔性制造系统的优势 ………… 4
1.3 柔性制造在轨道交通装备制造企业的
     应用 ………… 5
1.4 转向架柔性制造生产线 ………… 6
   1.4.1 构架柔性加工生产线 ………… 8
   1.4.2 轴箱体柔性加工生产线 ………… 8
   1.4.3 车轮柔性加工生产线 ………… 9
   1.4.4 车轴柔性加工生产线 ………… 9

第2章 柔性制造生产线与数控加工
系统 ………… 11
2.1 柔性制造生产线建设 ………… 11
   2.1.1 RFID芯片应用 ………… 11
   2.1.2 特征防错技术应用 ………… 12
   2.1.3 负载监控系统应用 ………… 15
2.2 数控加工系统 ………… 19
   2.2.1 发那科数控系统 ………… 19
   2.2.2 西门子数控系统系列 ………… 19

第3章 构架加工生产线 ………… 21
3.1 龙门式五面加工中心简介 ………… 21
   3.1.1 自动刀具交换系统 ………… 22
   3.1.2 刀库 ………… 24
   3.1.3 托板自动交换装置 ………… 25
   3.1.4 机床附属装置 ………… 25
   3.1.5 铣头简介 ………… 28
   3.1.6 铣头机械位置的调整 ………… 31
3.2 龙门式五面加工中心的轴与坐标 …… 33
   3.2.1 轴的名称 ………… 33
   3.2.2 坐标 ………… 33
3.3 龙门式五面加工中心编程 ………… 34
   3.3.1 加工形式 ………… 34
   3.3.2 工件的装夹 ………… 35
   3.3.3 刀具准备 ………… 35
   3.3.4 加工工艺分析 ………… 36
   3.3.5 NC程序的编辑 ………… 37
   3.3.6 改进了操作性能的宏程序 ………… 42
3.4 在线测量系统的应用 ………… 50
   3.4.1 测量精度补偿功能 ………… 50
   3.4.2 自动定心及基准面的补偿功能 … 51
   3.4.3 加工尺寸的监视及刀具位置的
         补偿功能 ………… 51
   3.4.4 测量、补偿结果的显示 ………… 52
   3.4.5 测量及补偿程序的编辑方法 …… 53
   3.4.6 典型测量程序的编辑格式 ……… 55
3.5 在线加工方式 ………… 61
   3.5.1 PC-RS232方式接口在线加工 …… 61
   3.5.2 PC-RS232方式串口在线加工 …… 61
   3.5.3 储存卡（U盘）的在线加工 …… 63
   3.5.4 数据服务器的在线加工 ………… 63
3.6 构架加工实例 ………… 64
   3.6.1 作业流程 ………… 64
   3.6.2 加工程序 ………… 65
3.7 操作过程中典型故障的排除 ………… 68
   3.7.1 ATT故障的复位 ………… 68
   3.7.2 托板自动交换装置交换过程故障
         排除方法 ………… 69
   3.7.3 ATC工作中途停止后交换过程
         故障排除方法 ………… 70
   3.7.4 铣头交换过程故障排除方法 …… 70

3.7.5 原点偏位后的复位方法 …… 71

第4章 轴箱体柔性加工生产线 72
4.1 卧式加工中心简介 …… 72
4.1.1 卧式加工中心结构及分类特点 …… 73
4.1.2 卧式加工中心选用要点 …… 74
4.1.3 双工位卧式加工中心简介 …… 76
4.1.4 卧式加工中心的主要功能介绍 …… 76
4.1.5 卧式加工中心工作环境 …… 77
4.1.6 卧式加工中心保养作业 …… 77
4.2 卧式加工中心加工工艺分析 …… 77
4.2.1 分析零件图 …… 78
4.2.2 工艺分析确定加工方案 …… 78
4.2.3 制造工装夹具 …… 78
4.2.4 选择加工刀具 …… 78
4.2.5 确定加工参数 …… 80
4.2.6 切点计算 …… 80
4.2.7 某车型轴箱体在卧式加工中心加工实例 …… 82
4.3 发那科系统在卧式加工中心的应用 …… 85
4.3.1 发那科数控系统编程与指令介绍 …… 86
4.3.2 宏指令的应用方法 …… 87
4.3.3 可编程参数 G10 …… 91
4.4 西门子数控系统在卧式加工中心的应用 …… 93
4.4.1 西门子数控系统的主要特点 …… 93
4.4.2 西门子系统机床面板及功能介绍 …… 93
4.4.3 孔加工固定循环编程 …… 95
4.4.4 参数编程 …… 102
4.4.5 极坐标编程 …… 105
4.4.6 可编程平移 …… 106
4.5 轴箱体柔性制造系统 …… 107
4.5.1 轴箱体柔性加工生产线操作流程 …… 107
4.5.2 轴箱体柔性加工物料储运系统 …… 109
4.5.3 柔性加工生产线设备功能介绍及应用 …… 115
4.5.4 刀具管理系统 MAPPS 介绍 …… 120
4.5.5 刀具寿命管理 …… 126
4.5.6 刀具破损检测介绍 …… 127
4.6 柔性加工生产线基准点的检测方法 …… 129
4.6.1 检测目的 …… 129
4.6.2 检测原理 …… 129
4.6.3 检测方法的优点 …… 131
4.6.4 检测方法应用总结 …… 131

第5章 车轮柔性加工生产线 132
5.1 数控立式车床简介 …… 132
5.1.1 车床主体 …… 133
5.1.2 数控装置 …… 133
5.1.3 伺服系统 …… 133
5.1.4 刀库 …… 133
5.1.5 特点及应用范围 …… 133
5.1.6 常用控制系统操作面板 …… 134
5.2 数控立式车床操作基础 …… 137
5.2.1 运行模式及操作方法 …… 137
5.2.2 操作注意事项 …… 139
5.2.3 加工注意事项 …… 139
5.2.4 其他操作 …… 140
5.3 数控立式车床编程 …… 141
5.3.1 坐标系的建立 …… 141
5.3.2 编程种类 …… 143
5.3.3 编程注意事项 …… 144
5.3.4 常用功能指令 …… 144
5.3.5 刀具补偿功能 …… 145
5.4 双主轴立式车削中心基础 …… 146
5.4.1 机床特点 …… 146
5.4.2 机床应用优势 …… 147
5.4.3 结构组成 …… 147
5.4.4 机床加工优势 …… 150
5.4.5 C轴功能 …… 151
5.5 双主轴立式车削中心操作基础 …… 154
5.5.1 工件的安装找正 …… 154
5.5.2 机床夹具 …… 154
5.5.3 常用操作方法 …… 155
5.5.4 其他操作 …… 156
5.5.5 HMI 用户操作菜单 …… 157
5.6 双主轴立式车削中心加工编程 …… 160
5.6.1 加工注意事项 …… 160
5.6.2 编程注意事项 …… 160
5.6.3 参数化编程应用 …… 161
5.6.4 设备特有辅助功能 …… 164
5.7 双主轴立式车削中心车轮加工柔性化生产线应用 …… 168
5.7.1 工件尺寸在线检测 …… 168
5.7.2 自动化输送系统 …… 170

5.7.3　车轮搬运桁架机械手 ………… 171
　　5.7.4　自动对刀功能 ………………… 173
　　5.7.5　刀具监视系统的应用 ………… 173
　　5.7.6　夹具检测机构的应用 ………… 174
　　5.7.7　自动断屑装置 …………………… 174
　　5.7.8　自动换刀系统 …………………… 174
　　5.7.9　双主轴立式车削中心组成的加工
　　　　　柔性化生产线 ………………… 175

第6章　车轴柔性加工生产线 …………… 178
　6.1　车轴柔性加工生产线工位布局 …… 178
　6.2　车轴输送系统 ……………………… 178
　6.3　车轴柔性自动化加工线主要组成
　　　设备及加工范围 …………………… 179
　　6.3.1　粗加工设备 ……………………… 179
　　6.3.2　内孔钻削 ………………………… 179
　　6.3.3　内孔珩磨 ………………………… 180
　　6.3.4　精加工设备 ……………………… 180
　　6.3.5　磨削设备 ………………………… 180
　6.4　空心车轴中孔加工 ………………… 181
　　6.4.1　空心车轴结构特点和中孔加工
　　　　　难点分析 ……………………… 181
　　6.4.2　中心孔钻削参数验证推荐 …… 182

　　6.4.3　中心孔珩磨优化方法 ………… 182
　　6.4.4　中心孔效果总结 ……………… 183
　6.5　卧式双主轴车削中心 ……………… 183
　　6.5.1　卧式双主轴车削中心简介 …… 183
　　6.5.2　卧式双主轴车削中心结构 …… 184
　　6.5.3　卧式车削中心用途及功能 …… 190
　　6.5.4　卧式双主轴车削中心操作 …… 193
　　6.5.5　空心车轴车削实例 …………… 197
　6.6　全自动车轴数控外圆磨床 ………… 200
　　6.6.1　床身及工作台 ………………… 201
　　6.6.2　磨床头架 ……………………… 201
　　6.6.3　磨床尾座 ……………………… 201
　　6.6.4　磨床砂轮架 …………………… 202
　　6.6.5　砂轮参数选择 ………………… 202
　　6.6.6　砂轮组装与拆卸 ……………… 205
　　6.6.7　砂轮修型、修整 ……………… 208
　　6.6.8　统型砂轮尺寸设计 …………… 209
　　6.6.9　马波斯P7测量系统 …………… 211
　　6.6.10　其他装置 ……………………… 212
　　6.6.11　应用举例：车轴磨削外圆直波纹
　　　　　　产生机理分析及消除 ……… 214

参考文献 …………………………………… 218

第1章 转向架柔性制造概述

1.1 柔性制造的基本概念及意义

1.1.1 柔性制造的基本概念

德国工程师协会（Verein Deutscher Ingenieure，VDI）定义，数字化工厂（Digitalized Factories，DF）是以制造产品和提供服务的企业为核心，是核心企业以及一切相关联的成员构成的、使一切信息数字化的动态"组织"。广泛使用 IT（Internet Technology）技术，通过有效地管理和利用该组织的数字化信息和数字化信息流，利用、控制、管理该组织的工作流、物流和资金流，实现组织内所有成员之间的高度协同工作和资源共享，提高该组织和组织内成员的敏捷性，为客户提供满足其需求的产品、全方位的服务和最大的附加值，同时实现该组织成员的共同和各自的目标。数字化工厂是数字模型、方法和工具的综合网络（包括仿真和3D虚拟现实可视化），通过连续的数据管理集成在一起。它是以产品全寿命周期的相关数据为基础，在计算机虚拟环境中，对整个生产过程进行仿真、评估和优化，并进一步扩展到整个产品生命周期的新型生产组织方式，是现代数字制造技术与计算机仿真技术相结合的产物。

国际上十几年前就开始对数字化工厂进行研究，最初的思想是使用电子描述替代纸质文件，并在软件工具中使用它进行电子布线和安装，以便于集成并减少工程成本。随着信息技术和数据库技术的发展，数字化工厂的概念有了很大的扩展。它集成了产品、生产过程和工厂模型数据库，通过先进的可视化、仿真和文档管理，提高产品质量和生产过程所涉及的质量和动态性能。数字化工厂的突出特点就是建立统一的数据平台，通过连通产品组件与生产系统，将用户需求用描述语言的方式输入系统，全网络统筹组织生产过程的各项资源，在改进质量的同时减少设计时间，加速产品开发周期，实现主机厂内部、生产线供应商、工装夹具供应商等环节同步进行的并行工程。以数字化技术为主要手段，以模式变革为导向，通过产品描述的数字化、过程管控的数字化、装备的数字化，打通产品工艺设计、生产、装配、检验、交付的全过程信息流，提升产品制造数字化、自动化程度，加速信息传递和闭环追溯。

"工业4.0"是由德国联盟教研部与联邦经济技术部联手推动的战略性项目，被看作是继机械制造设备的使用、电力驱动的大规模生产和引入电子信息技术的制造自动化之后,以智能制造为主导的"第四次工业革命"。它的理念源自信息技术与工业技术的融合,通过信息物理系统(Cyber-Physical Systems,CPS)实现产品全生命周期中各制造单元间相互独立地自动交换信息、触发动作和控制,将制造业向智能化转型,目标是建立一个高度灵活的个性化和数字化的产品与服务的生产模式,实现人、产品与机器之间的互动。"工业4.0"主要分为两大主题,一是"智能工厂",重点研究智能化生产系统及过程,以及网络化分布式生产设施的实现;二是"智能生产",主要涉及整个企业的生产物流管理、人机互动以及3D技术在工业生产过程中的应用等。"工业4.0"时代将改变整个生产技术的使用,整个系统将更加智能,联网更加紧密,不同组件之间可以相互沟通,工作更快、做出反应也更加迅速。德国提出"工业4.0"的概念,也是希望通过整合全国相关企业的资源要素,打通企业间的壁垒,从用户需求出发,形成一体化的制造和服务能力,在保证安全的前提下占领国际市场。

(1)数字化工厂和"工业4.0关系" 当前支撑"工业4.0"的技术基础主要包括:数字化工厂、工业通信协议、对象链接与嵌入的过程控制统一构架(OLE for Process Contral Unified Architecture,OPC UA)、数据算法模型(Machine to Machine,M2M)、片上系统、功能安全、信息安全、集成技术、工程标记语言等。"工业4.0"是从数字化工厂演变提升而来,数字化工厂是"工业4.0"的基础和落脚点。只有实现了数字化工厂,才有可能实现"工业4.0"。

(2)数字化工厂和自动化的关系 数字化制造并不等于全自动化制造,一般情况下,很多人会以为工厂要实现数字化制造,必须先实现全自动化,这其实是一种误解。以手机行业为例,如果开发一条全自动化的生产线,至少需要半年以上,但按照目前手机行业的创新周期,一般情况下,一款手机从设计到实现量产普遍只在一个月内。这时候,生产线上大部分的工作只有依靠人来完成,速度才会更快。行业的生产线更新周期太快,投入了很高的自动化成本,但生产效率并没有得到明显的提升。全球所有的手机制造方案几乎都不会用自动化生产线来完成,而组装环节也很少采用机械臂。人的生产灵活性不可能被自动化取代,人所具有的生产灵活性在很长的时间内,是无法被机器所取代的,人与机器的关系是互助的关系。但在企业的生产制造过程中,出现需要对复杂信息的寻找和判断时,可以用机器来替代人。数字化制造的价值,并不是完全用自动化设备取代人,而是帮助人。

1.1.2 柔性制造的意义

柔性制造作为数字化与智能化制造的关键技术之一,数字化工厂是现代工业化与信息化融合的应用体现,也是实现柔性制造的必经之路。数字化工厂借助于信息化和数字化技术,通过集成、仿真、分析、控制等手段,为制造工厂的生产全过程提供全面管控的一种整体解决方案。

从国际看,新一轮科技和产业革命正在兴起,制造业发展态势和竞争格局面临重大调整。发达国家纷纷提出了"工业4.0""再工业化"和"制造业回归"战略,围绕制造业,制定战略、出台政策、投入资金,彰显国家意志,试图赢得制造业竞争新优势。随着新一代信息通信技术的快速发展与先进制造技术不断深度融合,全球兴起了以智能制造为代表的新一轮产业变革,数字化、网络化、智能化日益成为未来制造业发展的主要趋势。各国都在谋篇布局，高度重视智能制造的发展，并且将其作为 21 世纪占领世界制造技术制高点的基石，纷纷推出新的重振制造业国家战略。德国推出的"工业 4.0"，美国政府宣布实施的"再工业化"等，目的都在于通过充分利用信息物理系统（CPS），推动现有制造业向智能化方向转型，借此获得经济、效率和竞争力方面的多重效益。

工业和信息化部提出的"两化深度融合"和"中国制造 2025"战略，为新常态下制造业发展找出一条道路，以推进信息技术与制造业深度融合为主线，以推广智能制造为切入点，强化工业基础能力，提高综合集成水平，全面推进制造业转型升级，推动中国制造实现由大变强的历史跨越。新一代信息通信技术广泛应用引发制造业发展理念、技术体系、制造模式和价值链重大变革，这一变革的趋势和核心是制造业的数字化、网络化和智能化。

中国制造业发展面临的国内外环境正在发生深刻变化。人口红利逐步消失，"人口红利"是指一个国家的劳动年龄人口占总人口比重较大，抚养率较低，为经济发展创造了有力的经济条件，整个国家经济呈高储蓄、高投资、高增长的局面。随着人口结构的变化，几十年来支撑我国经济高速运转的人口红利开始衰减，曾经辉煌一时的中国制造面临着用工成本高涨的局面，提高生产效率迫在眉睫。以往低要素成本优势正在逐步减弱，资源环境约束明显强化，部分行业产能严重过剩，自主创新能力问题凸显，传统的发展模式已经难以为继；中国经济发展进入新常态，既要把速度稳住，保持中高速增长，又能推动产业转型升级，迈向中高端水平。为此，中国也不失时机地推行了"中国制造 2025"，并将以数字化、网络化、信息化、智能化为特征的智能制造作为主攻方向，加速培育我国新的经济增长动力，抢占新一轮产业竞争制高点。国家创新体系实质上是由各个领域或行业的创新体系所组成的，现代轨道交通创新体系是其重要的组成部分。先进轨道交通装备是我国高端装备重点发展的方向，已经作为智能制造优先发展的十大领域之一，写入了"中国制造 2025"规划。

国际上智能制造在电子电气元件制造、航空飞行器制造、汽车制造等领域应用得比较广泛与深入，工程机械领域应用水平发展较快。航空飞行器制造企业是最早进行数字化技术应用的行业，波音公司和达索公司在多个项目中都已经实现了全三维的无纸化生产过程管控；电子电气元件制造企业的数字化技术应用最深入，西门子公司最先进的安贝格工厂已经实现了生产区域的完全无人化；汽车制造领域的数字化技术应用最为广泛，目前国际知名车企几乎 100% 的实行数字化管控，菲亚特的世界级工厂和法拉利马拉内罗工厂最具有代表性，不仅实现了很高的数字化管控水平，而且将工厂与环境完美融合；工程机械企业随着近年来的飞速发展，在数字化技术应用方面也进行了大量投入。数字化工厂技术已在航空航天、汽车、造船、工程机械以及电子等行业得到了较为广泛的应用，特别是在复杂产品制造企业取得了良好的效益，据统计，采用数字化工厂技术后，企业能够缩短 30% 的产品上市时间，避免 65% 的设计修改，减少 40% 的生产工艺规划时间，提高 15% 的生产产能，降低 13% 的生产费用。

1.2 柔性制造系统的分类、组成及优势

1.2.1 柔性制造系统的分类

根据需求不同，柔性制造系统可分为柔性制造单元、柔性制造系统以及柔性自动生产线

三类。

（1）柔性制造单元　柔性制造单元是由一台或数台数控机床或加工中心构成的加工单元，该单元根据需要可以自动更换刀具和夹具加工不同的工件。柔性制造单元适用于加工形状复杂、加工工序简单、加工工时较长、批量小的零件。虽然它有较高的设备柔性，但是人员和加工柔性相对较低。

（2）柔性制造系统　柔性制造系统是以数控机床或加工中心为基础，配以物料传送装置组成的生产系统。该系统通过电子计算机实现自动控制，能在机床不停机的情况下，满足多品种的加工。柔性制造系统适合加工形状复杂、加工工序多、批量大的零件。虽然其加工和物料传送柔性较高，但是人员柔性较低。

（3）柔性自动生产线　柔性自动生产线是把多台可调式机床（多为专用机床）联结起来，配以自动运送装置而组成的生产线。该生产线可以加工批量较大、规格迥异的零件。柔性程度相对较低的柔性自动生产线，在性能上接近大批量生产使用的自动生产线；而柔性程度相对较高的柔性自动生产线，则接近于小批量、多品种生产使用的自动生产线。

1.2.2　柔性制造系统的组成

对于机械制造业而言，其柔性制造系统的基本组成部分有：自动加工系统、物流系统、信息系统、软件系统等。

（1）自动加工系统　自动加工系统是以成组技术为基础，将外形尺寸（形状不必完全一致）、重量相似，材料相同、工艺相似的零件集中在一台或数台数控机床或专用机床等设备上加工的系统。

（2）物流系统　物流系统是完成工件、刀具的供给与传送的系统，它由多种运输装置（如传送带、轨道、转盘以及机械手等）构成，是柔性制造系统主要的组成部分。

（3）信息系统　信息系统是对加工和运输过程中所需各种信息收集、处理、反馈，并通过计算机或其他控制装置（液压、气压装置等），对机床或运输设备实行分级控制的系统。

（4）软件系统　软件系统是保证柔性制造系统由计算机进行有效管理的必不可少的组成部分。它包括设计、规划、生产控制和系统监督等软件。柔性制造系统适用于年产量在1000~100000件的中小批量生产。

1.2.3　柔性制造系统的优势

柔性制造系统是一种技术复杂、高度自动化的系统，它将微电子学、计算机和系统工程等技术有机地结合起来，较理想和圆满地解决了机械制造高自动化与高柔性化之间的矛盾。具体优点如下：

1）设备利用率高。将一组机床编入柔性制造系统后，其产量相比于该组机床在分散单机作业时的产量提高数倍。

2）再制品减少80%左右。

3）生产能力相对稳定。自动加工系统由一台或者多台数控机床组成，在其中一台或几台机床发生故障时，系统仍然具有降级运转的能力，物料传送系统也能够自行绕过故障机床继续加工。

4) 产品质量高。零件在加工过程中，装卸一次完成，加工精度高，加工形式稳定。

5) 运行灵活。可以将一些柔性制造系统的检验、装卡以及维护工作安排在第一班完成，第二、三班则可在无人照看的情况下正常生产。在理想的柔性制造系统中，其监控系统还能处理诸如刀具的磨损调换、物流的堵塞疏通等运行过程中不可预料的问题。

6) 产品应变能力大。刀具、夹具及物料运输装置具有可调性，且系统平面布置合理，便于增减设备，满足市场需要。

1.3 柔性制造在轨道交通装备制造企业的应用

随着我国铁路和城市轨道交通建设进程的加快，路网规模迅速扩大，产品技术不断升级，系统集成度提高，轨道交通运营方式正向网络化和多样化发展，对轨道交通的安全性、可靠性提出了更高、更苛刻的要求，以产品质量保证产品的运营安全。"一带一路""高铁外交"等战略实施，加快公司走出去的步伐。海外业务是公司实现国际化经营的重要支撑，是公司成为国际一流企业的重要手段。目前国际化经营，全球配置资源，并购重组，国际产品认证等方面制约着公司的发展。

据相关资料，世界高速铁路总里程已经超过5万公里，按照各国高铁发展规划，未来几年内的新增里程将达到3万公里以上，由此带来的高铁直接投资将超过1.1万亿美元，这给高速动车组制造业带来了巨大机遇，未来几年国际需求空间大。

近些年，国内高速动车组制造技术发展较快，代表产品如中车四方股份公司的CRH2系列、唐车股份公司和长客股份公司的CRH3、CRH5系列等，目前中国的高速动车组技术已经达到了国际先进水平，部分领域、技术，甚至已经领先于日本等发达国家。主要体现在：第一，与其他国家相比，中国具有"先天的成本优势"。数据显示，综合土建和车辆两个方面的成本，中国高铁造价只有国外造价的1/3~1/2，国内高铁的造价一般是1.5亿元/公里，德国法兰克福-科隆线，约合3亿元/公里，韩国2004年通车的高铁路基部分造价为2.5亿元/公里；第二，从制造设施来看，我国高铁制造设备设施在世界上属规模最大、工艺技术水平可达世界先进水平；第三，近些年，在国家鼓励自主创新平台建设的政策下，建成了一系列的国家工程实验室、国家重点实验室等，大力提升自主创新能力，并已初见成效，这些实验室在促进产品研发方面起到了重要作用；第四，我国政府大力支持高铁发展，实施"一带一路""创新驱动发展""走出去"等重大国家战略，"高铁外交"已成为中国外交的一个重要课题。仅2014年，我国就和二十多个国家接触商谈高铁的合作问题。另外，在我国周边规划了三条高铁线路，其中有两条已经辐射到欧洲，这三条高铁分别是：欧亚高铁、中亚高铁和泛亚高铁。中亚高铁与古老的"丝绸之路"重合，取道吉尔吉斯斯坦、乌兹别克斯坦等中亚国家，经过伊朗，再到土耳其，最后抵达德国。欧亚高铁从伦敦出发，经巴黎、柏林、华沙、基辅，过莫斯科后分成两支，一支入哈萨克斯坦，另一支遥指远东的哈巴罗夫斯克，之后进入中国境内的满洲里。另外一条泛亚铁路，是覆盖东南亚地区的高铁网络，从昆明出发，途经越南、缅甸、柬埔寨、泰国、马来西亚等国家，最后抵达新加坡。可以预见，未来我国高速动车组必然在世界上占有一定的市场份额。

目前企业正处结构调整、转型升级的关键期。逐步实现由提供产品向提供全面解决方案、由制造型企业向"制造+检修+服务"型企业的转变，推动成为轨道交通装备最强企业。

同时，子公司数量不断增加，管控方式日趋多样。随着企业规模和体量的不断增大，需要不断提高企业管理水平，不断进行组织机构、业务流程的优化，防范子公司经营风险。

通过开展智能化制造，能大大降低生产过程中对人的技能依赖，生产出更高品质的产品；大幅度提高劳动生产率、加快产品创新速度、提高产品质量和附加值、加快企业转型，能显著增强企业核心竞争力。利用物联网、互联网、大数据等，实现在线服务、维修数据服务、基于需求的服务等，开拓更多的商业机会。支持国际化经营，实现管理模式复制、海外工厂互联和全球研发协同；通过信息技术与现代管理融合，实现企业流程再造、智能管控、组织优化，建成数据驱动型企业。

高速动车组是技术含量高、知识技术密集、体现多学科和多领域高精尖技术的集成装备，其处于价值链顶端，具有高附加值，并在产业链占据核心部位，是典型的复杂机电装备。高速动车组产品特点是属于典型的复杂装备，每列动车组有8000多种零部件，物料清单（Bill of Material，BOM）深度超过7层；生产方式是离散制造，主要以人工产线为主；企业多按照客户订单进行生产安排，属于典型的复杂装备、离散制造、订单生产类型。高速动车组是典型的订单式、中小批量生产，具有一定的个性化、多样化特点，其结构非常复杂，主要由车体、转向架、牵引、制动、电气、空调、设备、辅助供电等多个部分组成，其中转向架是整个高速动车组的核心部件，也是体现技术创新和能力水平的关键零部件。转向架又包括构架、车轴、车轮、一系悬挂、二系悬挂、轴箱体等多个部分，除了一系悬挂等部件需要第三方提供外，构架、车轴、车轮、轴箱体等部分零部件都由主机厂企业生产。衡量高速动车组研制水平的关键最终是由高速动车组的安全性、平稳性、舒适性、可靠性等指标决定，转向架关键零部件的制造能力和水平是体现整个动车制造能力和水平的关键，因此项目重点是突破转向架上关键零部件加工的智能制造，一方面提高自身对转向架制造的技术水平，另一方面在行业和类似产品制造中进行示范和应用，以带动行业制造水平的提高。

1.4 转向架柔性制造生产线

轨道车辆由多节车辆构成，而每节车辆又由多个系统和部件组成，以"复兴号"高速动车组为例，其系统的基本组成如图1-1所示。

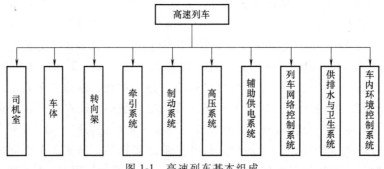

图1-1 高速列车基本组成

我国高速列车每节车厢都设有两台转向架，安装在车体两端下部，既对车厢起支承作用，又能够引导车体沿两条平行轨道行驶，如图1-2所示的转向架位置示意图。转向架是高速列车的走行机构，相当于人的腰和腿，专业叫法是"走行部"，如图1-3所示。

图 1-2　转向架位置示意图

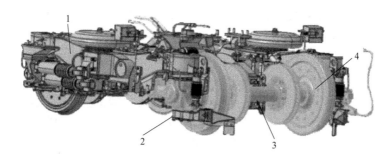

图 1-3　转向架结构图
1—构架　2—轴箱体　3—车轴　4—车轮

在高速飞驰的列车上，转向架处于轨道和车体之间，它的任务就是承载车体和乘客的重量，引导列车沿着轨道运行，并把加速力和减速力传递给车体，保证列车高速状态下依然具备良好的稳定性和安全性，同时尽可能降低轨道和车轮传递给车体的动态激扰，提高旅客的乘坐舒适度。因此，从专业角度来说，转向架主要具有导向、承载、引导和制动、减振和缓冲等功能。

构架是最能充分体现转向架专用特色的一个主要部件。来自于车厢的重量被分解到高速列车下部的转向架上，直接承载的部件是构架。构架是转向架的骨架，它将转向架的各个零部件组成一个整体，并承受和传递各种载荷。车辆载荷传递路径、转向架各个功能部件布局及接口形式决定了构架的主体结构形式。高速列车构架的外形类似于英文字母"H"，因此常被称为"H"形构架。构架作为承载部件，现代高速列车的构架通常采用焊接结构，局部结构采用锻造或铸造件，后期在构架柔性加工生产线进行多次加工成型。

轴箱体是连接构架与轮对的活动关节，内部安装轴承，允许轮对相对构架有垂向、横向、纵向和旋转的运动。轴箱体上部通过弹簧、减振器与构架连接，使轮对适应轨道不平顺等条件，衰减车轮振动。此外，通过橡胶定位节点连接轮对和构架，实现弹性定位作用，在保证轮对相对构架可以有一定相对运动的同时还能传递纵向力和横向力，轴箱体的生产加工是在轴箱体的柔性化生产线上实现自动化加工。

轮对是完成导向功能最主要的零部件，每个转向架包括两条轮对，每条轮对由两个车轮和一根车轴组成。动力轮对的车轴上安装有齿轮箱，而非动力轮对的车轴上安装有制动盘。轮对的加工是通过柔性化生产线实现车轮车轴的自动化加工。

1.4.1 构架柔性加工生产线

构架是高速动车组转向架关键零部件,构架加工质量直接影响高速动车组的行车安全。构架在焊接后,为了保证尺寸精度和几何公差,采用龙门式加工中心进行整体加工,加工后采用三坐标测量机对构架整体进行测量,测量数据在信息反馈服务器中进行数据处理。

目前构架加工采用单机作业方式,现有生产模式自动化程度低,构架运输、翻转、装卸均使用人工操作天车进行,导致辅助时间长、设备利用率低、构架加工效率不高。刀具寿命仍采用人工查看的原始方法,缺少刀具寿命的基础数据积累和刀具寿命的技术研究,导致大型加工中心自动化加工难以发挥优势。同时,对操作人员技能要求较高,需要经验丰富的人员对设备和刀具状态进行监控,人员技能差别对大型加工中心的使用影响巨大。在国内,多台小型加工中心集成的 FMS(Flexible Manufacturing System)柔性制造系统正在进行工程化应用,大型加工中心应用由于技术和成本原因,仍处于单机应用阶段。

龙门加工中心具有多种头库和刀库,可自动更换主轴头和自动换刀,所有操作均利用 NC(Numerical Control)编程实现。加工完成后采用三坐标测量机自动检测,三坐标测量机采用 NC 编程控制,自动输出检测报告。目前配置多台龙门加工中心和三坐标测量机,并行加工构架。通过工厂制造执行系统(Manufacturing Execution System,MES)和三坐标测量机集成,在构架自动测量完成后,测量数据自动由 MES 采集,并形成质量履历和检测报告。

1.4.2 轴箱体柔性加工生产线

轴箱体柔性加工生产线用于高速动车组铝合金轴箱体加工,同时满足动车组铸钢轴箱体和城轨地铁、大铁路客车轴箱体加工需求,生产线具有高度柔性,多车型可并行生产。该生产线由卧式加工中心、装卸工位、一套自动托盘运输系统组成。目前轴箱体加工生产线规模、数量、能力均处于国际领先水平。

1)轴箱体柔性加工生产线的智能化管理及质量控制技术。柔性加工生产线实现信息化管理,实现实时监控设备的运行状态,统计设备加工时间、设备利用率等情况,在监控中心可以实时查看设备运行情况。根据设备运行状态,修改加工工艺参数,优化工艺,进一步提高生产效率。

2)轴箱体柔性加工生产线的柔性模块设计技术。柔性加工生产线具备高度自动化,工装装卸完成后可通过控制系统调度托盘进入卧式加工中心,工件加工完成后自动复位至工件装卸台进行人工拆卸。设备利用率可达 85%~93%,柔性加工生产线可以全天 24h 工作。柔性加工模块使精度提高 1 倍,设备可轻易实现零件公差为 $20\mu m$ 的加工生产。柔性设计技术可实现多种轴箱体并行生产,同一时间内可加工多种零件,多种零件可以交叉制造。柔性加工生产线可同时加工铸钢、铝合金、铸铁轴箱体。根据实际生产情况,调整不同轴箱体的优先级,可随时插入生产急需的轴箱体品种,可快速加入新产品,新产品调试不影响整线运行。

3)轴箱体柔性加工生产线的互联互通技术。柔性加工生产线中卧式加工中心采用数控系统,采用工业总线和以太网联结及控制设备,实现设备间的互联互通。同时生产线和对刀仪集成,将刀具与对刀仪对刀后的数据信息作为反馈数据,并行计算并直接传递至加工中心生产线。

1.4.3 车轮柔性加工生产线

车轮柔性加工生产线主要进行动车组车轮精加工，车轮柔性加工生产线配置多台设备和1套桁架式机械手，车削中心主要进行车轮轮廓的车削，钻铣中心主要进行车轮幅板孔、注油孔的加工。

1) 车轮柔性加工生产线的智能化管控技术。为保障生产线自动化运行，该生产线同时配置刀具集中管理和上下料后的条码扫描、下料后的条码打印、粘贴系统、集中排屑系统、集中冷却系统。车轮柔性加工生产线具有智能化、自动化、信息化特点，该生产线控制系统可对所有设备进行集中管控，进行作业排产和调度，各个设备获得控制系统调度指令后，全自动运行，对各种零部件的状态进行识别，并做相应处置。

2) 车轮加工生产线柔性化加工技术。车轮加工生产线可以加工动车组和地铁车轮，具有高柔性，可同时进行多个品种车轮的生产。整线进行设备监控、上下料、刀片更换以及异常处置。车削中心配置双刀架结构，两刀架可同时车削，提高切削效率。采用液压自定心卡盘、设备和机械手配合，可自动上下料。钻铣中心采用动力主轴，可进行钻铣操作，加工注油孔。配置双刀库，采用姊妹刀管理。刀具磨损后，自动更换备用刀，并向控制中心提示更换。设置铁屑粉碎装置，避免铁屑在链式排屑器中堵塞。

3) 车轮柔性加工生产线的质量监控技术。设置在线对刀仪可在线对刀，设置工件测头可对车轮在线检测。对于车轮内孔，采用在线测量后自动补偿刀具参数，自动完成高精度部位的加工。工作区自动冲洗功能可去除工作台和自定心卡盘上残留的铁屑。刀具监控对于刀片蹦刃等异常情况时，采用对驱动转矩监控方式，在驱动转矩突然变化时，锁定机床运动轴，停机报警。生产线可实时监控所有设备的状态，大屏模式显示各个设备的运行、停止、异常等信息，对于自动化物流设备，可实时显示各个设备位置和移动动画。在控制中心设置视频监控摄像机和控制终端，可实时监控设备的切削状态，在设备出现异常时，可立即采取急停措施。设置集中刀具管理系统，设备上配置姊妹刀，同时在生产线旁设置一套刀具用来周转，更换刀片后，快速更换设备中的刀具。

4) 车轮柔性加工生产线的互联互通技术。可实时记录车轮的序列号和加工实际工序信息，自动保存检测数据结果并集中管理，自动输出质量报表，可实现全过程质量追溯，自动填写质量表单；实时采集设备加工状态和车轮加工数据，采集车轮的编号、加工时间等，可采用线条、饼图等形式显示设备利用率，处理数据信息并通过工业以太网上传远程服务器进行监测。

1.4.4 车轴柔性加工生产线

车轴柔性加工生产线主要进行车轴精加工，生产线具有国际领先水平，能够实现车轴全自动加工，车轴自动识别、自动上下料、自动定位装夹、自动加工、自动输送、车轴全工序的制造信息的自动记录，车轴自动化生产线实现空心车轴和实心车轴的并行生产。

1) 车轴柔性加工生产线信息采集及管控技术。生产线采用工业总线控制，负责车轴上下料、生产自动调度、生产优先级设置。总统系统可识别及设置车轴类型、不同规格车轴的加工工艺和工艺流程、工序间的车轴上料方向和采用的缓冲区。根据 MES 生产计划，调度车轴毛坯至生产线毛坯存放区，采用人工上料后，生产线上料台自动扫描车轴条码信息，确定车轴类型，同时中央控制系统自动调用该种车轴加工流程模板，执行车轴加工作业，同时控制系统根据设备工作状态、现有工装、夹具、刀具情况，指挥机械手自动输送车轴。基于信息反馈技术，执行数控设备的自动上料并扫描反馈当前信息数据，数控设备收到车轴型号信息后，根据车轴类型，自动调用车轴相应的数控程序，并执行数控加工。

2）车轴柔性加工生产线柔性化模块制造技术。空心车轴自动加工线集成柔性化模块技术，采用柔性工装及通用刀具的多维耦合实现车轴的精密加工。

3）车轴制造过程的互联互通技术。数控设备采用桁架式机械手自动上下料，实现物流自动化。数控设备和桁架式机械手均采用西门子数控系统，设备连接采用PROFIBUS工业总线和以太网，控制系统采用WINCC二次开发。

第2章 柔性制造生产线与数控加工系统

2.1 柔性制造生产线建设

2.1.1 RFID 芯片应用

将编制、验证完成的数控程序从 PC 端上传至 DNC 系统中,以工件物料编码作为识别的标识进行分类存放,构架高度调整阀安装座安装已读入构架物料编码、图号、编号等信息的 RFID(Radio Frequency Indentification)芯片,通过设备工作台附件安装的 RFID 读写器读取待加工构架芯片信息,传递至分布式数控系统(Distributed Numerical Control,DNC)系统,识别物料编码对应的数控程序,实现自动删除已加工完构架程序并自动下载待加工构架所使用的程序,自动交换工作台开始加工。通过读取构架安装的 RFID 芯片,不仅实现对构架进行识别,还能够记录统计构架在各个工序的工作时间以及构架在厂房的实时位置和状态,为生产排产提供数据支持,实现工件的信息化管理,芯片应用示意图如图 2-1 所示。

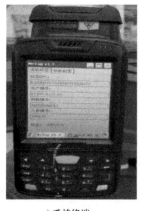
a) 手持终端

b) RFID读写器(一)

c) RFID读写器(二)

图 2-1 芯片应用示意图

通过手持终端将工件的信息写入 RFID 芯片中,信息的写入流程如图 2-2 所示。

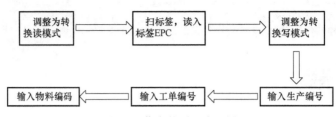

图 2-2　信息的写入流程图

2.1.2　特征防错技术应用

视觉识别技术为基础的构架防错技术，建立自动防错系统，采集不同种类构架的特征点信息，在指定位置安装视频采集设备，分析比对采集到的数据以达到自动防错的目的，研究视频采集方式、识别算法与构架加工集中控制系统数据交互方式等。

运行程序，打开"hcInspectx64"（注意要以管理员身份运行），图标如图 2-3 所示。

进入程序后的界面如图 2-4 所示。

图 2-3　hcInspectx64 软件图标　　　　图 2-4　hcInspectx64 平台运行界面

"开始"按钮：本识别系统开始运行的入口。

"停止"按钮：当软件出现故障时，单击此处，达到停止运行的目的，另外若该软件系统长时间不使用时可停止该软件的运行。

"工件配置"按钮：该按钮是在进行识别判断之前的模板特征定义的入口。

通过先定义模板特征，然后再进行工件识别。另外，除了这些输入的按钮之外，正中间就是系统运行时的工作窗口，在工作窗口的下方有两个显示窗口，主要用于显示该系统运行时的状态和当前结果。最下面显示的是当前系统状态，以及软件识别系统从数据库中读取的扫码器识别的最新结果，包括机床名、架构类型、识别时间以及识别结果。

1. 建立工序

选择以管理员身份运行该软件，然后进入到防错系统界面，单击"工件配置"按钮后进入到模板定义界面，然后进行设备选择，如图 2-5 设备选择界面所示，选取要进行模板定义的相机设备号。

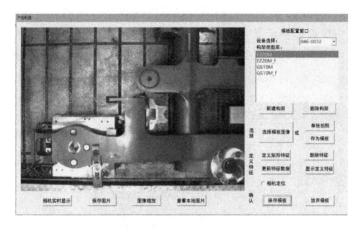

图 2-5 设备选择界面

这里以定义"EZ20M"为例,单击"新建构架"按钮,将光标移至"新建构架名称"编辑框,输入"EZ20M",单击"确认"按钮,完成工件的新建。如果同一工件在同一设备上加工不同的工序,需对不同工序设置不同的名称进行区别。

2. 生成模板

图 2-6 所示为模板生成界面。

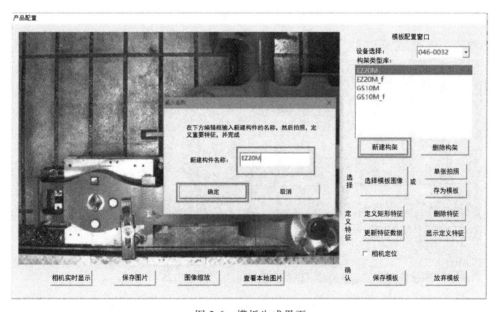

图 2-6 模板生成界面

新建并定义模板,单击"定义矩形特征"会出现绿色的矩形框,为未定义特征矩形框,可以单击(拖动时,鼠标左键需长按)矩形框中心点处,可以移动矩形框的位置,如图 2-7 所示的定义矩形特征界面中圆形标识处,单击(更改矩形框区域大小时,鼠标左键需长按)矩形框边沿部分可调整矩形框区域大小,定义特征矩形框时,应保证最小矩形框面积能覆盖所需定义的特征,这样可提高软件的运行效率及识别效率。特征矩形框定义完后,一定要将光标移至特征矩形框内,然后右击,确定特征矩形框的定义,当特征矩形框由绿色变为红色时,则特征矩形框定义完成,如图2-8所示的定义完成界面。一定要执行此步,否则刚刚的定义就会丢失。然后根据模板定义相应的特征,(每个模板需定义四个特征,特征的选取,根据每个构件的不同特征进行选取),按照上述步骤,依次完成四个特征的定义。

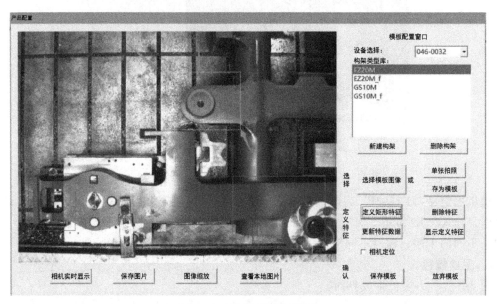

图2-7 定义矩形特征界面

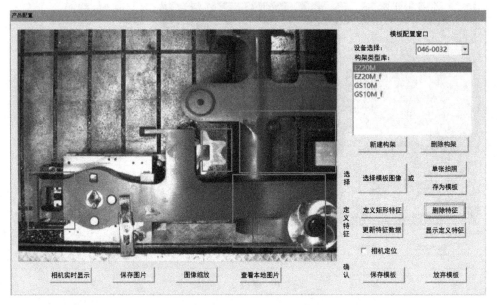

图2-8 定义完成界面

特征定义完后,选择"相机定位",然后单击"生成定位模型"按钮,完成模板的建立。可通过"显示定义特征"确认模板的建立情况,当出现四个红色的特征矩形框时定义成功,否则重新定义。定义完成后,单击"保存模板"按钮,退出模板定义界面,如图2-9所示的模型建立完成界面。

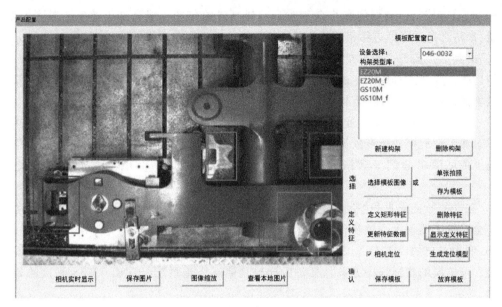

图 2-9　模型建立完成界面

2.1.3　负载监控系统应用

加工监控技术是最近几年发展起来的一种很新的生产理念。随着机床、生产线和车间的自动化程度越来越高,我们需要随时了解各个设备运行的状态、保证运转正常稳定。特别是对于贵重的机床工件和刀具,以及以后的无人化生产趋势,生产过程稳定非常重要。

而现状是,机床在执行程序的过程中无法自主了解加工过程的状态。在遇到一些异常情况时还会按照程序继续前进,从而可能造成刀具损坏、废品,甚至撞刀,无法保证正常的自动生产,还是要依靠人的参与、判断和控制。

加工过程监控系统是一种机床辅助系统,主要用于对各种加工过程进行监测、控制和优化。通过将硬件部分与机床控制系统连接,能读取机床实时数据和在需要时发送控制命令给机床。监控系统能通过对加工过程的学习,智能自动地判断加工过程是否正常,并且在发生断刀、撞刀、刀具磨损等情况下停止机床并通知操作人员处理,保障加工过程稳定。监控系统还能根据实时的加工余量自动调节进给倍率,在空切削和小余量时增加进给倍率提高加工效率,在大余量和材料硬时降低进给倍率保护刀具。监控系统在对加工过程监控的同时,还能自动记录加工过程中所有的加工曲线和机床数据,可以用于过程后的工艺分析依据和过程质量回溯,通过对加工过程监控来进一步提高产品的安全标准,自动生成可追溯的过程数据文件作为质量体系认证的一部分。

除了上述的单机监控功能,监控系统作为车间数字化和信息化的基础,可以从每台机床采集数据并通过网络集成为更上层的信息管理系统提供数据,把对每台设备的监控纳入车间的生产管理中去,这是切合"中国制造2025"发展的一个必然趋势,主要能实现的功能有:

1)加工过程可视化:在机床操作面板上或专门的显示屏上显示实时加工曲线。

2)异常状况监控:监测断刀、撞刀等异常状态并控制机床暂停,避免对工件、刀具和机床的进一步损坏,提高加工过程和机床的稳定性,降低废品率、返修成本和生产风险。

3）自适应控制：空切削和小余量时自动提高进给倍率，提高加工效率，遇到大余量/材料硬/振动时自动降低进给倍率，保护刀具。

4）刀具磨损监控：改变批量生产时根据额定寿命强制换刀的刀具寿命管理方式，优化刀具利用率，降低刀具成本；避免刀具提前磨损带来的风险，同时为额定寿命的刀具管理方式提供增强的寿命统计和分析功能。

5）加工过程数据记录：通过图片的方式按时间记录每个加工过程的曲线，按采样频率完整记录加工过程中的所有数据，包括程序、刀具和机床状态等信息；通过USB、网络读取或自动上传可编辑的记录数据（图片、CSV文件等）；SoftScope计算机端离线工艺分析软件。

6）独立的数据采集和控制：急速的响应速度，全天候监控；不占用机床本身的运算能力，不会对机床的程序、控制和反应速度造成影响。

7）利用客户的内部网络，可进行远程监控显示、数据读取和维护，支持远程报警通知和响应；可扩展的联网解决方案，具备后续与其他网络化系统（DNC、MES等）的集成拓展功能。

8）刀具负载监控系统数据设定：操作面板分为指示灯区、数字键区、编辑键区、电源开关、显示区和功能键区。系统通电后，屏幕提示"系统正在启动中..."，而后进入系统主界面，最后跳转至工序参数界面，如图2-10所示的刀具监控系统。

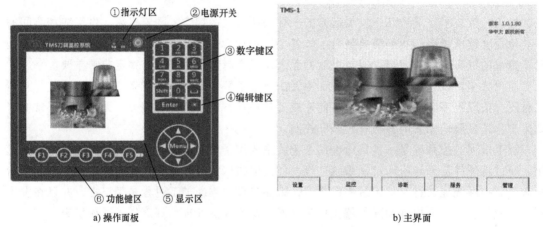

a) 操作面板　　　　　　　　　　　　　　b) 主界面

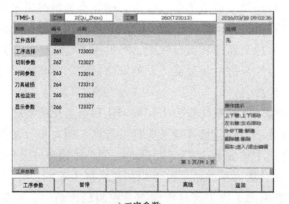

c) 工序参数

图2-10　刀具监控系统

1. 监控代码

监控代码见表2-1。

表2-1 监控代码

序号	代码	内容	注释
1	M530~M699	工序监控开始代码:优先添加在M08(开切削液)后,无M08则添加在M03Sx后;刀具、加工部位、加工程序等不同,均需要使用不同的M代码区分	与M750成对使用
2	→M750→	工序监控结束代码:添加在M09(关切削液)、M05(主轴停止)、M01、M00、M30前	—
3	M700~M719	工件M代码:添加在程序开始位置,保证更换NC程序时会执行	以构架加工为例,每个铣头更换执行M27后都添加工件M代码,保证工件切换M代码总能执行

2. 编写工件创建文件

NC程序中添加工件代码、监控开始代码和监控结束代码,其中工件代码不能与其他工件重复,监控开始代码和监控结束代码可以重复,代码表见表2-2。

表2-2 代码表

序号	工序号	工序名称	刀具号	刀具类型	主轴转速/(r/min)
1	530	01-2075	2075	1	800
2	531	02-2035	2035	2	500
3	547	03-2020	2020	3	1200
4	570	03-2056	2056	4	1380

3. 将创建文件导入系统

将编写好的工件创建文件放在U盘根目录下,U盘插入系统后面的接口;在工序参数界面切换到工件选择栏目,使用下键切换到最后一个工件,按下空格键导入,导入完成后系统自动创建工件和工序,并初始化工序参数;对于新工件的刀具监测过程,建议先将系统参数"是否控制机床"设置为0,待现场观察系统监测功能正常后,再设置为1,正式开启刀具监控功能,如图2-11所示的新建工件界面。

4. 重新学习

由于NC程序修改、优化,加工工序发生改变,需要重新学习,包括但不限于以下情况:

1) 加工路径、加工尺寸发生变化。
2) 主轴转速、进给速度发生变化。
3) 刀具型号发生变化。

操作步骤:①若主轴转速、刀具类型发生了变化,请在工序参数中对应修改主轴转速、刀具类型;②在监控界面下按<F2>键,该键变为"继续";③按<Shift>键、删除键切换工序,找到需要重新学习的工序;④按下<0>键,提示:"是否确定重新学习?Enter键—确

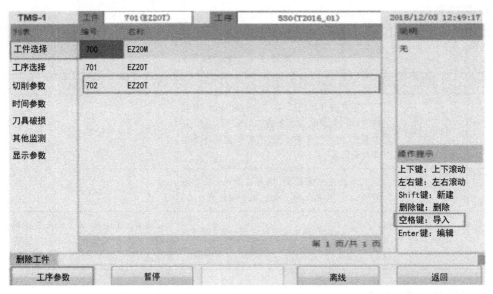

图 2-11 新建工件界面

定,删除键—取消",此时按下确定键,即可开始重新学习,如图 2-12 所示的重新学习界面。

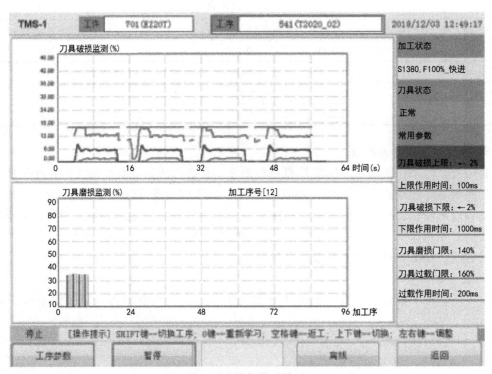

图 2-12 重新学习界面

5. 数据导出

插入 U 盘;F5—返回,F4—服务,F3—批量导出;导出时间较长,请等待进度条消失;F5—返回,F2—监控,如图 2-13 所示的数据导出界面。

第2章 柔性制造生产线与数控加工系统

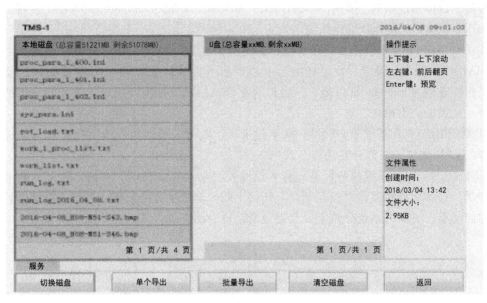

图 2-13 数据导出界面

2.2 数控加工系统

目前广泛应用于数控加工设备的数控系统是发那科数控系统和西门子数控系统系列，本节只对该系统进行简述。因柔性加工生产线为专用设备，数控系统按使用需求设定了不同功能，具体应用在每个生产线进行描述。

2.2.1 发那科数控系统

发那科数控系统是发那科公司研究的数控系统，创建于1956年，当时的日本技术专家就预见到未来3C（Communication、Computer、Control）时代即将到来，由当年富士通公司的技术专家负责当时科研组的工作，推出了电液步进电动机，这就是发那科公司的雏形。后来经过逐步开发研究，现在成为当今世界上数控系统科研、设计、制造、销售实力最强大的企业，占据了全球70%多的市场份额，在我国的北京、上海和台湾都有分公司。本文主要以卧式加工中心为例讲解发那科数控系统。

发那科数控系统的性能和功能十分强大，对操作者来讲入手十分快捷，其编程格式非常人性化，易于操作者理解与应用，而且系统质量稳定，适用于各种机床和生产机械，在市场的占有率远远超过其他的数控系统，随着新系统的不断出现，操作者在编程过程中也感觉到越来越方便。

2.2.2 西门子数控系统系列

西门子公司凭借在数控系统及驱动产品方面的专业技术与深厚积累，不断制造出机床产品的典范之作，其生产的数控系统，具有高度的模块化、开放性以及规范化的结构，适于操作、编程和监控。

西门子数控系统系列主要有 SINUMERIK3/8/810/820/850/880/805/802/840 系列，下面以 SINUMERIK840D 为例介绍该系统。

SINUMERIK840D 系统是西门子数控产品的突出代表。公司现有两台四轴卧式加工中心配置 SINUMERIK840D 系统，该卧式加工中心由三个直线运动轴加一个 B 轴回转运动坐标轴，工作台规格为 800mm×800mm，一台设备配合轴箱体柔性生产线产能提升，承担部分工序，另一台加工牵引拉杆。

SINUMERIK840D 系统于 20 世纪 90 年代推出，具有人机通信、数字控制和可编程逻辑控制器三 CPU 结构，三部分在功能上既相互分工，又互为支持。

SINUMERIK840D 系统的特征是具有大量的控制功能，如钻削、车削、铣削、磨削以及特殊控制，这些功能在使用中相互不会有任何影响。全数字化的系统、革新的系统结构、更高的控制品质、更高的系统分辨率以及更短的采样时间，确保了一流的工件质量。

第3章 构架加工生产线

3.1 龙门式五面加工中心简介

龙门式加工中心是指 Z 主轴的轴线与工作台垂直设置的加工中心,整体结构是由双立柱和顶梁构成。门式结构框架的大型龙门加工中心,双立柱中间还安装有横梁结构,尤其适用于加工大型工件和形状复杂的工件。

机床标准配置高转矩、大功率的内置式电动机,额定功率 45kW,主轴转速最高为 4000r/min,在 Z 主轴伸出长度为 600mm 时,其加工能力可达到 1170cm^3/min(切削材料为 S45C)。机床采用方形立柱结构,在垂向、横向等方向所受载荷下,其具有足够的刚性、耐重切削性,能够维持较高的切削精度。机床工作台的厚度比传统机型厚 30%,工作台的移动采用了滚动导向式,工作台和工件的重量全部由淬火磨削而成的导轨面上的 4 个滚柱轴承支承,负重不受工件重量变化的影响,可实现轻快流畅的动作及准确的定位。在工作台中间铺设了与滚珠丝杠水平方向相平行的滚动导向辅助窄导轨,可使工作台长时间保持稳定良好的直线运动。

机床配置丰富的主轴头。主轴头左右移动的宽幅导轨面具有较高的刚性,其截面呈矩形状,通过横梁上的辊子由自重平衡装置支承,可实现高速、高精度的加工动作,获得高品质的加工面。主轴头库设置于立柱后部,需要更换主轴头时,主轴头库向横梁下方移动,实现主轴头的自动更换。刀库中的刀具通过一条更换臂即可自动更换至纵、横两轴。此外,本机可在加工过程中将下个刀具传输至待机位置,实现最短的换刀时间。

龙门加工中心形式有多种,有定梁式(横梁固定、工作台移动/转动)、动梁式(横梁上下移动、工作台前后移动)、动柱式(工作台固定,龙门架移动)、天车式(工作台固定,横梁移动)及复合形式的龙门加工中心,不同形式的龙门加工中心的加工的特性、能力、针对的产品以及加工用途也不完全一样。

如图 3-1 所示的龙门加工中心示意图,其结构主要包括以下 7 部分。

图 3-1 龙门加工中心示意图

1. 工作台

龙门加工中心的工作台基本上是长方形的。工作台、床身、立柱、横梁和滑枕等大铸件采用铸铁件或焊接件,铸件内腔是蜂巢式复合排列结构,设计先进,铸件均经时效及二次回火处理,消除残余内应力,使材质稳定,确保工件加工精度及稳定的机床寿命。

2. 龙门

龙门由一个横梁和两个立柱构成。分为横梁固定、横梁靠定位块锁定分段升降和横梁任意升降三种类型。

3. 滑枕

滑枕从结构上可分为开式和闭式两种形式。开式结构的滑枕通过压板夹紧在主轴箱上,滑枕的截面积较大;闭式结构的滑枕被夹紧在主轴箱内,滑枕的截面积较小。

4. 刀库

刀库的基本形式有转塔型、轮鼓型和链长型三种。

5. 附件头库

大型复杂零件的加工通常需要很多附件头。附件头根据工件的加工要求进行特殊设计,一般分为直角头、加长头、特殊角度头及万能头等。

6. 数控系统

数控系统供应商很多,按照不同的加工需求确定系统品牌和型号。

7. 精度

机床的精度是指机床在未受外载荷的条件下的原始精度。精度通常用测量结果与理想状态之间的偏差(简称误差)来表示,误差越小,则精度越高。

在作业人员操作龙门加工中心时,要严格按照操作规程执行。即:

1)操作者应熟悉、掌握龙门加工中心机器的性能与特性。保证紧急停止开关在紧急状况发生时,能快速有效地发挥作用,避免发生伤害事故。

2)按规定穿戴好劳动防护用品,严禁戴手套操作。

3)设备工作时,切勿以潮湿的手接触电子开关,以免受电击。不准用手触及任何运动部件。

4)不得将工具或非加工工件放置在龙门加工中心或移动物体上。

5)机器旁的电脑桌或工作桌必须坚固,不得将其放置在移动件上。

6)上下工件时,应先停止机器运转,并注意工件与刀具间保持适当距离;机器运转中,请勿任意打开前门及左右护盖以免人员受伤。

7)刀具完成设定后,请先以DRY RUN试跑,以确定程序正确无误。

8)电源断电或紧急停止后在关机时,应使各轴恢复机械原位。

9)不得擅自拆除行程开关或任何保护开关的相关零件。

10)结束工作离开机器前,应关闭操作面板的控制电源开关、电器箱总开关。

3.1.1 自动刀具交换系统

自动刀具交换系统(Automatic Tool Changer,ATC)装置大致由刀库及换刀机械手构成。刀库是链条式结构,具有80个刀杯,刀杯是执行刀具分布及收藏刀具的部分,被安装在立柱的侧面,便于刀具的交换和安装。刀库中的刀杯具有自动旋转记录编号功能,可以通过

90°旋转装置,在与主轴相同的方向上旋转90°。换刀机械手抓取刀具并将刀具安装在主轴上,并在待机刀位和刀库刀杯之间进行交换动作,如图3-2所示的ATC装置。

1. ATC装置

交换刀具要在滑枕及床鞍回到ATC位置后,短时间内完成刀具交换,接着运行下一把刀具的加工。在此之后,刀具的交换装置单独地向左方移动,把旧刀具收回到刀库内,再抓出下一把新刀具返回到待机位置,至此完成整个刀具的交换过程。

刀具的抓取方式是按照刀杯的编号进行的。刀具编号和刀杯的编号相同,ATC交换指令程序为M06。

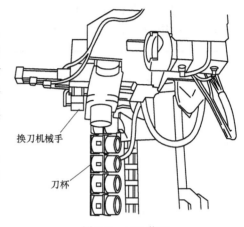

图3-2 ATC装置

注意:

1)在ATC运行过程中,由于工作台位置的不同,工件可能会横向发生碰撞或同刀具碰撞。由于 X 轴通常是处于机床原点指令ATC动作的,所以在编制程序时要考到此因素。

2)用该指令将换刀装置上的待机刀具与主轴轴上的刀具进行交换。本指令与普通的M指令相同,是单独指令。

3)刀具编号的设定。通常存储器已设定了刀具编号,由于故障或某种原因,刀具信息数据消失,就有必要进行再次设置。

M194 T-:当前已在主轴轴上的刀具编号;M195 T-:在待机位置上的刀具编号。

2. 立式主轴的ATC和卧式主轴的ATC

立式主轴以及卧式主轴都可以进行刀具交换。在任意的横向导轨位置,当床鞍以及滑枕返回ATC位置后,机床能够立刻在短时间内进行刀具交换,然后进入下一阶段加工(移动中主轴处于定向位置停止状态)。同时,刀具交换装置单独向左移动,在刀库完成收藏;或选择新刀具之后,再收藏最新的刀具,然后再次移动至待机位置,至此,刀具换刀全过程结束。

刀具交换时间根据ATC指令M06。交换时间就是指机床和刀具交换装置在ATC位置开始更换刀具,到结束后离开ATC位置的这段时间。对于安装在滑枕上ATC主轴的刀具交换,有按照ATC主轴的方向与尺寸,从 Y、Z 轴的原点设计了刀具交换子程序。为了防止刀具与机床本体相互碰撞,横向导轨的位置在下方,有可以限制进行ATC操作的区域。

3. ATC的复位功能

ATC的复位功能就是在ATC运行的过程中,出现紧急停止或异常停止状况,由操作界面进行操作,达到使ATC装置快速复位的目的。在交换刀具过程中,出现中途停止的状况,也可使用复位功能交换刀具,而且可以使 Y、Z 轴的原点复位,将装置完全恢复至待机位置(M70)。

可单独使用M代码进行复位,在图3-3所示的设备操作界面中进行ATC复位操作,图3-3a所示为ATC复位界面,通过紧急停止按键使ATC中途停止可自动移至ATC的复位界面,在停止循环中,出现"←"号,以表示部分工作状态。在界面的上方,显示主轴刀具、待机刀具、旧刀具及刀库的刀具编号；开启运行准备，显示图3-3b所示的设备开启运行界面；改为手动模式，如图3-3c所示的设备"循环前进""循环后退"界面，按"循环前进"或"循环后退"软键，逐一显示前进或后退；恢复至ATC启动位置；图3-3d所示为设备完毕界面，←动作信号消失，界面下方提示"已完毕请确认刀具编号"的信息。

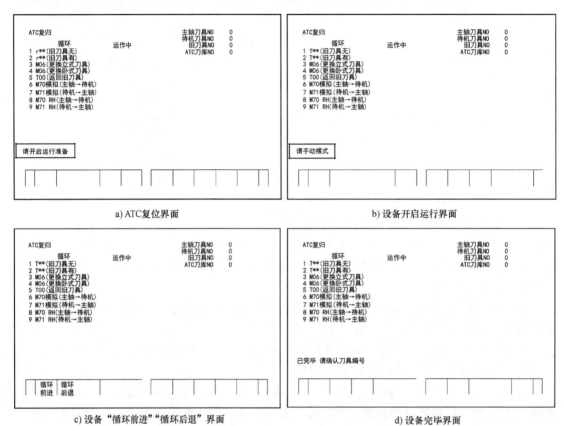

图3-3 设备操作界面

3.1.2 刀库

龙门式加工中心所用刀具都安装存放在刀库中，如图3-4所示的龙门式加工中心刀库示意图。将加工工件的刀具安装到ATC的刀库内，对于安装好的刀具要进行登记排序，也就是将程序中设定的刀具编号与安装在刀库内的刀具对应起来。作为安全预防，刀杯具有自锁装置，解除自锁后，才能进行刀具安装。刀具的安装位置在刀杯左下方的3个刀杯处，可以同时安装3把刀具。当安装刀具超过3把时，要通过刀库分度的旋转进行安装操作，刀库最多可安装80把准备好规格的刀具。将要使用的刀具安装到刀库刀杯中，刀具编号与刀杯编号可以任意组合，只需将刀具插入刀杯后进行刀具编号登记即可。预安装刀具的厂家没有特别指定，但刀具的形状、尺寸要符合设备规定可以使用的刀具，如果安装了指定范围以外的刀具，会发生刀具固定到主轴上的力度不足或刀具掉落等危险事故。

注意事项：

1) 安装大直径的刀具（φ120mm以上），为了避免磕碰，不要在相邻的两个刀杯中安装刀具。

2）安装刀具，注意重量的平衡。

3）在将刀具安装到刀库中之前，使用刀具的长度、直径须测量完毕，并将测量的刀具数值输入到设备刀具表中。

4）刀具 T1~T80，用于表示 ATC 的刀具号。

5）刀具最大质量不超过 30kg。

6）若手动更换刀库刀具时，可以采用手动正转或逆转刀具改变交换装置。

7）持续按压按钮的状态下，刀库按指定方向运转，一旦松开按钮，则在随后的刀库刀套分度位置停止。

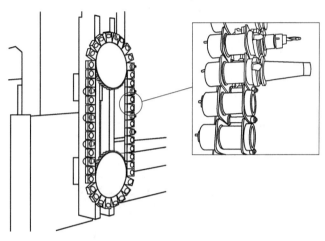

图 3-4　龙门式加工中心刀库示意图

3.1.3　托板自动交换装置

托盘自动交换装置是通过托盘交换器与三菱龙门式铣床本体设备组合使用。如图 3-5 所示的托盘自动交换装置，在加工过程中，下一个待加工工件应在其他托盘上，待加工完成后自动与装载有待加工工件的托盘进行交换，可以发挥出缩短准备时间的优势。托盘交换器又称为十字式交换器，在 X 轴方向和 Y 轴方向移动，并在设备床面中心线上实现纵向交换，移动搬送装置及其他附属装置由油压缸驱动，3 台托盘台架上装载了搬送装置、床面内置的定位装置以及加紧装置，通过装置的组合运作，从而实现自动交换的目的。通过调用 M 代码，来实现托盘与机床本体的自动交换过程，托盘自动交换代码功能见表 3-1。

3.1.4　机床附属装置

收藏台的形式为鼓轮式，收藏数量最多为 5 个（因规格不同而异），收藏罩盖能够实现自动开闭，如图 3-6 所示的机床附属装置。根据 NC 运转（读出程序号码）进行定位操作，从而实现附属装置的自动交换。

AAC 铣头更换指令程序 M95，在 AAC 交换动作时，由于工作台位置的不同，工件会同刀具横向发生碰撞。因此，X 轴通常是处于机床原点，执行指令 AAC 动作。所以要在编程过程中充分考虑此因素。

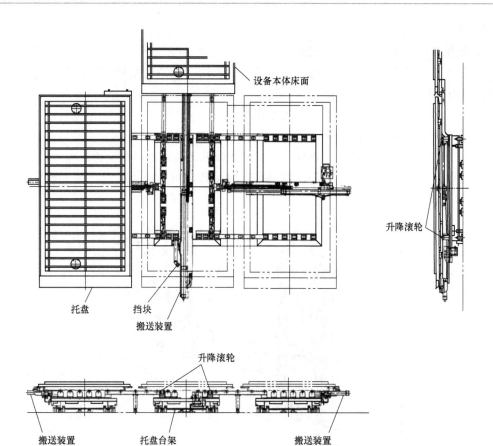

图 3-5 托盘自动交换装置

表 3-1 托盘自动交换代码功能

M 代码	功能	行期
M126	挡块"插入"	S
M127	挡块"拔出"	S
M128	升降滚轮"上升"	S
M129	升降滚轮"下降"	S
M151	托盘夹紧	S
M152	托盘松开	S
M153	托盘定位销"插入"	S
M154	托盘定位销"拔出"	S
M155	X 轴搬运"前进"	S
M156	X 轴搬运"后退"	S
M157	X 轴搬运销"插入"	S
M158	X 轴搬运销"拔出"	S
M161	预备销"插入"	S
M162	预备销"拔出"	S
M163	预备"前进"	S
M164	预备"后退"	S

(续)

M代码	功能	行期
M165	待机销"插入"	S
M166	待机销"拔出"	S
M167	待机"前进"	S
M168	待机"后退"	S

附属装置的更换（AAC）程序：型号 ATT No。

T1000：隔板铣头；T1100：直角铣头；T1200：加长铣头；T1300：小型直角铣头；T1500：万向铣头。它们表示各指令所代表的刀具。

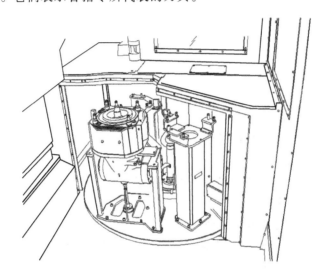

图 3-6　机床附属装置

1. 自定义宏程序的使用

更换、安装以及存放附属装置（ATT），要设置自定义宏程序的 M 代码作为指令。

（1）AAC 的更换和安装

格式：M95　T--；

T 为要安装的附属装置。用该指令，滑枕主轴将安装完成的附属装置返回收藏铣头库内。以 T 指令指定的附属装置进行装刀。

（2）AAC 的收藏宏程序

格式：M95；

该指令安装附属装置 T 型号，若执行上述指令，则只收藏附属装置。

2. 执行 AAC 指令（宏指令）的前提条件

1）返回安装了刀具的附属装置。

2）可分度附属装置的分度角度为 0°。

3）将 Z 轴定置于 OFF（关闭）。

4）将 W 轴（横梁）置于与下一个 ATT 不相碰的安全位置。

5）与 Y 轴（床鞍）不相碰的安全位置。

3. AAC 指令执行内容

1) 将 W 轴移至可执行 AAC 的位置。
2) DMP.RH，W≤-800。
3) Z 原点复位。
4) X 原点复位。
5) Y→AAC 开始位置拆卸动作。
6) 安装动作。
7) Y→AAC 开始位置。
8) W→AAC 开始前的位置定位。

4. 程序的案例

（1）直角铣头

G91 G28 Z0 M19；

M55 B0；

M95 T1100；

（2）由隔板换成直角铣头

G91 G28 Z0；　　Z 轴原点复位指令

M06；　　　　　返还刀具

M95 T1100；　　由隔板换成直角铣头的交换指令

（3）由直角铣头换成隔板

G91 G28 Z0；　　Z 轴原点复位指令

M55 B0；　　　　附属装置 0°分度指令（不可分度的附属装置不需要指令）

M06；　　　　　返还刀具

M95 T1000；　　由隔板换成直角铣头的交换指令

3.1.5 铣头简介

1. 直角铣头

如图 3-7 所示的直角铣头装置，该直角铣头被固定在能自动分度的支架上，通过安装在滑枕上使用。由于滑枕主轴与主轴成直角，所以按每 1°自动分度，滑枕和支架的旋转驱动主轴旋转，从而可进行多方向、角度的加工，直角铣头是通过滑枕内置的附属装置夹紧器拉紧安装在支架内的 4 只牵引销进行自动安装。此操作采用附属装置机架方式的交换操作（AAC），并由 NC 发出指令自动进行。支架上装配有分度专用联结装置，利用滑枕主轴上装配的电气分度功能，与滑枕主轴相连的附属装置进行分度。通过附属装置的夹紧器拉紧啮合滑枕侧设置的联结装置，按每 1°的角度进行准确的自动分度。该铣头主轴刀具的安装，可通过 ATC 进行。为了能使用 MAS 规格的 50 号自适应刀具柄，在 ATT 内附带了刀具锁紧装置，铣头主轴的转动是由滑枕主轴和伞形齿轮的转动进行驱动的，转速比为 1:1，转动方向与滑枕主轴的转动方向一致。操作时，通过 NC 的 T 代码 No 进行指令，一般 M03 指令为正转、M04 指令为逆转。另外，机床上备有用于切削液的联结装置，可以利用旋转式喷嘴提供切削液。

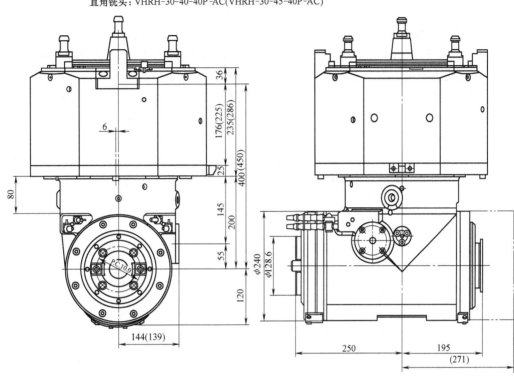

图 3-7 直角铣头装置

2. 加长铣头

加长铣头需要安装在滑枕上才能使用，如图 3-8 所示的加长铣头装置。安装铣头时，由置于滑枕内的附属装置夹紧器夹紧加长铣头上的 4 只牵引销进行收缩自动安装。在操作上采用了交换附属装置机架（AAC）的操作方式，由 NC 发出指令自动进行。加长铣头由内装刀具锁紧装置的主轴，通过机床主机（滑枕内）的刀具锁紧装置装卸刀具。ATT 附带有刀具锁紧装置，可使用 MAS 规格的 50 号自适应刀具柄。铣头的主轴直接与滑枕主轴相连，与滑

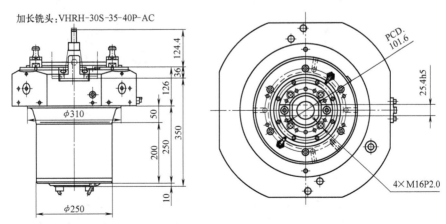

图 3-8 加长铣头装置

枕主轴一起旋转。另外，机床上备有切削液的联结装置，在加长铣头的尖端装有喷嘴可提供切削液。

3. 小型直角铣头

如图 3-9 所示的小型直角铣头装置，该小型直角铣头被固定在能自动分度的支架上，并安装在滑枕上使用。因为滑枕主轴与主轴成直角，所以按 1°自动分度，滑枕和支架选择规格为 1°的旋转驱动主轴，从而可进行多方面的加工。此小型直角铣头，通过滑枕内置的附属装置夹紧器拉紧安装在支架内的 4 只牵引销进行自动安装。此操作与直角铣头相同，采用了交换附属装置机架（AAC）的操作方式。小型直角铣头主轴上的刀具由拉紧螺丝 M24P3（拉紧螺栓）进行安装，为了能使用 MAS 规格的 50 号自适应刀具柄，附带了拉紧螺丝。小型直角铣头主轴的转动是由滑枕主轴和伞形齿轮的转动进行驱动的，转速比相比直角铣头缩减减至 1∶2。转动方向与滑枕主轴的转动方向一致。操作时，操作指令和切削液的使用与直角铣头的步骤相同。

小型直角铣头：VHRH-8-52-40P-AC

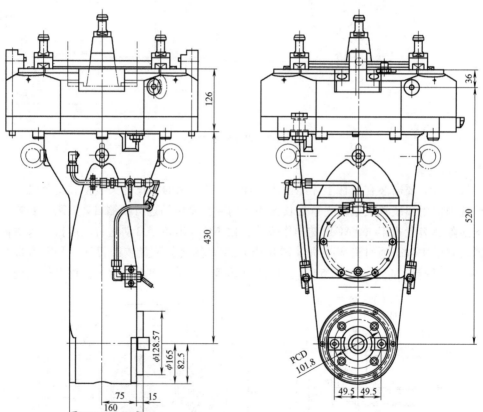

图 3-9 小型直角铣头装置

4. 万向铣头

万向铣头对于自动分度支架能自动±90°旋转（并按每 5°或 1°自动分度），而且主轴头与铣头机身垂直，也可±90°倾斜（按每 5°或 1°自动分度）。如图 3-10 所示的万向铣头装置，附属装置主轴头对于滑枕主轴可任意方向转动，此万向铣头的安装是由滑枕内置的附属装置加紧器对支架机身上的4只牵引销进行收缩自动完成装刀。在操作上采用了交换附属装置机架（AC）的操作方式，由NC发出指令可自动进行。在铣头主轴内置了刀具锁紧装置，机床移动至附属装置专用刀库的刀具装、卸位置，通过刀具锁紧装置动作进行装、卸刀具，刀具锁紧装置动作全部由NC发出指令自动执行。此铣头主轴是被滑枕主轴、圆锥齿轮以及正齿轮的转动所驱动，转速比为1∶1。旋转方向与滑枕主轴相反。在操作上通过选择使用万向铣头，一般M03代码为正转，而M04代码为逆转。另外，通过切削液联结装置连接滑枕以及机身的喷嘴可提供切削液。

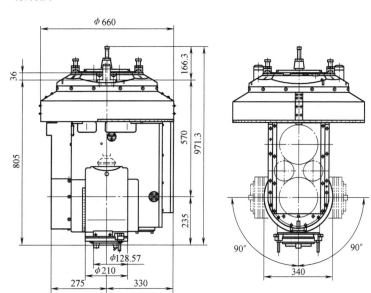

图 3-10　万向铣头装置

3.1.6　铣头机械位置的调整

机床在运转加工过程中的振动对铣头的机械位置产生一定的影响。机床运转6个月需对附属装置的机械位置进行检测，当附属装置方向发生偏移，可采用以下的顺序用偏心套进行调整，修复偏移，如图3-11所示的铣头偏移检测示意图。

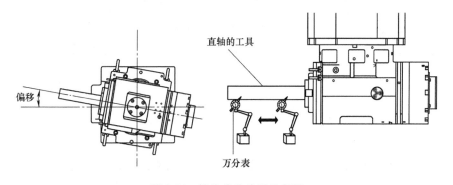

图 3-11　铣头偏移检测示意图

铣头机械位置调整的具体操作流程如图 3-12～图 3-15 所示。

1）使用专用扳手将锁紧的六个安装栓的防松螺母完全旋松。

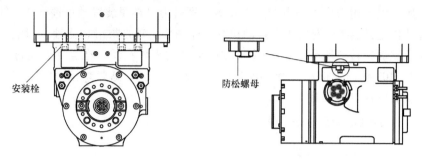

图 3-12　步骤一

2）看着万分表的数值确认转动方向，转动旋松偏心套，调整至正确数值，先锁紧其中的两个安全栓（注意：须对角锁紧）。

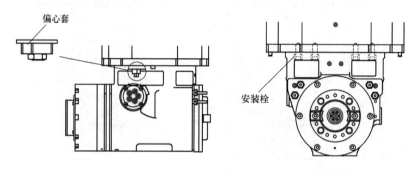

图 3-13　步骤二

3）测量附属装置的偏移量，达到精度时旋紧所有的安装螺栓，若达不到精度，反复进行测试调整。

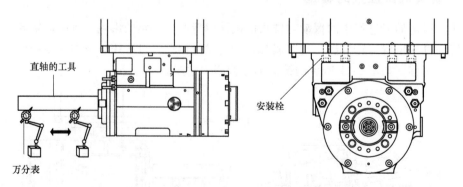

图 3-14　步骤三

4）重新测量附属装置的偏移量，满足精度要求后略微旋紧防松螺母，修复了偏位，调整结束。

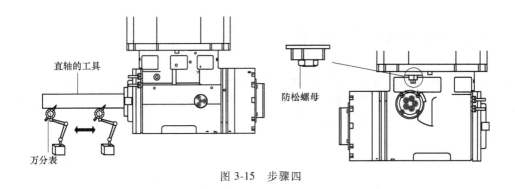

图 3-15 步骤四

3.2 龙门式五面加工中心的轴与坐标

3.2.1 轴的名称

按程序执行加工内容命令。刀具的动作用 X、Y、Z、W 四轴表示。床面前后移动为 X 轴，床鞍左右移动为 Y 轴，滑枕上下移动为 Z 轴、横向导轨上下移动为 W 轴。移动横向导轨或旋转主轴不断变化刀具与工件的位置关系称为轴移动。轴的名称和各轴的"+""−"方向的确定，如图 3-16 所示的轴的名称与方向示意图。

四轴的方向以工作台向前移动时 X 轴为"+"，床鞍向左移动时 Y 轴为"+"，滑枕上升时 Z 轴为"+"，横向导轨向上移动时 W 轴为"+"。

3.2.2 坐标

轴移动范围由机床来决定。移动范围也称机床坐标系，主轴基准位置被称为机床原点。刀具移动至某点时可以如下方式显示位置，从机床原点到 X 轴的距离为 0mm、到 Y 轴的距离为 0mm、到 Z 轴的距离为 0mm。另外在编制程序时并不是使用机床坐标系，而是使用原点设定在工件上的坐标系，也称工件坐标系，如图 3-17 所示的机床坐标系与工件坐标系。

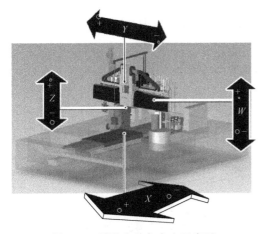

图 3-16 轴的名称与方向示意图

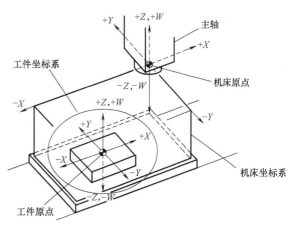

图 3-17 机床坐标系与工件坐标系

3.3 龙门式五面加工中心编程

机床运行的前提就是需要编制程序进行自动运转加工,所以编制既正确又无多余动作的程序尤为重要。为了确保本机床能实现自动加工工件,一般按以下的工作流程进行加工,该流程还能提高机床的生产效率和加工精度。

1. 建立加工设想、安装计划和刀具使用计划

根据机床的能力和特色,编制加工图,确定加工顺序和加工内容;编制安装图,确定机床移动范围和床面尺寸以及根据加工工艺确定工件如何安装;编制刀具表,计划如何选择加工所需的刀具和切削条件。

2. 编程

根据加工顺序用 NC 语言编制程序。具体操作由输入计算机来完成,也可以用手动输入(Manual Data Input,MDI)方式在 NC 画面直接输入来完成。

3. 准备刀具

根据刀具表,准备齐必要的刀具,将准备好的刀具安装到指定的刀库中后,进行刀具登录。刀具登录就是使程序中的刀具号码与实际安装在刀库中的刀具相对应的作业,安装刀具时,请注意刀库整体的重量平衡。

4. 准备工件

参照安装图将工件固定在床面上,测定从已定的机床原点至工件上的程序基准的距离,分别输入 X、Y、Z 的坐标值,以工件上的基本位置为原点编制程序。

5. 校对 NC 数据

使用准备好的刀具、安装图、NC 数据进行实际加工,此时边加工边仔细校对程序的每一个动作,找出所有的程序以及刀具、安装夹具等需修改、改善的问题,以便投入生产。

6. 生产

自动运转进行连续加工。

3.3.1 加工形式

根据刀具形状、刀具的走向和产品加工部位的形状,可以进行各种形式的加工。

1. 面切削加工

如图 3-18 所示的面切削加工示意图,主要切削表面凹凸的加工平面。

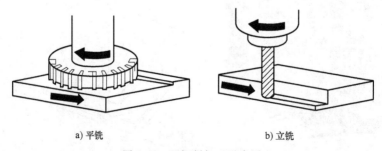

a) 平铣　　　　　　　　b) 立铣

图 3-18　面切削加工示意图

2. 槽加工

如图 3-19 所示的槽加工示意图，切削加工槽。

3. 孔加工

如图 3-20 所示的孔加工示意图，开孔。

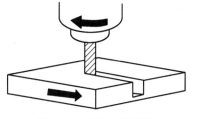

图 3-19 槽加工示意图

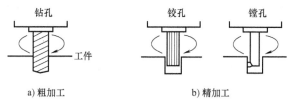

a) 粗加工　　　　　　　b) 精加工

图 3-20 孔加工示意图

3.3.2 工件的装夹

加工中心夹具的选择和使用主轴主要注意以下几个方面：

1）根据加工中心机床特点和加工需要，目前常用的夹具类型有专用夹具、组合夹具、可调夹具、成组夹具，以及工件统一基准定位装夹系统。在选择时要综合考虑各种因素，选择较经济、较合理的夹具类型。夹具的选择顺序一般是：在单件生产中，尽可能采用通用夹具；批量生产时优先考虑组合夹具，其次考虑可调夹具，最后考虑成组夹具和专用夹具；当装夹精度要求很高时，可配置工件统一基准定位装夹系统。

2）加工中心的高柔性要求其夹具比普通机床结构更紧凑、简单，夹紧动作更迅速、准确；尽量减少辅助时间，操作更方便、省力、安全，而且要保证足够的刚性，能灵活多变。因此，常采用气动、液压夹紧装置。

3）为保持工件在本次定位装夹中所有需要完成的待加工面充分暴露在外，夹具要尽量敞开，夹紧元件的空间位置要尽量低，必须给刀具运动轨迹留有空间，夹具不能和各工步刀具轨迹发生干涉。当箱体外部没有合适的夹紧位置时，可以利用内部空间来安排夹紧装置。

4）考虑机床主轴与工作台面之间的最小距离和刀具的装夹长度，以及夹具在机床工作台上的安装位置，应确保在主轴行程范围内能使工件加工内容全部完成。自动换刀和交换工作台时不能与夹具或工件发生干涉。

5）夹具上的定位块是安装工件时使用的，在加工过程中，为满足前后左右各个工位的加工，防止干涉，工件夹紧即可拆去。对此，要考虑拆除定位块后，如何保持工件定位精度的问题。

6）尽量不要在加工中途更换夹紧点。当必须更换夹紧点时，要特别注意不能因更换夹紧点而破坏定位精度，必要时应在工艺文件中注明。

3.3.3 刀具准备

1. 切削刀具按端部几何形状结构分类

平底端铣刀、平底 R 角端铣刀、球头端铣刀、可转位镶嵌式端铣刀。用于精加工的切削刀具，切削刃必须具有很好的轮廓精度。

2. 刀具的轮廓偏差

1) 轮廓精确。
2) 由于研磨过程不够精确，而导致在刃部产生不规则碎面。
3) 由于研磨过程不够精确而导致的半径偏差。
4) 切削刀具的基本几何结构。

在保证刀柄及刀具系统的最大悬伸长度不超过规定值的前提下，要使主轴能够精确运转，必须于刀柄及切削刃处分别检测刀具的径向跳动误差，如果径向跳动误差过大就会导致主轴的严重振动。

3. 如何选择合适的切削刀具

1) 分析具体加工条件，如主轴及机床性能，刀具的夹持系统，润滑方式。
2) 分析工件材料特性。
3) 分析加工表面质量及加工精度要求、成本等。
4) 综合考虑各种因素，做出最优化的选择。

4. 高速切削中的切削用量和设定原则

（1）切削速度 v_c　切削速度 $v_c = \pi dN/1000$，v_c 是指在特定刀具的情况下，适合某工件材料高速加工的合适的切削速度值，它是指刀具的线速度；d 是刀具直径；N 是主轴转速。v_c 值是正确设定是其他切削参数选取的重要依据；切削速度影响加工表面的粗糙度，不同切削速度下，所产生的铁屑颜色不相同。切削速度 v_c 一般由刀具供应商提供。

（2）切削用量的设定原则

1) 在高速加工过程中，必须对切削用量进行优化，不可随意设定。
2) 必须正确选择切削速度 v_c 值。
3) 必须正确设定切削深度。
4) 必须正确设定每刃进给量 f_z。

合理的取值既可将刀具的切削效能发挥至极限，使刀具得到充分利用，提高加工质量和效率；又不会影响刀具的使用寿命，从而达到节约成本，实现真正高速加工的目的。

3.3.4　加工工艺分析

加工中心加工工艺是采用加工中心加工零件时所运用的方法和技术手段的总和。其主要内容包括以下几个方面：

1) 选择并确定零件的加工坐标、内容。
2) 根据零件特点选择零件加工基准面。
3) 对零件图样进行加工中心加工工艺分析。
4) 工具、夹具的选择和调整设计。
5) 工序、工步的设计。
6) 加工轨迹的计算和优化。
7) 加工中心加工程序的编写、校验与修改。
8) 首件试加工与现场问题的处理。

1. 工艺分析

工艺分析是加工中心加工的前期工艺准备工作。工艺制订得合理与否，对程序的编制、机床的加工效率和零件的加工精度都有重要影响。为了编制出一个合理的、实用的加工程序，要求编程者不仅要掌握编程语言及编程格式，还要了解加工中心的工作原理、性能特点及结构，同时，还应熟练掌握工件加工工艺，确定合理的切削用量、正确地选用刀具和工件装夹方法。因此，应遵循一般的工艺原则并结合加工中心的特点，认真而详细地进行加工中心工艺分析。

2. 零件图分析

（1）尺寸标注方法分析　零件图样应表达正确，标注齐全，同时要特别注意，图样上应尽量采用统一的设计基准，从而简化编程，保证零件的精度要求。

（2）轮廓几何要素分析　在手工编程时，要计算每个节点坐标。在自动编程时要对零件轮廓的所有几何元素进行定义。因此在零件图分析时，要分析几何元素的给定条件是否充分。

（3）精度和技术要求分析　对加工零件的精度和技术进行分析，是零件工艺性分析的重要内容，只有在分析零件尺寸精度和表面粗糙度的基础上，才能正确合理地选择加工方法、装夹方式、刀具及切削用量等。其主轴技术要求内容包括：分析精度及各项技术要求是否齐全、是否合理；分析本工序的加工中心加工精度能否达到图样要求，若达不到，允许采取其他加工方式弥补时，应给后续工序留有余量；对图样上有位置精度要求的表面，应保证在一次装夹下完成。

（4）加工阶段的划分　主要依据加工零件精度的高低，同时还需要考虑到生产批量、坯件质量、机床的加工条件等因素。当零件的加工精度要求过高时，应分成粗加工和精加工两个阶段。粗加工一般在普通机床上进行，精加工则在加工中心机床上进行加工，这样不但能保证零件的加工精度，而且能够充分发挥机床的全部功能，提高生产效率。当零件的加工精度要求不太高时，则可在加工中心上完成全部的内容，但也最好划分为粗加工和精加工两道工序。

3. 划分工序及拟定加工顺序

（1）工序划分的原则　当零件的加工质量要求较高时，往往不可能用一道工序来满足其要求，而要用几道工序逐步达到所要求的加工质量。

（2）拟定加工顺序　为保证加工质量和合理地使用设备、人力，加工中心零件的加工过程按工序性质不同，通常可分为粗加工、精加工两个阶段。

1）粗加工阶段可用功能单一、精度低、效率低的机床来粗加工，其任务是切除毛坯上大部分多余的金属，使毛坯在形状和尺寸上接近零件成品，然后再用五面加工中心设备进行二步加工，主要目标是提高生产效率。

2）精加工阶段的任务是保证各主轴表面达到规定的尺寸精度和表面粗糙度要求，目标是全面保证加工质量。

加工中心作为一种高效率的设备，欲充分发挥其高性能、高精度和高自动化的特点，除了必须掌握其性能、特点及操作方法外，还应在编程前进行详细的工艺分析和确定合理的加工工艺，以得到最优的加工方案。

3.3.5　NC程序的编辑

1. 常用指令介绍

（1）快速定位指令G00

格式：G00　X_Y_Z_A_；

其中：X、Y、Z、A 为快速定位终点；G90 时为终点在工件坐标系中的坐标；G91 时为终点相对于起点的位移量；G00 为模态功能，可由 G01、G02、G03 或 G33 功能注销。

（2）线性进给指令 G01

格式：G01　X_Y_Z_A_F_；

其中：X、Y、Z、A 为终点；G90 时为终点在工件坐标系中的坐标；G91 时为终点相对于起点的位移量；G01 和 F 都是模态代码，G01 可由 G00、G02、G03 或 G33 功能注销。

（3）圆弧进给指令 G02、G03

$$\text{格式：} \begin{Bmatrix} G17 \\ G18 \\ G19 \end{Bmatrix} \begin{Bmatrix} G02 \\ G03 \end{Bmatrix} \begin{Bmatrix} X\_Y\_ \\ X\_Z\_ \\ Y\_Z\_ \end{Bmatrix} \begin{Bmatrix} I\_J\_ \\ I\_K\_ \\ J\_K\_ \\ R\_ \end{Bmatrix} F\_;$$

其中：X、Y、Z 为圆弧的终点坐标值；I、J、K 分别表示 X、Y、Z 轴圆心的坐标减去圆弧起点的坐标；F 为编程的两个轴的合成进给速度，用 G17 代码进行 XY 平面的指定，省略时就被默认为是 G17，但当在 ZX（G18）和 YZ（G19）平面上编程时，平面指定代码不能省略。

圆弧插补注意事项：当圆弧圆心角小于 180°时，R 为正值，当圆弧圆心角大于 180°时，R 为负值，整圆编程时不可以使用 R，只能用 I、J、K。

（4）暂停 G04 指令

格式：G04　X_；

其中：X 为暂停时间。

（5）固定循环指令　数控加工中，某些加工动作循环已经典型化。例如，钻孔、镗孔的动作是孔位平面定位、快速引进、工作进给、快速退回等，这样一系列典型的加工动作已经预先编好程序，存储在内存中，可用包含 G 代码的一个程序段调用，从而简化编程工作。这种包含了典型动作循环的 G 代码称为固定循环指令。孔加工固定循环指令有 G73、G74、G76、G80~G89，通常由下述 6 个动作构成：①X、Y 轴定位；②快速运动到 R 点（参考点）；③孔加工；④在孔底的动作；⑤退回到 R 点（参考点）；⑥快速返回到初始点。

1）G81：钻孔循环（定点钻）。

格式：G98（G99）G81 X_Y_Z_R_F_K_；

其中：X、Y 为孔的位置坐标值；Z 在绝对编程时是孔底 Z 点的坐标值，增量编程时是孔底 Z 点相对于参照 R 点的增量值；R 在绝对编程时是参照 R 点的坐标值，在增量编程时是参照 R 点相对于初始 B 点的增量值；F 为钻孔进给速度；K 为指定加工孔的循环次数（不写，默认为 $K1$）。

2）G82：带停顿的钻孔循环。

格式：G98（G99）G82 X_Y_Z_R_P_F_K_；

其中：X、Y 为孔的位置坐标值；Z 在绝对编程时是孔底 Z 点的坐标值，增量编程时是孔底 Z 点相对于参照 R 点的增量值；R 在绝对编程时是参照 R 点的坐标值，增量编程时是参照 R 点相对于初始 B 点的增量值；P 为孔底暂停时间；F 为钻孔进给速度；K 为指定加工孔的循环次数（不写，默认为 $K1$）。

3）G83：深孔加工循环。

格式：G98（G99）G83 X_Y_Z_R_Q_F_K_；

4）G73：高速深孔加工循环。

格式：G98（G99）G73 X_Y_Z_R_Q_F_K_；

其中：X、Y 为孔的位置坐标值；Q 为每次向下的钻孔深度（增量值，取负）；Z 在绝对编程时是孔底 Z 点的坐标值，增量编程时是孔底 Z 点相对于参照 R 点的增量值；F 为钻孔进给速度；R 在绝对编程时是参照 R 点的坐标值，增量编程时是参照 R 点相对于初始 B 点的增量值；K 为指定加工孔的循环次数（不写，默认为 $K1$）。

5）G84：攻螺纹循环。

格式：G98（G99）G84 X_Y_Z_R_P_F_K_；

其中：X、Y 为螺纹孔的位置坐标值；Z 在绝对编程时是孔底 Z 点的坐标值，增量编程时是孔底 Z 点相对于参照 R 点的增量值；R 在绝对编程时是参照 R 点的坐标值；增量编程时是参照 R 点相对于初始 B 点的增量值；P 为孔底停顿时间；F 为螺纹导程；K 为指定加工孔的循环次数（不写，默认为 $K1$）。

6）G74：反攻螺纹循环。

格式：G98（G99）G74 X_Y_Z_R_P_F_K_；

其中：X、Y 为螺纹孔的位置坐标值；Z 在绝对编程时是孔底 Z 点的坐标值，增量编程时是孔底 Z 点相对于参照 R 点的增量值；R 在绝对编程时是参照 R 点的坐标值，增量编程时是参照 R 点相对于初始 B 点的增量值；P 为孔底停顿时间；F 为螺纹导程；K 为指定加工孔的循环次数（不写，默认为 $K1$）。

7）G76：精镗循环。

格式：G98（G99）G76 X_Y_Z_Q_F_K_。

其中：X、Y 为孔的位置坐标值；Z 在绝对编程时是孔底 Z 点的坐标值，增量编程时是孔底 Z 点相对于参照 R 点的增量值；R 在绝对编程时是参照 R 点的坐标值，增量编程时是参照 R 点相对于初始 B 点的增量值；Q 为孔底动作位移量，Q 值必须是正值；F 为镗孔进给速度；K 为指定加工孔的循环次数（不写，默认为 $K1$）。

8）G87：反镗循环。

格式：G98 G87 X_Y_Z_R_P_I_J_F_L_；

如果 Z 的移动量为零，该指令不执行；此指令不得使用 G99，若使用则提示"固定循环格式错"并报警。

9）G80：取消固定循环。该指令能取消固定循环，同时 R 点和 Z 点也被取消。

（6）自动返回到参考点 G28

格式：G28 X_Y_Z_A_；

其中：X、Y、Z、A 为指令的终点位置。

该指令的终点称为中间点，而非参考点；在 G90 时，为终点在工件坐标系中的坐标；在 G91 时，为终点相对于起点的位移量。由该指令指定的轴能够自动地定位到参考点上。

（7）刀具半径补偿 G40、G41、G42

格式：

$$\begin{Bmatrix} G17 \\ G18 \\ G19 \end{Bmatrix} \begin{Bmatrix} G41 \\ G42 \end{Bmatrix} \begin{Bmatrix} G00 \\ G01 \end{Bmatrix} \begin{Bmatrix} X\_Y\_ \\ X\_Z\_ \\ Y\_Z\_ \end{Bmatrix};$$

$$G40 \begin{Bmatrix} X\_Y\_ \\ X\_Z\_ \\ Y\_Z\_ \end{Bmatrix};$$

（8）刀具长度补偿 G43、G44、G49

格式：$\begin{Bmatrix} G43 \\ G44 \end{Bmatrix} H\_;$

其中：H 为长度补偿偏置号。

假定的理想刀具长度与实际使用的刀具长度之差作为偏置设定在偏置存储器中，该指令不改变程序就可实现对 A 轴运动指令的终点位置进行正向或负向补偿，用 G43（正向偏置）、G44（负向偏置）指令偏置的方向。H 指令设定在偏置存储器中的偏置量，无论是绝对指令还是增量指令，由 H 代码指定的已存入偏置存储器中的偏置值在 G43 时相加，在 G44 时则是从 A 轴运动指令的终点坐标值中减去，计算后的坐标值成为终点，偏置号可用 H00~H99 来指定，偏置值与偏置号对应，可通过 MDI/CRT 先设置在偏置存储器中，对应偏置号 00 即 H00 的偏置值通常为 0。因此，对应于 H00 的偏置量不设定，要取消刀具长度补偿时用指令 G49 或 H00。

G43、G44、G49 都是模态代码，可相互注销。

2. 子程序调用

1）M98 P----为主轴程序调用格式，M99 为子程序返回指令。

2）P----对应的程序为系统中的另外一个单独的程序 O----，（例如，在 O1 中有 M98 P1000 的调用子程序的语句，则系统中需要有 O1000 的程序，其中内容为子程序）。

3）子程序相对独立，主轴程序掌握一些关键参数（如 Z 向深度、进给速度、刀具半径补偿值等）。

4）相互参数无干涉（如 G90、G91、G41、G40 等）。

5）编写带有子程序的程序组，通常有如下两种方法：

① 分别编写独立的子程序，调试运行完毕后，编写一个简短的主轴程序将子程序串联起来。

② 先编写主轴程序，遇到重复的轨迹走刀时，用调用子程序语句代替，然后再根据主轴程序补齐子程序。

3. 半径补偿

为方便编程，通常编写 NC 代码均按工件实际轮廓编写，在程序中加入偏置指令和偏置代号来实现半径补偿。可以采用同一个子程序，但采用从大到小的半径补偿的方法来实现粗、精加工，即粗加工时：半径补偿值＝刀具半径＋精加工余量；精加工时：半径补偿值＝刀具半径＋微量调整量。注意合理的走刀动作顺序，避免过切或半径补偿建立不成功及材料去除不完全。

(1) 切削外形时的注意要点

1) 提前走刀轮廓。

2) 避免矛盾动作。

3) 切入及切出的问题。

4) 半径补偿只能在G01、G00时建立和撤销（G02、G03不行）。

(2) 切削内形时的注意要点

1) 材料去除不完整。

2) 过切导致走刀异常（大刀切小槽）。

3) 切削内圆弧时刀补值过大（大刀切小弧），当内圆弧大小为特定尺寸时，可以采用用刀具圆弧自动生成的方法。

4. 加工编程

Z 轴动作顺序，通常加工中心编程刀具走刀顺序如下：

1) Z 轴在安全高度，快速运动到 X 轴、Y 轴零点。

2) 快速移动到 X、Y 方向的下刀位置。

3) 快速移动到 Z 轴切削起始点。

4) 以 Z 轴进给速度下降至预定深度。

5) 以 X、Y 轴进给速度完成在该高度的走刀，完成加工内容。

6) 完成加工后，快速退刀至安全位置，结束程序。

5. 特定功能的程序

龙门式五面加工中心设备带有五面加工软件，能自动进行相当复杂的操作，通过更换分度防护板、附属装置（直角铣头、万向铣头等），同时改变主轴侧坐标值的移动及移动坐标轴的名称。通常，程序是将加工面设置在 XY 平面的，可以很容易编写侧面加工的 NC 程序。

刀具轴方向设置在 Z 轴，水平方向设置在 X 轴，垂直方向设置在 Y 轴。角度为 90°的四个面上，都可以在每 1°的任意侧面及斜面进行加工，如图 3-21 所示的五面加工中心加工方向示意图。该软件是由 NC 三维坐标的变换功能和通用自定义宏程序功能所构成的，因此不需要特别的自动编程装置。

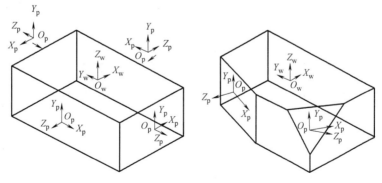

$X_w Y_w Z_w$：基准工件坐标
$X_p Y_p Z_p$：各程序坐标

图 3-21　五面加工中心加工方向

五面加工的程序的整体构成示例见表 3-2。

表 3-2 五面加工的程序的整体构成示例

代码	注释
Oxxxx	程序号
上面加工程序：G65 P9710 C54	五面加工软件的初始化
A 面加工程序：G65 P9711 B0. X-Y-Z-	加工面 A(0°)程序坐标系的设定；一般程序，使用各种形式，包含固定循环等
B 面加工程序：G65 P9711 B90. X-Y-Z-	加工面 B(90°)程序坐标系的设定；一般程序，使用各种形式，包含固定循环等

3.3.6 改进了操作性能的宏程序

1. 开孔模式

（1）角度模式类

1）功能：与 X 轴所成的 $\angle \alpha$ 的直线上，按一定的间距 u 开 h 个孔，如图 3-22 所示的角度开孔模式。开孔的指定用固定循环（G73、G74、G76、G80~G89）之前的模块进行指定。

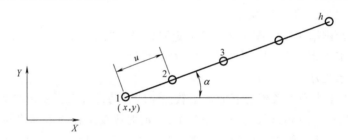

图 3-22 角度开孔模式

2）指令形式：G65 P9501 Xx Yy [Aa] Uu Hh [Ii] [Jj] [Kk] [Dd] [Ee] [Ff]。

3）自变量：x,y 为开始点坐标值，根据 G90/G91 的模式，决定是采用绝对值还是增量值指令；α 为与 X 轴所成的角（省略时为 0°）；u 为孔距；h 为孔数；i,j,k,d,e,f 按序依次指定不开孔的孔号 1，2，…，h（省略编号，最多 6 个）。角度模式类的自变量见表 3-3。

表 3-3 角度模式类的自变量

自变量	注释
x,y	开始点坐标值。根据 G90/G91 的模式，决定是采用绝对值还是增量值指令
α	与 X 轴所成的角（省略时为 0°）
u	孔距
h	孔数
i,j,k,d,e,f	按序依次指定不开孔的孔号中的 1，2，…，h（省略编号，最多 6 个）

4）说明：与固定循环指令组合使用（通用于所有的开孔模式），固定循环的指定，设反复次数为 0，请记录孔的加工数据。循环次数的指定地址，因 NC 装置而异，要加以注意。

发那科（FANUC）：G81 Z-R-F-K0；

三菱电机（MELDAS）：G81 Z-R-F-L0；

本次以发那科为例进行说明。

5）示例1如图3-23所示。

G81 Z_R_F_K0；

G65 P9501 X0 Y0 A30.U50.H5.；

6）示例2（省略指定例：省略第3和第6）如图3-24所示。

G81 Z_R_F_K0；

G65 P9501 X0.Y0.A30.U50.H7.I3.J6.；

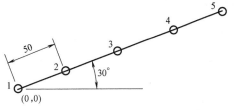

图3-23 示例1

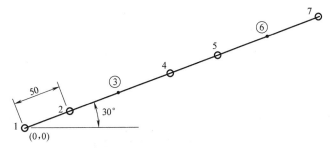

图3-24 示例2

（2）不等间距的角度模式类

1）功能：与X轴所成的∠α的直线上，不等间距（j1, j2, …）的并排开孔。对于间距以相同值连续使用，要指定连续使用的次数（ki）。开孔的指定用固定循环（G73、G74、G76、G80~G89）前的模块进行指定。

2）指令形式：

G65 P9502 Bx Cy[Aa]Jj1 Kk1 Jj2 Kk2 Jj3 Kk3 …；

3）不等间距的角度模式类的自变量见表3-4。

表3-4 不等间距的角度模式类的自变量

自变量	注　释
x, y	开始点坐标值。根据G90/G91的模式，决定是采用绝对值还是增量值指令
α	与X轴所成的角（省略时为0°）
ji, ki	孔的间距和开孔数量（i≤10）ki=1，可省略k1。

4）说明：与固定循环组合使用。

5）示例3如图3-25所示。

G82 Z_R_F_K0；

G65 P9502 B100.C50.A0.J30.K3.J50.K3.J25.K1.J70.K2.；

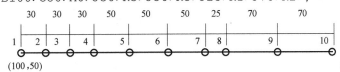

图3-25 示例3

(3) 螺栓孔循环类

1) 功能：在整个圆周上等间距开孔。开孔的指定用固定循环（G73、G74、G76、G80～G89）之前的模块进行指定，如图3-26所示的圆周等距开口图。

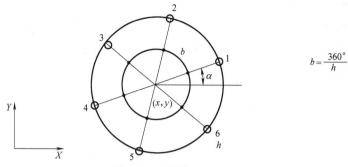

图3-26 圆周等距开口图

2) 指令形式：

G65 P9503 Xx Yy Rr[Aa]Hh;

3) 螺栓孔循环类的自变量见表3-5。

表3-5 螺栓孔循环类的自变量

自变量	注 释
x,y	开始点坐标值。根据G90/G91的模式，决定是采用绝对值还是增量值指令
r	圆的半径
α	起始角（与第一个空的X轴所成的角，省略时为0°）
h	开孔数量

4) 说明：与固定循环组合使用。

5) 示例4如图3-27所示。圆心（0.0），圆的半径$R=100$，开孔数量为6。

指令形式：

G65 P9503 X0.Y0.R100.A30.H6.；

(4) 网格类

1) 功能：在网格的每个格子点上开孔，开孔的指定用固定循环（G73、G74、G76、G80～G89）前的模块进行指定，如图3-28所示的开孔示意图。

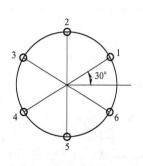

图3-27 示例4

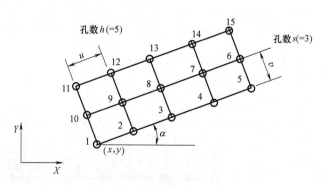

图3-28 开孔示意图

2)指令形式:

G65 P9504 Xx Yy[Aa]Uu Vv Hh Ss [Ii][Jj][Kk][Dd][Ee][Ff];

3)网格类的自变量见表3-6。

表3-6 网格类的自变量

自变量	注 释
x,y	开始点坐标值。根据G90/G91的模式,决定是采用绝对值还是增量值指令
α	横轴与X轴所成角(省略时为0°)
u	横轴网格的间距
v	纵向网格的间距
h	横向网格的个数
s	纵向网格的个数
i,j,k,d,e,f	按顺序依次指定不开孔的孔号(图中的1,2,…,h)。

4)说明:与固定循环组合使用,开孔顺序如图3-28所示。

5)示例5如图3-29所示。

指令形式:

G65 P9504 X0.Y0.A0.U150.V100.H4.S3.I6.;(第6号孔不用加工)

2. 切削模式

(1)袋形加工

1)功能:加工四角形的内壁,按每个指定尺寸往下铣。示例5如图3-29所示。t省略时,如图3-30所示;t指令时,如图3-31所示。

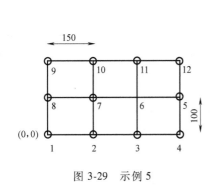

图3-29 示例5　　　　图3-30 t省略时示例

2)指令形式:

G65 P9507 Xx Yy Zz[Aa]Uu Vv Ww Cc Ii Jj Ff[Ee]Dd[Rr][Tt];

G65 P9508 Xx Yy Zz[Aa]Uu Vv Cc Ii Jj[Kk]Ff[Ee]Dd[Mm][Tt];

3)指定自变量。如图3-32所示的p距示意图,计算公式:$r=\dfrac{p}{刀具直径}\times100\%$。自变量指定示意图如图3-33所示。

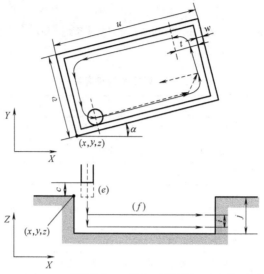

图 3-31 t 指令时示例

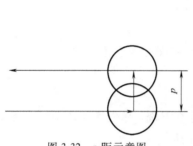

图 3-32 p 距示意图

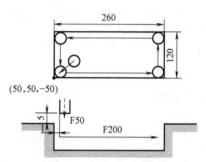

图 3-33 自变量指定示意图

袋形加工的自变量见表 3-7。

表 3-7 袋形加工的自变量

自变量	注　释
x,y,z	开始点坐标值(以绝对值进行指令)
α	方形的横轴与 X 轴所成角(省略时为 0°)
u,v	方形的横向、纵向尺寸
w	侧面的切削残余量(注)底面要按规定的尺寸加工
c	Z 方向开始切削的距离(余隙),$c>0$
i	Z 方向每次的切入量(>0)
j	Z 方向整体的切入量(>0)
f	XY 平面的切削进刀速度(F 代码)
e	Z 方向切入时的进刀速度(F 代码,省略时为 f/2)
d	设置了所用刀具半径的刀具补偿编号
t	接触半径($>$刀具半径),省略时通过刀具半径接触
r	算出峰值进刀量(p)时的切削直径的重合率(单位:%,省略时为 80%)
m	切削方向(省略时为逆时针),M2. 为顺时针,M3. 为逆时针

4) 说明：进行袋形侧面的精加工,用 P9507 或 P9514 进行粗加工,用 P9508 进行精加

工。切入次数（S）由 $S=j/i$ 决定；实际上，每次的切入量（i）由 $i=j/S$ 决定。

5) 例如：

G65 P9507 X50.Y50.Z-50.A0.U260.V120.W1.C5.I10.J50.F200.E50.D1.R80.;
G65 P9508 X50.Y50.Z-50.A0.U260.V120.C5.I10.J50.F200.E50.D2.。

按 Z 方向切入到平面时，X，Y 方向进刀速度由 F50 变为 F200。

(2) 平面加工（圆形）

1) 功能：在圆形的区域内进行平面加工。

2) 指令形式：

G65 P9516 Xx Yy Zz Uu Ww Cc Ii Jj Ff[Ee]Dd[Rr][Mm];

3) 指定自变量。如图 3-34 所示的自变量示意图，计算公式：$r=\dfrac{p}{刀具直径}\times 100\%$，$p$ 为两圆心距离，如图 3-35 所示的 p 距示意图，平面加工（圆形）的自变量见表 3-8。

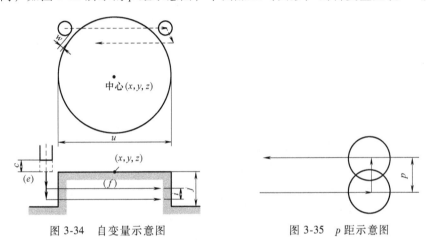

图 3-34 自变量示意图　　　　图 3-35 p 距示意图

表 3-8 平面加工（圆形）的自变量

自变量	注　释
x,y,z	开始点坐标值（以绝对值进行指令）
u	圆的直径
w	刀具离开方形区域的距离
c	Z 方向开始切削的距离（余隙），$c>0$
i	Z 方向每次的切入量（>0）
j	Z 方向整体的切入量（>0）
f	XY 平面的切削进刀速度（F 代码）
e	Z 方向切入时的进刀速度（F 代码，省略时为 $f/2$）
d	设置了所用刀具半径的刀具补偿号
r	算出峰值进给量（p）时的切削直径的重合率（省略时为 80%）
m	切削模式指定。无指定：往复切削；有指定（M1）：单向切削

4) 说明：设定峰值进刀量来切削被指定的区域。

5）例如：G65 P9507 X50. Y50. Z-50. A0. U260. V120. W1. C5. I10. J50. F200. E50. D1. R80. ;
G65 P9508 X50. Y50. Z-50. A0. U260. V120. C5. I10. J50. F200. E50. D2. 。

提供数据的方法与袋形加工相同。

（3）循环铣（跑道）

1）功能：在跑道形状的区域内，加工内、外周，如图3-36、图3-37所示。

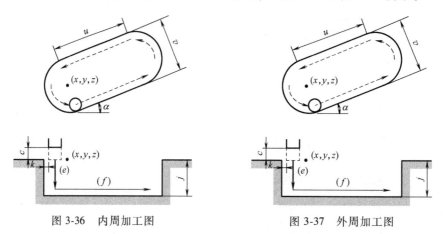

图3-36 内周加工图　　　　　图3-37 外周加工图

2）指令形式：

G65 P9517 BbXxYyZz[Aa]Uu Vv Cc Jj[Kk]Ff[Ee]Dd[Mm];

3）指定自变量。循环铣（跑道）的自变量见表3-9。

表3-9 循环铣（跑道）的自变量

自变量	注　释
b	加工的种类。加工内圆周时：$b=-1$；加工外圆周时：$b=1$
x,y,z	左侧半圆的圆心坐标值（以绝对值进行指令）
α	横轴与X轴所成角（省略时为0°）
u,v	直线部分的长度及跑道宽度
c	Z方向的开始切削距离（余隙），$c>0$
j	Z方向的全部切入深度（>0）
k	从开始点到接近点的距离（省略时为5mm）
f	XY平面的切削进刀速度（F代码）
e	Z方向切入时的进刀速度（F代码，省略时为$f/2$）
d	设置了所用刀具半径的刀具补偿号
m	切削方向（省略时为逆时针），M2. 为顺时针；M3. 为逆时针

4）说明：一次切削Z方向（高度方向）。

5）例如：

G65 P9517 B1. X-100. Y-100. Z0. A0. U300. V200. C3. J30. F100. E50. D5. ;

（4）刀具长度的自动测量装置　自动测量刀具补偿的宏程序，是利用跳转功能测量长度补偿的。设备配备的附属装置直角铣头T1000、直角铣头T1100、万能角度铣头T1500、加长铣头均可进行刀具长度补偿的测量,测量的数值自动输入到对应的刀具补偿地址中,程序中可直接调用,刀具长度的自动测量装置的自变量见表3-10。指令形式如下:

形式A:G65 P9051 [Hh] [Dd] [Kk] Tt Rr;仅测量刀具长度。

形式B:G65 P9051 [Hh] [Dd] Jj [Kk] Tt Rr;检测刀具的折损。

表3-10 刀具长度的自动测量装置的自变量

自变量	注 释
H	刀具号(勿用0),省略时同当前主轴的刀具号相同
D	刀具的直径(可省略)
J	刀具磨损极限(符号),注:仅在检测刀具折损时指定
K	刀具的长度(可省略)
T	测量的种类($T=1$ 或 $T=0$)
$T=1$	偏移测量(测量刀具的外圆部分)
$T=0$	一般测量(测量刀具的中心部分)
R	偏移角度(偏移测量时的角度为0°~90°)

刀具长度低于100mm不能测量,此外,可测量最大刀具长度为500mm。虽然刀具长度如此,但是刀具长度补偿内所设置的长度必须超过100mm以上,有必要在测量之前指定好大致的刀具长度。

若省略刀具长度(参数K)和刀具直径(参数D)的参数,则要事先登录到刀具补偿的存储器内。

刀具折损时(指定参数J)的处理方法:测量值在负侧超过刀具磨耗量的极限值(参数J)时,可作为刀具折损并显示报警;测量值在正侧超过0.1mm时显示报警。

镜像及三维坐标正处于变换时,关上镜像及三维坐标再使用;对于刀具直径超过触摸传感器的直径(30mm)时,要测量($T=1$)的偏移;在测量偏移时,对准传感器中心,再把刀具中心按指定的角度(参数R)方向移动至恰好到刀具半径长的位置,在此位置测量刀具外圆的刃部。如图3-38所示为R值计测轮换。

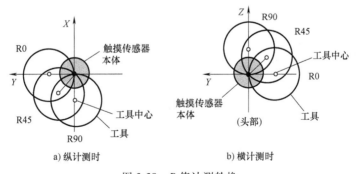

图3-38 R值计测轮换

以下列的进刀速度测量两次,第二次的测量结果为刀具最终的长度。第一次进刀速度为600mm/min,第二次进刀速度为50mm/min。测量时的附属装置的分度角度:直角铣头(T1100),B轴角度为180°,测量结束后,B轴角度为0°。附属装置不在上述的分度角度则会显示报警。

测量和测量程序要根据 MDI 或存储器内登录的程序的运行进行测量,测量示例见表 3-11。

表 3-11 测量示例

程序号码	功能	所用公共变量	内容	备注
09501	自动测量刀具长度(主程序)	#100	获取机床信息	—
		#200		

3.4 在线测量系统的应用

如图 3-39 所示的自动测量补偿系统,自动测量补偿系统是由可进行 ATC 的测量探头及其接口、带自定义宏程序的 NC 装置及打印机所构成,用来测量和补偿内径、槽宽、厚度等自定义宏程序的主体,登录在 NC 装置的存储器内。只要调用这些宏程序,就可容易地编制出测量及补偿的程序。测量结果显示在 NC 装置的 LCD 界面上。另外,采用选择的规格,也可输出至打印机上;再者,根据测量结果对刀具位置的补偿,可通过自动改写 NC 装置刀具的偏置存储进行。

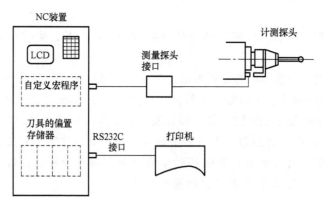

图 3-39 自动测量补偿系统

3.4.1 测量精度补偿功能

1. 补偿测量测头的偏心量

输入测量探头中心相对于机床主轴轴心的偏心量,可以自动补偿测量结果。此外,准备好能测量偏心量自定义的宏程序,如图 3-40 所示的自动补偿测量偏心量示意图。

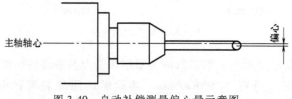

图 3-40 自动补偿测量偏心量示意图

2. 精度的校正

机床自动的测量已知正确尺寸的环规和块规，求出实际尺寸和已测尺寸的差异作为补偿量，然后，把这个值自动地加在以后的测量值内，以补偿探头的接触特性误差和机床的误差，将已求出的补偿量记录在内部直到下一次改写为止。特别是高精度测量，尽量以测量对象在相同条件下的测量校准尺进行校正，如图3-41所示的精度校正示意图。

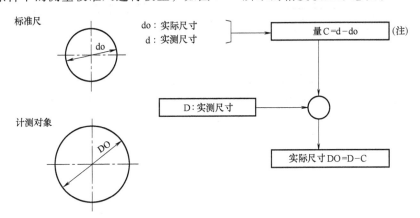

图3-41 精度校正示意图

3.4.2 自动定心及基准面的补偿功能

1. 自动定心

测量工件或夹具等的基准孔和加工孔的内径，再将主轴的中心位置对准那个中心位置，这就是自动定心，如图3-42所示的自动定心示意图。根据已求出的偏心量 δx、δy，补偿工件坐标（G54～G59）。

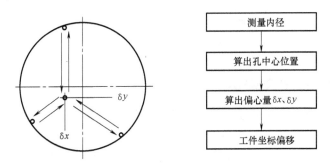

图3-42 自动定心示意图

内径测量点为3个或4个点，也可以以外径为基准代替孔定心。

2. 基准面的补偿

如图3-43所示的基准面补偿，求出工件或夹具的基准面与主轴位置的关系，指定工件坐标系的补偿面偏移量 δx、δy 或 δz。

3.4.3 加工尺寸的监视及刀具位置的补偿功能

监视已测量的加工尺寸，当其超出监测指定管理范围时，自动改写刀具偏置量，如图

图 3-43 基准面补偿

3-44 所示的监测与补偿功能示意图。将补偿量自动加在当前的刀具偏置量中，用这一功能，可监视内径、外径、槽、厚度和高度等尺寸，并进行自动补偿（内径只限镗孔加工。虽然可以监视镗孔加工的内径尺寸，但是不能进行补偿）。

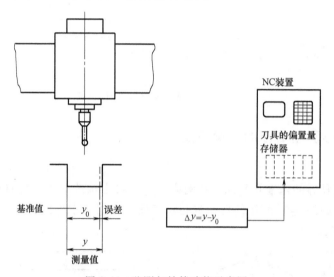

图 3-44 监测与补偿功能示意图

3.4.4 测量、补偿结果的显示

所有的测量补偿结果，都可以显示在 NC 装置的 LCD 界面上。测量结果（基准值、测量值误差）输入在自定义宏程序的公共变量（#100~）内。在定心及基准面补偿时，可变更工件原点的偏置量。通过加工尺寸的监视，进行刀具位置补偿等操作时，可变更刀具的偏置量，也可选择所需数值显示在界面上。

在表 3-12 中，公共变量 #100~#118 表示基准值、测量值和误差等。另外，在 #141~#148 中，存放有探头方面的数据。

表 3-12 公共变量

测量种类			内径	外径	中心距离	直交坐标	槽宽	厚度	高度	倾斜角	面	定心	外径定心	基准面
基准值	测量值	误差												
#100	—	—	9201	9211	9221	9231	9241	9251	9261	9271	9291	9301	9361	9311
#101	#111	#115	中心的 X 坐标	X 方向		X		X 方向		X 面	X	中心的 X 坐标		X

（续）

测量种类			内径	外径	中心距离	直交坐标	槽宽	厚度	高度	倾斜角	面	定心	外径定心	基准面
基准值	测量值	误差												
#102	#112	#116	中心的Y坐标	Y方向	Y		Y方向		Y面	Y		中心的Y坐标	Y
#103	#113	#117	中心的Z坐标	Z方向	Z		Z方向		Z面	Z		中心的Z坐标	Z
#104	#114	#118	直径	倾斜中心距离	—		—					直径	新旧偏置值
备注			—	—	—	—	—	—	—	—	—	—	—	—

其中：#100 表示测量种类的编号，显示测量用的宏程序编号（例如：测量内径显示 9201）；#101～#104 是测量的基准值。例如，测量内径时，就变为以下形式。#101：中心的 X 坐标值；#102：中心的 Y 坐标值；#103：中心的 Z 坐标值；#104：孔的直径；#105～#108：加工尺寸的尺寸容差及管理界限；#105：上面尺寸容差 i；#106：下面尺寸容差 j；#107：上面尺寸管理界限 u；#108：下面尺寸管理界限 v。关于其他的测量，测量结果的显示如图 3-45 所示。

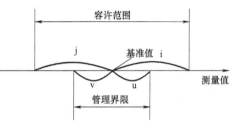

图 3-45 其他测量示意图

测量值一旦超出管理界限，就要变更刀具的偏置量，同时测量值超出容许范围则会报警。#109 随刀具偏置量的变化进行测量时（刀具长度的预设及加工尺寸的监视等），显示该编号（刀具补偿编号）。#110 一般标识表示为空，但是，发生异常时，就会显示表 3-13 所示的值。

表 3-13 异常指令

条件	#110 值	警报
宏程序的调用指令有误	-1	NO.180
探头未接触到测量面时，G31 使跳转信号不能为"ON"	-2	NO.180
测量值超出容许范围时	-3	NO.180
测量值在容许范围内，但是超出管理界限	1	—

其中：#111～#114 显示测量值，与基准值#101～#104 相对应；#115～#118 表示测量值与基准值之差，即误差。#115 = #111 - #101，#116 = #112 - #102，#117 = #113 - #103，#118 = #114 - #104，#119 表示精度的校正量，#141～#148 表示探头的数据。输入的探头信息（P9101）自变量 X、Y、Z、D、F、R、A、B 的数值，按照上述顺序存放。

3.4.5 测量及补偿程序的编辑方法

测量及补偿的程序，由测量探头的 ATC 测量补偿用的宏程序调用，由移动指令所构成，可以写入一般加工程序中的任何一个位置上。先调用各种测量及补偿的自定义宏程序，而后必须输入探头的信息（G65P9101…）。

程序的一般构成：

.

探头信息的输入
测量探头的 ATC（或手动安装）
精度校正用测量指令（测量内径等）
精度的校正
定心、基准面的补偿
测量探头的 ATC

.

（加工程序）

.

测量探头的 ATC
测量指令
测量指令
移动指令
测量指令
加工尺寸的监视指令

.

（加工程序）

.

在输入探头信息的时候，进行打印机的 ON/OFF 操作。一般来说，先校正精度，在输入探头信息时，指定校正量。在测量指令中，有好几组其他测量指令可以组合使用。

1. 测量时探头的动作

测量和补偿的指令大致可分为有动作和无动作，前者用于测量内径、槽宽和定心等，后者用于测量中心间距和直角坐标等。有动作的测量和补偿指令，一般由以下几个系列构成，测量时探头动作如图 3-46 所示。

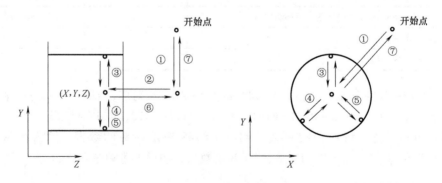

图 3-46 探头动作示意图

1）从当前位置（起始点）到测量开始点（x\y\z）的定位，按照下列的步骤定位（快速定位），X\Y 轴的定位，Z 轴的定位。

2）从测量开始点起，测量 1~4 个点，然后再回到测量开始点。

3) 出发点的复位，Z 轴的复位，X \ Y 轴的复位。

测量后的复位动作，根据各测量指令的复位点指定 Rr，可选择表 3-14 中的任何一种。

表 3-14 指令

指令	注 释
Rr 无指定时	复位至开始点
R98. 时	复位至 1 点（只复位 Z 轴）
R99. 时	在测量开始点停止（xyz）停止（不复位）

2. 编辑程序时的注意事项

使用了自动测量、补偿系统，故不能使用 P9101～P9499 的程序号；不要使用 #100～#149、#500～#510 的公共变量。加工程序和测量程序完全分开时，除 #500、#501、#109、#119 外可以在加工程序中使用其他公共变量，这时，在加工过程中指定的公共变量的值，在测量后一般就会发生变化，这点需注意。另外，在定心及基准面补偿后，在测量/加工程序方面，同样除 #500、#501、#109、#119 外，也可使用其他公共变量。这样，在测量程序部分的一开始，要再次指定探头信息（指定除自变量 S 外的所有的值）。

综上所述，大多数的公共变量，都可以在加工程序中使用，在使用时要多加注意。因此，建议把其他的公共变量 #520～#599 用于加工，或者把一部分的刀具偏置存为一般变量使用。

为了便于各自动测量补偿指令与打印输出结果相比较，可以指定低于 4 位数的测量编号（1～9999）。此外，未指定测量编号时，在之前测量的自变量编号内加上 1，就会自动更新测量编号。

在编辑程序的过程中，不要指令变更英制/米制（G20，G21）。做出尽可能正确的测量，就要编制出最大程度减少机床的各种误差、热变形等影响的程序，必要时还要补偿测量结果。

从子程序中或从自定义宏程序中调用测量、补偿指令时，要注意调用程序的多重性。如图 3-47 所示的主程序与宏程序示意图，测量、补偿的指令几乎都是从层一的宏程序中调出的。但是，在测量时探头未接触工件，跳转信号不能 ON 时，则会出现警报提示"宏程序调用的多重性，已超出容许范围"。

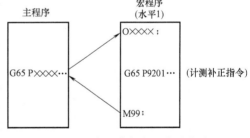

图 3-47 主程序与宏程序示意图

测量、补偿程序要用工件的坐标，以编程指令方式（G90 模式）来编制程序，如图 3-48 所示的行程示意图。在连续多行多项测量、补偿指令中，如复位到 1 点就可缩短测量时间。若因工件有台阶与探头相撞，有必要把探头移至安全的地方后，再进行以下的测量指令。

3.4.6 典型测量程序的编辑格式

1. 探头信息

指定探头的尺寸、测量时的进给速度等，如图 3-49 所示的探头测量示意图。宏程序指

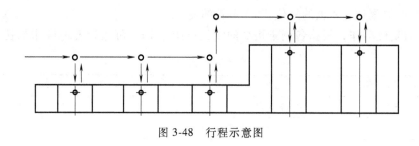

图 3-48 行程示意图

定的格式：

G65 P9101 Ss Xx Yy Zz Dd Ff Rr Aa Bb Cc Ii Qq;
Hh

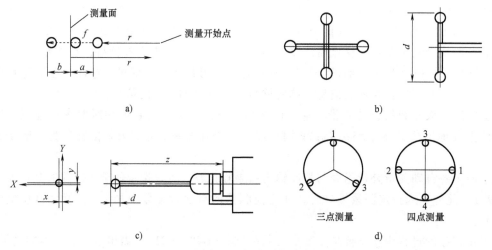

图 3-49 探头测量示意图

探头信息的自变量见表 3-15。

表 3-15 探头信息的自变量

自变量	注 释
s	测量跳过的次数，已设置在公共变量#500 中，设 $S=0$
x、y	探头尖端球部中心相对于主轴中心的偏移量
z	探头的长度
d	探头尖端球的直径的十字形探头，要指定图 3-49b 中 d 的尺寸
f、r	测量的进刀速度和快速进给速度
a、b	测量时的接近量和过头量
c	精度校正量
h	精度校正量，已设置的公共变量编号（$h \geq 520$）
q	指定测量内径、外径的方法：$q=3$，测量 3 点；$Q=4$，测量 4 点
i	指定打印机：$i=1$,ON；$i=0$,OFF

说明：

1) 开始调用时指定所有的值（$s \sim q$）。

2）在程序运行中若改变一部分的值，只需指定该值即可，但是自变量 Ss 在程序运行中无法指定。

3）在测量时，以已指定的快速进给速度 r，将探头移至测量面前方 a 的位置，然后以 f 的进刀速度将探头移至测量面的位置。在此，设 $r\leqslant$ 最高切削进刀速度（不是机床的快速移动速度）。

4）即使测量面超过了 b 的位置，但探头也无法接触到测量面。这时，探头会返回到测量开始点并报警。

5）测量十字形探头的内径/外径，用四点测量即可。

6）在高精度测量时，对于进刀速度 f 有用 NC 设置参数的必要，此时不能在程序运行中更改 f。

7）精度校正量 c，根据测量精度校正指令（P9161），求出补偿量后再进行输入，并将补偿量设置在公共变量 #h 中，也可以"Hh"的形式指定补偿量。

8）补偿量不明确时，假设 $c=0$，测量出基准孔后校正功能可自动设置补偿量。

9）一般，设 $a=b=5$mm、$f=50$mm/min、$r=1000$mm/min。

10）探头的偏心量 x、y 可用宏程序 P9171（测量探头的偏心量）求出。

11）使用打印机，首先指定 I1；输出全部结束后，再指定 I0。没有打印机的，不要指定自变量 Ii。

12）先调用各类测量补偿用的宏程序，然后，用这个宏程序设定测量条件。

2. 跳过

以 G31 移向指定的方向，输入跳过信号后即可返回到原来的位置。宏程序指定的格式：

G65 P9111 Xx Yy Zz Cc;

其中：x、y、z 为显示移动方向的单位矢量；c 为基准移动量。

如图 3-50 所示的跳过示意图，以快速进给速度 r 移至基准位置的正前方 a 处，然后以 f 的进刀速度移至实际位置，接触到测量面的位置，将接触位置的坐标值传送到公共变量（#138～#140）。即使基准位置超过了 b，也无法接触到测量面，则会报警，在此，输入 a、b、f、r 作为探头信息。

3. 当前位置的存储及复位

把当前位置（x、y、z）存储在已指定的公共变量中，再复位到先前的存储点，如图 3-51 所示的复位与储存示意图。宏程序调用格式：

G65 P9121 Aa Hh [Rr];

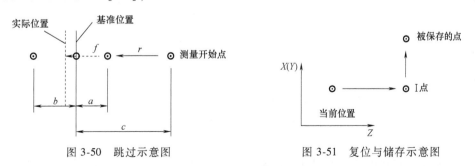

图 3-50 跳过示意图   图 3-51 复位与储存示意图

公共变量 #［h］、#［h+1］、#［h+2］，分别对应在 X, Y, Z 坐标中；r 值的复位点发

生变化,以快速移动方式复位。当前位置的存储及复位自变量见表 3-16。

表 3-16 当前位置的存储及复位自变量

自变量	注　释
a	$a=+1$ 时,存储在当前位置;$a=-1$ 时,复位到以前的存储位置
h	存储当前位置的宏程序变量编号
r	复位水平($a=-1$ 时),无指定时:X、Y、Z 都复位到已被存储的点。$r=98$ 时:仅 Z 轴复位到已被存储的点;$R=99$ 时:不复位,当前位置的原装

4. 定位

快速移动到已被指定的点位置,宏程序调用格式:

G65 P9131 Xx Yy Zz ;X、Y、Z 轴定位点的绝对坐标

根据 Z 轴移动量 ΔZ 的正负,分以下列几种:当 $\Delta Z>0$,按照 $Z \rightarrow X$,Y 的顺序;$\Delta Z \leqslant 0$,按照 X,$Y \rightarrow Z$ 的顺序,如图 3-52 所示的定位移动示意图(按图示的虚线移动)。

5. 测量精度的校正

以块规、环规或测量试棒等基准尺为依据,自动校正测量精度。宏程序调用格式:

G65 P9161 Hh;

其中:h 为存放校正量的公共变量编号($\geqslant 520$),与内径、外径、槽、厚度或 Z 面测量结合使用。

可用内径定心代替测量内径,或用外径定心代替测量外径。不能通过高度测量以及基准面测量的补偿进行校正。为了消除探头接触方向的特性误差,测量方向每次发生变化时,都要进行校正。为了高精度的测量内径、外径、槽、厚度等,必须分别进行校正。此外,改变测量速度时,也需要进行校正,校正量存放至宏程序参数#119 内。只要保存好该值,就可以作为探头信息输入(P9101)的自变量 Cc,也可在程序上直接指定。指定了自变量 Hh 后,也可把上述的校正量存放至公共变量 h 内。指定了探头信息输入(P9101)的自变量 Hh 后,可以在程序的其他部分使用这个值。标准尺要尽量放在测量对象附近以便进行校正。

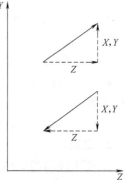

图 3-52　定位移动示意图

6. 探头偏心量的测量

测量相对于主轴中心的探头偏心量,如图 3-53 所示的四点测量示意图和图 3-54 所示的探头偏心量测量,程序调用格式为:G65 P9171 Zz [Ii Jj Kk] Dd。

其中:z 为测量孔位置的 z 坐标;i、j、k 分别为测量 3 点时的测量位置(角度);d 为孔的直径。

使用定心夹具等使主轴中心与基准孔保持一致,安装探头,调用该宏程序。测量基准孔,把探头偏心量 x、y 存放到公共变量内:#115 = x,#116 = y,读出这个公共变量,在测量程序的探头信息输入(P9101)时,指定探头的偏心量 x、y。

7. 内径和外径的测量

用三点法或四点法测量内径和外径,宏程序调用格式为,内径:G65 P9201 [Hh] [Ss] Xx Yy Zz [Ii Jj Kk] Dd [Rr] [Ee];外径:G65 P9211 [Hh] [Ss] Xx Yy Zz [Ii Jj Kk] Dd Cc

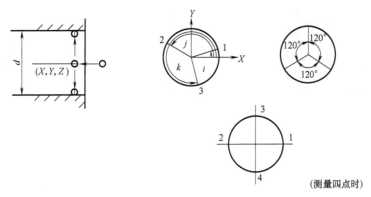

图 3-53 四点测量示意图

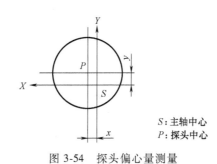

图 3-54 探头偏心量测量

[Rr] [Ee]。

参数含义见表 3-17。

表 3-17 参数含义

参数	含 义
h	测量编号
s	孔的编号
x、y、z	基准中心坐标（测量开始点）
i、j、k	三点测量时的测量位置（角度），指定从 X 引起的角度，不指定 i、j、k 时，设 $i=90$，$j=210$，$j=330$
d	基准直径
c	轴心方向的移动量
r	复位点（98 或 99 或不指定）
e	定心时为 1，一般不指定

（1）内径 如图 3-55 所示的内径测量示意图。

若测量孔的中心坐标及直径（三点测量），按照图 3-56 三点测量示意图（一）中 1→2→3 的顺序测量。

根据复位点的指定 r，测量后的位置变为 (X, Y, Z)、1 点或出发点，如图 3-57 所示的四点测量示意图（一），测量孔的中心坐标及直径（四点测量），按照图中 1→2→3→4 的顺序测量。

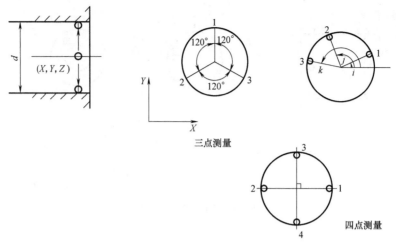

图 3-55 内径测量示意图

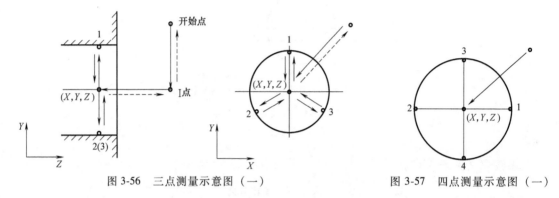

图 3-56 三点测量示意图（一） 　　图 3-57 四点测量示意图（一）

在三点测量时，指定测量角的位置 i、j、k，也可以测量半径等；在测量中心距时指定自变量 Ss，只有在测量内径时无须指定；出发点至测量开始点 (x, y, z) 的移动，首先要在 XY 平面内定位后，Z 轴才会移动，测量结束时的移动，与此相反（不指定时为 r）。

（2）外径　如图 3-58 所示的外径测量示意图。

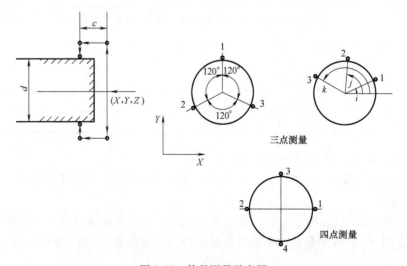

图 3-58 外径测量示意图

若测量孔的中心坐标及直径（三点测量），按照图3-59三点测量示意图（二）中1→2→3的顺序测量。图中的ap是输入（P9101）探头信息后已指定测量时的接近量。

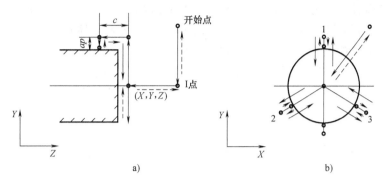

图3-59　三点测量示意图（二）

如图3-60所示的四点测量示意图（二），测量孔的中心坐标及直径（四点测量），按照图中1→2→3→4的顺序测量。

轴心方向的移动量Cc由增量值指定，设$c<0$；自变量Ss由测量中心距时指定，只测量外径时不指定。

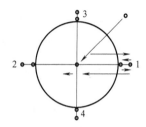

图3-60　四点测量示意图（二）

3.5　在线加工方式

数控系统的内存相对较小，如果加工复杂工件、程序较大时，每次更换加工零件时，加工程序不得不进行反复的删除和键入，繁重重复的零件准备工作浪费了大量的工作时间，直接影响到数控机床的效率。而采用在线加工，当零件程序的容量大于计算机数字控制机床（Computer Numerical Control，CNC）容量时，可将零件程序存储在计算机中，利用传输电缆，一边传输程序一边加工，当零件程序执行完毕后传送到CNC中的程序自动消失。这样既节省了时间也有效避免了CNC内存较小的弊端。FANUC 0i系统常见的DNC在线加工方式有四种，分别是PC-RS232方式、存储卡方式、数据服务器方式、内嵌以太网方式。

3.5.1　PC-RS232方式接口在线加工

通过串行接口和PC系统相关的软件即可实现PC与FANUC 0i系统的数据传输，并且能够实现在线加工。

接线时的注意事项：通信电缆不能带电插拔，带电插拔可能会烧坏CNC的RS232接口或计算机的串口或主轴板。当使用台式计算机时更要注意，由于台式计算机的漏电可能引起RS232接口的损坏，若使用台式计算机则必须将PC地线与CNC地线牢固的连接在一起。

3.5.2　PC-RS232方式串口在线加工

实际操作方法：在软件及系统参数设定工作完成后，则可进行计算机与数控系统的通信工作，以程序名称"Light.txt"为例，进行通信。

1. 加工程序的接收（PC ® CNC）

1）选择 EDIT（编程）方式。

2）将控制面板上的钥匙置于"O"状态（只有这样，才允许接收零件程序）。

3）依次选择<PROG>→［操作］→［文件输入］，输入文件号"O××××"，选择［执行中］，显示屏上出现闪烁的［输入］字样。

4）PC 端选择［传送］菜单→［发送文本文件］，在［文件名］栏中指定文件名。

5）在［文件名］栏中输入要传送的零件程序的路径及文件名。

2. 加工程序的传送（CNC ® PC）

1）PC 端选择［传送］菜单→［捕获文字］。

2）在［文件名］栏中输入加工程序的路径及文件名，按<Enter>键确认，PC 此时处于等待状态。

3）依次选择<PROG>→［操作］→［输入输出］→［文件输出］，输入文件号"O××××"，选择［执行中］，显示屏上出现闪烁的［输出］字样。

4）在超级终端的窗口观察到文件接收完成后，在 PC 端选择［传送］菜单→［捕获文字］→［停止］，相应文件中才能显示接收的程序内容

3. CNC 参数、宏变量、工件坐标系、刀偏等的传送（CNC ® PC）

1）选择 EDIT 方式。

2）依次选择［SYSTEM］→［所有 IO］，出现下列各项：［程序］、［参数］、［刀偏］、［宏变量］、［螺补］、［坐标系］、［刀具］、［库］、［用户］、［状态］、[all custom]、[all tool] 等。

3）根据需要选择以上各项，选择［操作］界面下方显示［文件输入］、［文件输出］，从 CNC 传送数据至 PC 则选择［文件输出］→［执行］。PC 端操作步骤与加工程序的传送方法相同。

4. PC 输出系统参数到 CNC（PC ® CNC）

1）选择 EDIT 方式。

2）选择［SYSTEM］→［所有 IO］→［参数］→［操作］→［文件输入］→［执行］。

3）PC 端选择［发送］菜单→［发送文本文件］，选择等待发送的系统参数文件，开始参数传输。

5. 在线加工

1）选择 RMT（远程传输）方式、按下循环启动键。

2）将待加工的程序传入系统，系统将自动运行程序。

① 计算机上需要安装一个传输软件，这里以 CIMCOE V5.0 为例，发那科系统 RS232 DNC 在线加工。

② 软件内设置停止位#2、奇偶位#无、波特率#19200、数据位#8、流控制#硬件和软件，端口按照所用计算机上的 com 口选取（串行通信端口）。

③ 系统参数设置：

00000#1	ISO 设为 1
00020	设为 0
00100#1#2	CTV CRF 设为 1

```
00101#0#3#7      SB2 ASI NFD 设为 1
00102            设为 0
00103            设为 12
00138#7          MNC 设为 1
```

④ 把程序传入软件模式切换为 RMT，并按下［循环启动］键再到软件上传送即可。

⑤ 如果传输中有报警出现，一般是计算机问题，建议更换计算机。

3.5.3 储存卡（U盘）的在线加工

存储卡在线加工步骤：

1）首先将 I/O CHANNEL 设定为"4"，参数 No.138#7 设定为"1"。

2）将加工程序复制到存储卡里（可以一次复制多个程序）。

3）选择［RMT］（机床操作面板的［REMOTE］键）方式，按［扩展］键，选择［列表］→［操作］→［设备选择］→［存储卡］，此时系统界面显示存储卡里面的文件列表。选择需要加工的程序，按［DNC 设定］。

4）按机床操作面板上的［循环启动］键，就可以执行 DNC 加工了。

3.5.4 数据服务器的在线加工

数据服务器在线加工步骤：

（1）服务器（FTP）模式　此种模式相当于用外部计算机作为数据服务器的存储介质，因此需要一台 PC，一套相关软件。但同样，因为 DNC 加工时程序直接从计算机输出到 CNC，所以不需要使用额外的板载 CF 卡（存储卡）。

操作步骤如下：

1）设定系统端相关参数，包括 I/O 通道、IP 地址、用户名、密码等。

2）使用相关软件在 PC 端建立 FTP 服务器，并与 CNC 实现通信。

3）选择［SYSTEM］，按下［选择板］，选择［数据服务器］→［操作］→［选择主轴机］→［连接 1］。

4）选择［RMT］（机床操作面板的［REMOTE］键）方式，按［扩展］键，选择［列表］→［操作］→［设备选择］→［DTSVR 主轴机］，此时系统界面显示主轴机里面的文件列表。选择需要加工的程序，按［DNC 设定］。

5）按机床操作面板上的［循环启动］键，就可以执行 DNC 加工了。

（2）存储（STORAGE）模式　此种模式相当于用快速数据服务器板本身作为数据服务器的存储介质。在 DNC 加工时，程序从板载 CF 卡输出到 CNC；而 CF 卡上的加工程序则事先通过外部计算机传入，传输的时候同样使用 FTP 协议与计算机建立连接。使用存储模式时，必须使用板载 CF 卡，并将 No.20 设定为"5"。在此模式下，DNC 加工时候的程序直接来自 CF 卡，不需要借助外部设备，工作更加稳定。

操作步骤如下：

1）设定相关系统参数，包括 I/O 通道、IP 地址及子网掩码等（IP 地址为 192.168.1.1）。

2）选择［SYSTEM］→［选择板］→［DS 方式］，设定所选存储方式。

3）在系统侧输入 FTP 的用户名和密码，并将 CNC 关机重启。

4）在 PC 端单击［开始］→［运行］，输入"ftp：//192.168.1.1/"，单击［确定］按钮（在弹出的界面输入用户名和密码，单击［确定］按钮。如果没有登录进去，查看［DS 格式］状态，如果设备的格式类型显示"未格式化"，则按下［操作］→［CNC 格式］→［执行中］，稍后格式类型显示为"CNC 文件"时，将 CNC 重启）。

5）正常登录后，将需要使用的加工文件复制到数据服务器的存储卡中。

6）在"REMOTE"方式下，选择［PROG］→［列表］→［操作］→［设备选择］→［DTSVR］，此时可以在系统界面看到存储器中的加工程序，使用方向键找到需要在线加工的程序，单击［DNC 设定］按钮，然后按下［循环启动］键，即可对选中程序进行在线加工了。

3.6 构架加工实例

某车型构架如图 3-61 所示。

3.6.1 作业流程

某构架加工流程图如图 3-62 所示。

图 3-61 某车型构架

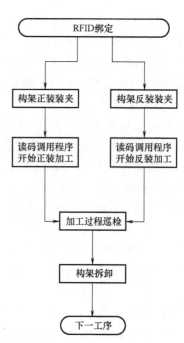

图 3-62 某构架加工流程图

1. RFID 绑定

使用 RFID 手持终端将构架数据写入同组的两个 RFID 标签上，再将同一组标签分别拧到对应的螺纹孔位置。

2. 构架装夹

构架吊运至设备装卸位工作台工装并压紧，装夹完成后，触按工作台控制面板［预备完成]按钮,将构架运至准备工位。

3. 扫码调用程序

上一个构架加工完成,程序运行"M30"后,系统将程序删除,安装在准备工位的RFID读写器开始识别RFID标签,系统自动下载对应的加工程序至设备工作目录,并自动运行程序开始加工。

4. 加工过程巡检

操作人员在设备间进行巡检,巡检过程中通过手持终端查看设备运行状态,当手持终端右下方显示设备出现"M00"暂停点时,操作人员应及时到该设备进行相应操作,在巡检过程中应观察设备加工状态,注意设备是否有异常响动,对异响设备应及时前往查看确认。

5. 构架拆卸

构架加工完成后,系统自动将工作台交换至装卸位,在此位置由操作人员进行拆卸作业。

3.6.2 加工程序

1)主程序:

```
%
O0001
N1 M95 T1000;                                   更换直铣头
N2 G56 G90 W0 M28;                              W轴回零点
N3 M27;                                         W轴锁紧
N4 T2001 M06;                                   更换刀具
N5 G00 G56 G90 X[-2500/2] Y[-2000/2];           到达X、Y轴加工位置
N6 G90 G43 Z[2.5+300] H01 M03 S800;             调用长度补偿值,到达Z轴安全高度
N7 M08;                                         切削液开
N8 M530;                                        刀具负载监控开
N9 G65 P0002 M1.X[-2500/2] Y[-2000/2]           调用子程序并赋值进行加工(直铣头加
Z[-425] I292.2 K0 D16.S800 F500;                工内容)。
N10 G00 G90 Z[2.5+300] M09;                     到达Z轴安全高度,切削液关
N11 M750;                                       刀具负载监控关
N12 M05;                                        主轴停止
N13 G91 G28 Z0;                                 Z轴回参考点
N14 M06;                                        刀具更换
......
N15 M95 T1100;                                  更换直角铣头
N16 G56 G90 W0 M28;                             W轴回零点
N17 M27;                                        W轴锁紧
N18 T2010 M06;                                  更换刀具
N19 G65 P9710 C56.;
```

```
G65 P9711 B90.X[0] Y[-2445/2-117.5]        五面转换坐标系（T1100 铣头）
Z[-145-95/2]
N20 G90 G43 Z[0+50] H10 M03 S320;          调用长度补偿值,到达 Z 轴安全高度
N21 M08;                                    切削液开
N22 M531;                                   刀具负载监控开
N23 G00 G90 X[0] Y[95/2];                   到达 X、Y 轴加工位置
N24 G65 P0002 M2.X0 Y0 Z3.D10.E20.F510      调用子程序并赋值进行加工（直角铣头
S320;                                       加工内容）。
N25 G00 G90 Z[0+50] M09;                    到达 Z 轴安全高度,切削液关
N26 M750;                                   刀具负载监控关
N27 M05;                                    主轴停止
N28 G69;                                    取消五面转换
N29 G91 G28 Z0;                             Z 轴回参考点。
N30 M55 B0;                                 B 轴旋转至 0°
N31 M06;                                    刀具更换
……
N32 M95 T1500;                              更换万能铣头
N33 G56 G90 W0 M28;                         W 轴回零点
N34 M27;                                    W 轴锁紧
N35 M55 A90.B0;                             换刀前提条件
N36 T2020 M06;                              更换刀具
N37 G65P9710C55.
G65P9711A69.B0X[1544/2-114.3-11]            五面转换坐标系（T1500 铣头）
Y[-2040/2-137/2]Z2.5
N38 G00 G43 H20 Z400.M03 S300;              调用长度补偿值,到达 Z 轴安全高度,启
                                            动主轴转速
N39 M08;                                    切削液开
N40 M532;                                   刀具负载监控开
N41 G65 P0002 M0003.X[0] Y[0] Z[0]          调用子程序并赋值进行加工（万能铣头
I[137/2] A2.E15.D20.R35.S300 F260;          加工内容）
N42 G00 G90 Z[0+50] M09;                    到达 Z 轴安全高度,切削液关
N43 M750;                                   刀具负载监控关
N44 M05;                                    主轴停止
N45 G69;                                    取消五面转换
N46 G91 G28 Z0;                             Z 轴回参考点
N47 M55 A90.B0;                             B 轴旋转至 0°
N48 M06;                                    刀具更换
……
N49 M30;                                    程序结束
```

2）子程序：

```
%
O0002
N1 GOTO#13;
#32=#[13000+#7]+#[12000+#7];
#33=#5003;
#31=#4/2-100/2;
#30=50+#31/2-#32;
#29=50+#31-#32;
G90 G00 X[#24] Y[#25] S#19;
Z[#26+10] M03;
G01 Z[#26+#6] M03 F100;
G02 X[#24+#29] Y[#25] R[#29/2] F#9;
G02 I-#29 J0 F#9;
G0 Z[#26+10];
X[#24] Y[#25];
G90 G00 Z#33;
GOTO9000;
N2 #32=#[13000+#7]+#[12000+#7];
#33=#5003;
G90 G00X[#24-80-#8-#32]Y0S#19;
Z#26 M03;
G01 X[#24+70]F#9;
G0Z#33;
GOTO9000;
N3 #32=#[13000+#7]+#[12000+#7];
#33=#5003;
G0 G90X[#24-#4+#1+#32]Y[20];
Z[#26];
G01 G90 Y-99.458 Z-6.5F#9;
G19 G02 Y-132.5 Z13.3R#18;
G19 G16 G91 G01 Y120. Z121.;
G15;
G0 G17 G90 Z400.;
GOTO9000;
N9000 M99;
```

3.7 操作过程中典型故障的排除

由于某种原因,有时会在执行 ATT、AAC、APC 的过程中停止。紧急停止或中途停止,不能消除交换附属装置时的信息显示,要消除信息显示,需要进行复位操作。下面列出了复位的操作方法,但是,由于紧急停止时的时机不同,实际已安装的附属装置的编号和 NC 所识别别的附属装置的编号,也有不一样的时候。要进行下列的复位操作,必须事先按下机床状态(薄膜键)的按钮,确认了 NC 侧的机床状态后,再进行操作。如主轴安装的附属装置的编号同 NC 的机床状态不一样,则要通过操作 MDI 来进行下列的操作。

3.7.1 ATT 故障的复位

(1) ATT 分度过程中紧急停止后的复位

1)将悬吊式操作面板上的模式开关切换至"手动"模式,再把手动模式开关切换至"切削"模式。使用 NC 的 MDI,按 2)~9)顺序进行操作。

2)解除 NC 的联锁。将软件操作面板上的"I/L 解除"切换至"ON"位置。

3)检查 ATT 键是否水平。

4)M136 ATT 松开,松开时,检查 ATT 是否下落约 7mm。

5)用手旋转 ATT 至 0°。

6)M137 ATT 夹紧,如果鼠盘齿连接器的啮合不一致,就不能夹紧 ATT。此时,按 3)~6)顺序重新进行操作。

7)M196 B0;将 ATT 的分度角度设定为 0°。

8)#615=0;将宏程序变量复位。

9)将软件操作面板上的"I/L 解除"切换至"OFF"位置。

(2) ATT C 轴分度中途,紧急停止后的恢复

1)将悬挂式操作面板上的模式开关切换至"手动"模式,再把手动模式开关切换至"切削"模式。使用 NC 的 MDI,按 2)~8)顺序进行操作。

2)解除 NC 的联锁,将软件操作面板上的"I/L 解除"切换至"ON"位置。

3)M136 ATT 松开,在未夹紧时检查 ATT 是否下落约 8mm。

4)用手旋转 ATT 至 0°。

5)M137 ATT 夹紧,如果鼠盘齿连接器的啮合不一致,就不能夹紧 ATT。此时,按 3)~5)顺序重新进行操作。

6)M196 B0;将 ATT 的分度角设定为 0°。

7)#614=0;将宏程序变量复位。

8)将软件操作面板上的"I/L 解除"切换至"OFF"位置。

(3) 万向铣头 C 轴分度不良时的恢复方法 机床分度单位为 1°,若发生约 0.2°误差,附属装置夹紧时,鼠盘齿连接器会发生因齿相互碰撞而停止现象。分度发生误差主要原因为异物侵蚀或咬合至 C 轴分度转矩加重。针对这次的恢复做以下说明。

恢复方法:

1)用 MDI,执行 M206(ATT 松开间隙联锁无效)。

2）用MDI，执行M136（ATT松开），附属装置机身下落约8mm。

3）附属装置不与轴成直角（如附属装置与轴成直角，请移至4）。按手动模式按钮，选择手动脉冲发生器C轴，将附属装置调至与轴成直角。与附属装置主轴端面的轴的平行度要低于0.05mm。一旦将运行准备置于"OFF"位置，C轴模式将被切换成主轴模式，此时要用手转动附属装置。

4）用MDI执行M137（ATT夹紧），若夹紧不能结束，实际执行2）~3）。若夹紧能结束，确认与附属装置主轴端面的轴的直角是否为0.05mm。

5）用MDI执行M205（ATT松开，联锁有效）。

6）用MDI执行M196 B＊＊（确定机床状态显示界面），"＊＊"为当前附属装置分度角度，其后小数点省略）。按机床状态显示按钮，确认是否正确显示附属装置的角度。

7）用MDI执行#614=＊＊.（附属装置角度存储变量），"＊＊"后面加小数点。用宏程序变量界面，确认#614中输入的附属装置角度是否正确。

按照以上所述，恢复结束。

3.7.2 托板自动交换装置交换过程故障排除方法

APC动作步骤：

X轴移至"+"侧交换位置（床面原点）

（G28×0）

M60

开始移动

1）X+移动"前进（M155）"、托盘松开/升降滚轮（床面）"上升（M152）"、准备侧搬送"前进（M163）"。

2）X+销变换"入（M157）"。

3）定位槽"脱（M154）"。

4）X+搬送"后退（M156）"。

5）挡块"入（M126）"，准备侧销变换"入（M161）"。

6）升降滚轮（台架）"下降（M129）"。

7）挡块"脱（M127）"。

8）准备侧搬送"后退（M164）"、待机侧搬送"前进（M167）"。

9）升降滚轮（台架）"上升（M128）"。

10）X+搬送"前进（M155）"、待机侧销变换"脱（M166）"。

11）定位槽"入（M153）"。

12）X+销变换"脱（M158）"。

13）托盘夹紧/升降滚轮（床面）"下降（M151）"，M60动作结束，X轴自由状态，X+搬送"后退（M156）"、待机侧搬送"后退（M168）"、升降滚轮（台架）"下降（M129）"，按准结束按钮。

14）准备侧搬送"前进（M163）"、待机侧搬送"前进（M167）"。

15）准备侧销变换"脱（M162）"、待机侧销变换"入（M165）"。

16）准备侧搬送"后退（M164）"、待机侧搬送"后退（M168）"。

17）升降滚轮（台架）"上升（M128）"，托盘待机状态。

3.7.3　ATC 工作中途停止后交换过程故障排除方法

在刀具交换进行中出现紧急停止情况，必须确认 ATC 的停止状态并以手动方式输入 M 指令，务必将 ATC 复原到原来的状态。在此说明通过 M 指令的复位方法。

1）对于单独命令，因原点复位已偏离了联锁条件，因此，没必要进行原点复位。

2）为了防止机床和交换装置相碰，在 Z 轴 "-" 方向上设置了联锁装置，因此不能移动。

① 朝箭头方向（顺时针方向）旋转"紧急停止"按钮。
② 按"运行准备"按钮，绿灯亮。
③ 按"模式选择"薄膜开关的 MDI。
④ 将 ATC 手动复位。

ATC 交换装置中设有启动位置（在本机中也称待机位置），电源投入时，如果未满足此条件，则会发出 ATC 不在启动位置的警报，同时由于联锁的原因，其他动作（轴的移动等）也不能进行。当电源长期断开后再次接通时，会发生这种现象，需要参考手册中的手动操作过程中，ATC 各部的联锁的启动条件，并进行必要的 M 代码指令。例如，交换装置插拔动作在拔出时，请指令 M109。

3.7.4　铣头交换过程故障排除方法

（1）紧急停止或中途停止后的复位方法　若在拆卸、安装附属装置的过程中出现紧急停止时（也包括复位键的操作），要通过手动操作，将主轴移至 Y 轴 AAC 准备位置。通过操作 MDI，执行下一个指令使机床状态（软件限位等的设定）趋于正常化，M95T＊＊＊＊；＊＊＊＊使用主轴上安装的附属装置的编号。此时，机架罩盖会自动关闭，请勿进入机架罩盖关闭、开启的区域。

（2）AAC 工作中途停止后的复位方法　在附属装置交换进行中出现紧急停止情况，必须确认 AAC 的停止状态，并以手动方式输入 M 指令将 AAC 务必复原到原来的状态。在此说明通过 M 指令的复位方法，按编号顺序进行复原。

1）主轴已至 AAC.POS. 的位置（YES：2；NO：6），关于 AAC.POS. 可通过用户规格的配置图等进行确认。

2）Z 轴已下降至收藏位置（YES：3；NO：6），移动到收藏位置后，目视确认和判断附属装置机架防坠解除销是否已按下附属装置防坠销。

3）安装的附属装置。A. 已被安装：5；B. 已被拆卸：5；C. 主轴被夹紧：4；确认操作面板上的 ATT 安装/拆卸薄膜开关的指示灯。A. 被安装了：[ATT 安装]，薄膜开关的指示灯亮灯；B. 已被拆卸时：[ATT 拆卸]，薄膜开关的指示灯亮灯；C. 夹紧主轴时：[ATT 安装]、[ATT 拆卸] 两方面的指示灯熄灯（主轴被夹紧时，附属装置还尚未被完全拆卸）。

4）通过 M197T0 将 ATT NO. 设置为 0。附属装置在收藏位置被确认后，指令 M32 主轴刀具处于"松开"状态。

5）让 Z 轴升至原点位置，Y 轴向偏向 AAC.POS. 的"+"侧移动。附属装置已被拆卸时，通过 M197T0 将 ATT NO. 设置为 0。在移动时务必注意附属装置不能与各部件干涉，特别是安装有 RH 等的附属装置时，要更加注意。

6) 通过 M95T＊＊＊＊指令交换附属装置（T 为当前安装的 ATT NO.），通过 MDI 操作执行 M95T＊＊＊＊的指令，将机床状态（设定软限位等）恢复到正常化（并删除警报）。此时，铣头库机架罩盖被自动关闭，请勿进入机架罩盖关闭、开启的区域内。

3.7.5 原点偏位后的复位方法

如果滑枕同工件等相撞，警报 421 的半负载的误差会增大，原点发生偏位。原点复位后，如撞上软限位，或第 2 安全端超程，原点就有可能偏位。先删除原点且重新通电后，用手动原点复位，就可解决偏位。但是，对于 W 轴和 V 轴原点偏位的复位方法，需要联系厂家处理。

1) 按［模式］薄膜开关（选择"MDI"按钮）。
2) 按功能键［OFFSET SETTING］。
3) 按［设定］按钮。
4) 把可改写参数设置在［1：可以］。
5) 按功能键［SYSTEM］，再按［参数］按钮。
6) 原点偏位的轴的参数 1815 号 bit4（APZ），由"1"改为"0"。
7) 重新通电。
8) 按［运行准］按钮（出现警报，要求原点复位）。
9) ［快速移动倍率］切换至"25"，用手动来复位被警报的轴。
10) 确认参数 1815 号 bit4（APZ），是否由"0"变为"1"。
11) 把第 4 项已变更的、可写入的参数复位到"0"。

第4章 轴箱体柔性加工生产线

本章主要对一种由五台卧式加工中心组成的轴箱体柔性加工生产线的组成及应用进行介绍。该生产线由一套中央管理系统（生产线总控制台）、物料储运系统、五台卧式加工中心、三个装卸站组成。该生产线中的五台卧式加工中心型号为森精机 NH6300，数控系统为 FANUC 63i，每台加工中心刀库容量为 100 把，均配有接触式探头；同时生产线具有 48 个物料储运工位以及物料运送 AGV（Automated Guiled Vehicle）小车。在生产线中配备了一台对刀仪，可以连接管理系统，从而将刀具数据直接传输到主机的刀具管理模块内，该生产线如图 4-1 所示。

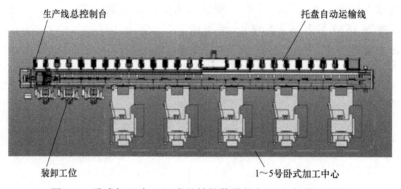

图 4-1 卧式加工中心组成的轴箱体柔性加工生产线示意图

该生产线主要应用于中等批量的轴箱体柔性加工，能够利用五台卧式加工中心加工 48 种产品，能实现多品种产品交叉并行生产，可根据生产需求调整不同产品的优先级，通过中央管理系统随时插入生产急需产品，使生产排产具有柔性化。

4.1 卧式加工中心简介

数控机床是指采用数控技术进行控制的机床，用于完成铣削加工的机床称为数控铣床。通过数控系统、伺服驱动装置控制机床基本运动，进行外形轮廓铣削、平面或曲面铣削以及三维复杂面的铣削。卧式加工中心是最常用的数控铣床之一，其主轴处在水平位置，通常带有可进行分度回转运动的正方形工作台，一般具有 3~5 个运动坐标，常见的是具有三个直线运动坐标与一个回转运动坐标。

卧式加工中心与其他数控设备的工作原理大致相同：根据待加工的零件图，确定加工方案，采用手动或软件的方式编辑加工程序，通过输入介质将加工程序送入数控装置中，将程序信息通过一系列的处理和运算变为脉冲信号。然后通过伺服系统的转换和放大，驱动机床电动机工作，经过传动机构使主轴和各坐标轴按照既定的程序运转，有的信号被送入可编程控制器，用于顺序控制刀具交换以及切削液的开启或关闭等动作。

卧式加工中心最大优势在于能够极大地提高生产效率，通过一次装夹便可实现工件上多个面的多道工序加工的目的，并且具有多种换刀或选刀功能。由于工序的集中和运行中的自动换刀，减少了工件的装夹、测量和机床调整等步骤所花费的时间，可使机床的切削时间达到机床开动时间的80%左右（普通机床仅为15%~20%）；同时也减少了工序之间工件的周转、搬运和存放所需时间，缩短了生产周期，具有明显的经济效益。该设备适用于形状比较复杂和精度要求高的产品（箱体类零件、复杂零件、高精度零件）的批量生产，其中最适合加工箱体类零件。与立式加工中心相比，卧式加工中心也存在一定的缺点：结构复杂，占地面积大，不便于观察且零件装夹和测量不方便，价格较高等。

轴箱装置是转向架关键的零部件之一。轨道车辆（包括高速动车组、城轨地铁等）轴箱体的作用是连接构架与轮对，把车体重量和载荷传递给轮对；同时，还能够起到润滑轴颈、减少摩擦、降低运行阻力的作用。轴箱体为满足列车安全运行，结构较为复杂，其加工部位包括轴承孔及两端面、节点孔及两端面、弹簧圆柱及底面、清障面、轴温检测器安装座、减振器座等；加工轮廓包括轴承孔、平面、沟槽、螺纹等。卧式加工中心通过采用平装、立装两种工位装夹的方法，可以完成整个轴箱体铣削、钻孔、扩孔、镗孔、铰削、攻螺纹等全部加工。

近年来卧式加工中心的精度、快移速度、加工效率等指标快速提升，加工中心越发向五轴联动、双主轴和模块化生产方向发展。机床设计的重心在提高切削速度、缩短换刀与托盘交换时间等方面不断发力，最终目标是提高生产效率。机床在模块化、集成化方向不断发展，减少了机床占地面积，增大了工作空间；同时，多台机床可组成柔性制造系统（Flexible Manufacturing System，FMS）生产线，消除上下料时间，不断为用户创造附加价值。

4.1.1 卧式加工中心结构及分类特点

卧式加工中心通常具有三个直线运动坐标轴加一个回转运动坐标轴，其结构种类颇多。分类方式主要有以下四种：

1）按主轴箱位置分类：主轴箱正挂式和主轴箱侧挂式。
2）按立柱分类：移动立柱式和固定立柱式。
3）按机床形状分类：正T式和倒T式。
4）按Z轴进给分类：Z轴工作台进给式、Z轴立柱进给式和Z轴滑枕进给式。

以上四种分类方式按立柱分类居多，故本章节以固定立柱式和移动立柱式介绍卧式加工中心的结构特点。

卧式加工中心以移动立柱式居多，具有刚性高、负载能力大、适合重切削和粗加工的特点，如图4-2所示的立柱式卧式加工中心。根据加工时的运动状态，移动立柱式卧式加工中心有三种不同的加工方式，且适用于不同的零部件加工。

1）工作台固定，立柱做X向运动，主轴箱侧挂做Z、Y向运动。可配备多个工作台，适用于中、小型多个零件的加工,工件装卸与切削时间可重合。

2) 工作台做 Z 向运动,立柱做 X 向运动,主轴箱做 Y 向运动。适用于中型复杂零件的镗、铣等多工序加工,该类设备也是箱体类工件首选加工设备。

3) 工作台做 X 向运动,立柱做 Z 向运动,主轴箱做 Y 向运动。适用于大、中型零件,特别是长度较大零件的镗、铣等多工序加工。

固定立柱式卧式加工中心具有结构刚性好、加工精度高、安装调整方便等特点,有三种不同的加工方式。

1) 工作台十字运动,工作台做 X、Z 向运动,主轴箱做 Y 向运动。适用于中型复杂零件的镗、铣等多工序加工。

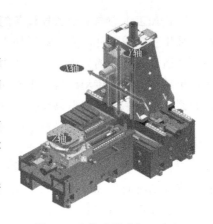

图 4-2 立柱式卧式加工中心

2) 主轴箱十字运动,工作台做 Y 向运动,主轴箱做 X、Z 向运动。适用于中、小型零件的镗、铣等多工序加工。

3) 工作台做 Z 向运动,主轴箱做 Y、X 向运动。适用于中型复杂零件的镗、铣等多工序加工。

4.1.2 卧式加工中心选用要点

根据加工零件的规格和精度来选用加工设备,兼顾生产者利益最大化,而且能够最大限度降低工人的劳动强度,这是选择合适加工中心的标准。因此需要了解各种卧室加工中心的规格与性能。

(1) 规格 卧式加工中心由三个直线运动坐标轴和一个回转运动坐标轴四轴联动,逐步向三个直线运动坐标轴和 A、B 两个回转运动坐标轴五轴联动发展,这为机床的选用提供更多选择。卧式加工中心的规格包括工作台规格、加工空间的尺寸大小、主轴转速范围、进给速度范围、规范刀具的大小和范围、数控装置的能力和任选附件种类。

1) 工作台规格(托盘尺寸):320mm×320mm、400mm×400mm、500mm×500mm、630mm×630mm、800mm×800mm、1080mm×1080mm、1280mm×1280mm 等。

2) 加工空间的尺寸大小:320mm×320mm,最大工件旋转半径为 290mm;630mm×630mm,最大工件旋转半径为 525mm。

3) 主轴转速范围:主轴多采用电主轴,最高转速一般为 6000～15000r/min,最高转速可达 40000r/min。选配主轴最高转速为 16000r/min,最大转矩可达 315N·m,适用于铝件切削,提高加工效率;选配主轴最高转速为 10000r/min,最大转矩可达 525N·m,加工范围广泛,适用于工程机械、汽车零部件制造等;选配主轴最高转速为 8000r/min,最大转矩可达 1218N·m,适用于铸铁件等难切削材料的重切削;选配主轴最高转速为 6000r/min,最大转矩可达 1413N·m,其连续额定转矩可达 800N·m,是超大转矩主轴,适用于飞机零部件等钛合金材质的零件加工。

4) 进给速度范围:$X/Y/Z$ 轴最大快移速度为 60m/min,$X/Y/Z$ 轴最大进给速度为 20m/min。

5) 规范刀具的大小和范围：稳定可靠的自动刀具交换系统（ATC），换刀迅速可靠，刀对刀换刀时间为 3s 左右，刀库容量可达 100 多把。ATC 侧安装刀具破损检测装置（图 4-3），待刀位置进行刀具破损检测，避免影响加工时间。

6) 数控装置的能力：承载大重量的回转工作台交换系统（APC），圆盘与旋转工作台分别如图 4-4、图 4-5 所示，通过提升 APC 运动刚性，在双边最大载重状况下，大幅缩减交换时间，工作台交换时间可缩短到 10s 以内。

图 4-3 刀具破损检测装置

旋转工作台稳定且旋转角度大，通过固锁机构产生的夹紧力，确保切削过程稳定；制动系统将整个圆盘同步锁紧，锁紧面积大，具有刚性高、可承受重切削的特性；五轴卧式加工中心 B 轴方向上旋转角度可达 360°，A 轴方向上旋转角度可达 230°。

图 4-4 圆盘工作台

图 4-5 旋转工作台

7) 任选附件种类：厂家可以任选多种附件安装于卧式加工中心上，适用范围广。

（2）性能　性能包括静态精度、动态精度、加工精度及其他性能。

1) 静态精度：卧式加工中心机床需采用高刚性的主体结构，多点支承的底座，能够保证长期稳定的加工精度，最大限度地保证主轴刚性和对准度，具有较佳的热对称性和结构稳定性。在提高机床加工支承刚性的同时，能够减轻移动轴重量，提高移动轴动态特性，具有动态响应能力好，无反向间隙，无传动机械磨损等优势。

2) 动态精度：结构刚性及稳定性高，传递切削过程的切削力能够吸收振动，减少热变形导致的精度误差，获得良好的加工表面。新型卧式加工中心理想动态精度要求如下：$X/Y/Z$ 轴定位精度为 0.005mm，$X/Y/Z$ 轴重复定位精度为 0.003mm，A/B 轴最小分度角为 0.001°，A/B 轴重复定位精度为 2″。

3) 加工精度：搭载的数控系统优先选用 AI 技术，利用 AI 技术对铣轴的振动进行补偿，改变切削条件使加工面更加光洁，使用 AI 热屏蔽，自动补偿加工过程中的温度变化量，以提高加工精度。

4) 其他性能：包括与系统的适应性、维修保养是否方便、技术支持体制和安全性与抗振动性等。

4.1.3 双工位卧式加工中心简介

卧式加工中心由四轴联动向五轴联动发展的过程中,为了提高加工效率,又创新了双主轴卧式加工中心,这类设备采用双工作台同时加工,因而加工效率可以翻倍,具有以下七个特点:

1) 床体底座、立柱等高刚性结构设计,能很好地保证整机的稳定性;采用高级铸铁材质,经热处理消除内应力,确保刚性精度持久性。

2) 主轴配置温控油冷机,保证主轴长期工作时的温度恒定,更好地控制了主轴的热变形,使加工精度更加稳定;同时,提高了主轴刚性、承载能力,增加了轴承使用寿命及精度。

3) X 轴能保证床鞍和工作台沿 X 轴方向移动的整个行程范围内都有底座支承,可更好地保证加工精度。两个 Y 轴和两个 Z 轴各自独立,可适应两个主轴不同的刀长,对刀长差异进行自动修正,保证两个工件精度的一致性。

4) 机床设置有左右两个调试门和一对生产过程中更换毛坯用的双扇操作门,两个卧式主轴旁边各有一个调试门,调试工件与一般卧式加工中心一样方便,操作门位于主轴对面,方便使用行车吊装。

5) 双主轴分别配置刀库,换刀速度快,效率及可靠性高,可根据需求选配刀位。双刀库位于立柱两侧上方,不占用操作者与卧式主轴之间的空间,操作及调试工件更加方便。

6) 主轴松刀机构可采用液压装置,相比于气动装置,其可靠性更高,大大降低了对生产车间气源稳定性的要求。

7) 采用双机排屑装置,更好地保证了排屑效果。

4.1.4 卧式加工中心的主要功能介绍

各种类型的加工中心所配置的数控系统虽然各有不同,但主体功能基本相同,仅一些特定加工设备的功能存在差异,卧式加工中心具有以下九种主要功能。

1) 点位控制功能。该功能可以实现相互位置精度要求很高的孔系定位加工,根据设备精度不同可实现高精度的重复定位加工。

2) 轮廓的连续控制功能。该功能可以实现直线、圆弧、曲线的连续控制加工。

3) 刀具半径补偿功能。该功能可以根据零件图样的标注尺寸进行编程,不需考虑刀具实际半径大小而进行大量的数据计算,减少了编程的复杂计算,简化编程,编程效率高。

4) 刀具长度补偿功能。该功能可以通过计算机自动补偿刀具的长度,减少编程数据计算,从而达到精准加工。

5) 旋转功能。该功能可将编好的加工程序在加工平面内旋转任意角度来执行,在编辑整体有倾角的零件时能够节省编程时间和数据计算时间。

6) 比例及镜像加工功能。该功能可将编好的加工程序按指定比例改变坐标值来执行。镜像加工又叫轴对称加工,如果一个零件的形状关于坐标轴对称,只要编出一个或两个象限的程序,而其他象限的轮廓就可以通过镜像加工来实现。

7) 坐标系平移功能。该功能可实现在机械坐标系以及工件坐标系的基础上对实际加工和编程进行局部坐标系的平移。

8）子程序的调用。在加工的过程中，经常会遇到重复加工同样轮廓的情况，我们可对该轮廓的程序编制一个独立的子程序，执行主程序时若在不同的位置遇到同样的轮廓，通过调用子程序进行加工。

9）用户宏程序功能。该功能用户可以自己扩展数控系统的功能，是系统对用户的开放，并能对变量进行运算，使程序更具灵活性、方便性的特点。

4.1.5 卧式加工中心工作环境

各类加工中心所配置的数控系统虽然各有不同，但工作环境基本相同。为提高数控设备的使用寿命，一般要求避免阳光的直接照射和其他辐射热，避免安装在潮湿、粉尘过多或有腐蚀气体的场地。卧式加工中心属于精密设备，更应远离振动、粉尘、潮湿的环境，对卧式加工中心有以下三点环境要求。

1）良好的电源保证。为了避免受电源波动幅度大和可能瞬间干扰信号等影响，数控设备一般采用专线供电，并配有稳压器。

2）制订有效操作规程。在数控设备的使用与管理方面，应制订一系列切合实际、行之有效的操作规程，如润滑、保养、合理使用及规范的交接班制度等。制订和遵守操作规程是保证数控机床安全运行的重要措施。

3）数控设备不宜长期封存。数控设备使用初期是设备出现故障的高峰期，设备的薄弱环节应该尽早暴露出来，从而得以及时排除。加工中减少数控机床主轴的开启和关闭，以降低对离合器、齿轮等器件的磨损；没有加工任务时，数控设备也要定期通电，最好是每周通电1~2次，每次运行30min左右，以利用机床本身的发热量来降低机内的湿度，使电子元件不致受潮；同时，也能及时发现电池电量是否存在不足，以防止系统默认设定的参数丢失。

4.1.6 卧式加工中心保养作业

数控设备的正确操作和维护保养是延长使用寿命的关键因素之一。正确的操作能够防止机床非正常的磨损消耗、防止设备发生故障停机。为了防止机械及电气控制装置故障，延长其使用寿命，定期实施机床维护与检查，能够长期保持机床的性能和精度，提高机床运行效率，保证设备安全平稳运行。

卧式加工中心日常检查、维护保养分为运行160h、500h、1000h、2000h、6000h、12000h、20000h的保养，各类保养操作者需按作业要求实施，以延长设备的使用寿命。

虽然数控机床一次投资及日常维护保养费用较普通机床要高很多，但是若能充分地发挥数控机床的能力，将会带来很高的经济效益。这些效益不仅表现在生产效率高、加工质量好、废品少，而且还有减少工装和量刃具、缩短生产周期、减少在制品数量、缩短新制品试制周期等优势，从而为企业带来明显的经济效益。

4.2 卧式加工中心加工工艺分析

一种产品从毛坯加工到成品主要需要以下七个步骤：分析零件图，工艺分析确定加工方案，制造工装夹具，选择加工刀具，确定加工参数，切点计算，编辑程序加工。简单来说加工工艺就是在一定的加工条件下，在保证安全生产和产品质量基础上，划分的加工步骤。

4.2.1 分析零件图

操作者通过零件图、三维视图的尺寸公差、几何公差、技术要求、材质等要素，分析零件的加工部位、加工尺寸、设计基准、定位基准、检测工具及检测方法等。

4.2.2 工艺分析确定加工方案

在对零件进行分析的基础上，划分零件的粗加工、半精加工、精加工阶段，根据卧式加工中心工序集中特点，合理安排各表面的加工顺序，制订出零件加工工艺路线。正确简洁的加工工艺路线，是保证加工质量和提高效率的基础，选择零件的加工工艺路线时，必须遵守加工工艺路线的确定原则，才能达到提高生产效率的目的。确定加工工艺路线的原则主要有：应能保证零件的加工精度和表面粗糙度的要求，且加工效率较高；应尽量使加工工艺路线最短，这样既可减少程序段，又可减少刀具空行程走刀时间；工件坐标系的原点尽量选择精准，满足编程简单、尺寸换算少、引起的加工误差小，能很好地保证零件的位置精度要求。切削加工工序通常按以下原则安排：

（1）先粗后精　当加工零件精度要求较高时，都要经过粗加工、半精加工、精加工阶段，如果精度要求更高，还包括光整加工等阶段。

（2）基准面先行原则　用作精基准的表面应先加工。任何零件的加工过程总是先对定位基准进行粗加工和精加工；箱体类零件总是先加工定位用的平面及两个定位孔，再以定位平面和定位孔为精基准加工其他平面和孔系。

（3）先面后孔　对于箱体、支架等零件，平面尺寸轮廓较大，平面定位比较稳定，而且孔的深度尺寸以平面为基准，故应先加工平面，后加工孔。

（4）先主后次　即先加工主要表面，后加工次要表面；先加工主要孔，后加工次要孔。

4.2.3 制造工装夹具

合理的装夹能满足使用过程中工件定位的稳定性和可靠性；在加工过程中保证工件在工装夹具上有足够的承载或夹持力度；满足装夹过程中的简单与快速操作；易损零件必须是可以快速更换的结构，条件充分时最好不需要使用其他工具进行操作；满足夹具在调整或更换过程中重复定位的可靠性；尽可能避免结构复杂、成本昂贵的零件；尽可能选用标准件作为组成零件，形成内部的系统化和标准化。在批量生产条件下，一般应采用专用工装夹具。在选择夹具时还需要考虑工作台的承重量，允许安装的最大尺寸以及机床各运动轴的极限位置，空行程时能否干涉等因素。

4.2.4 选择加工刀具

加工刀具和加工参数选择是否合理，是能否达到质量要求、提高加工效率的关键一步。根据机床的性能、工件材质、加工部位、切削用量以及其他相关因素正确选用刀具。卧式加工中心刀具选择总的原则要求：先定制刚性好、寿命长的复合刀具，用以提高加工效率；再选择更换方便的标准刀具，其他特殊加工条件下还要考虑如强度、高精度刀具等。

选取刀具时，要使刀具的性能与加工内容相适应。粗加工时要选择刚性大、切削力大、加工效率高的刀具；精加工时要选取精度高、表面质量好的刀具。加工零件轮廓的四周、凸台、凹槽时，常采用整硬铣刀；加工平面时，应选硬质合金刀片面铣刀；加工毛坯表面或粗加工大直径孔时，可选取镶硬质合金刀片的玉米铣刀；对一些立体型面和变斜角轮廓外形的加工，常采用球头铣刀；孔加工尤其是深孔加工，要选择带有内冷的涂层硬质合金钻头的刀具，内冷刀具不仅使刀具得到及时冷却，还能够顺畅排屑，减少铁屑与刀具摩擦，提高刀具寿命。

在卧式加工中心中，各种刀具分别装在刀库上，按程序规定随时进行选刀和换刀动作。编程人员应了解机床上所用刀具的结构尺寸、调整方法以及调整范围，以便在编程时确定刀具的径向和轴向尺寸，一般应遵循以下原则：尽量减少刀具数量；一把刀具装夹后，应完成其所能进行的所有加工部位；粗、精加工的刀具应分开使用，即使是相同尺寸规格的刀具；先铣后钻；先进行曲面精加工，后进行二维轮廓精加工。

接下来介绍一种新型复合刀具。轴箱体弹簧安装面弹簧下夹板定位轴由玉米铣刀粗铣、精镗刀反镗完成，为保证动平衡，精镗刀设有配重块，定制了复合反镗刀，依据配重块尺寸和重量设计了粗镗刀模块，对配重块进行替换，复合反镗刀一刀完成定位轴加工，该复合刀具的应用，使定位轴的加工效率提高了5倍，如图4-6所示的新型复合镗刀。

 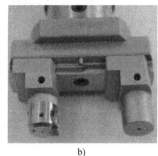 

a)　　　　　　　　　　　b)　　　　　　　　　　　c)

图 4-6　新型复合镗刀

a) 铣刀　b) 反精镗刀　c) 复合反镗刀

箱体类零件一般都需要进行多工位孔系、轮廓及平面加工，公差要求较高，特别是几何公差要求较为严格，通常要经过铣、钻、扩、铰、镗、攻螺纹等工序，所需刀具较多。在普通机床上加工难度大，工装多、费用高，加工周期长，需要多次装夹、找正，手工测量次数多，更换刀具频繁，工艺难以制订，更重要的是精度难以保证。这类箱体零件采用卧式加工中心进行加工，一次装夹便可完成全部加工内容，零件各项精度一致性好、质量稳定、生产效率高。

箱体类零件的加工方法，主要有以下几种：

1）当既有面又有孔时，应遵循先面后孔的原则，所有孔系都应先完成全部孔的粗加工，再进行精加工。

2）孔加工通常分"粗镗—半精镗—孔端倒角—精镗"四个工步完成，一般先加工大孔，再加工小孔，特别是在大小孔距很近的情况下，更需采取这一措施。

3）螺纹加工时，在一般情况下，M6以上、M20以下的螺纹孔可以在加工中心上完成，由于卧式加工中心排屑效果好，也可以进行M24螺纹孔的加工。

4.2.5 确定加工参数

加工参数指的就是切削三要素，即切削用量三要素，切削用量是表示主运动和进给运动大小的参数，是切削速度、进给量和切削深度（背吃刀量）三者的总称。

1. 切削三要素的选择原则

粗加工时的原则为：选取尽可能大的背吃刀量；根据机床动力和刚性的限制条件等，选取尽可能大的进给量；根据刀具寿命确定最佳的切削速度，一般以提高生产率为主，但也应考虑经济性和加工成本。半精加工和精加工时的原则为：根据粗加工余量确定背吃刀量；根据工件表面粗糙度的要求，选取较小的进给量；在保证刀具寿命的前提下尽可能选取较大的切削速度，应在保证加工质量的前提下，兼顾生产率、经济性和加工成本。

2. 切削三要素参数的确定

现在大部分数控卧式加工中心都已应用了集成化刀具，新型刀具制造企业已形成了完整的制造体系，所制造的刀具已验证出合理的切削参数，新型数控加工中的传统切削参数应用方法将被更新换代，这与普通设备选取有很大不同，操作者需转变思路，根据零件材质等选取刀具，确定切削三要素的参数。

切削速度 v：切削刃的选定点相对于工件主运动的瞬时速度，也可说线速度，基本由刀具设计厂家提供，相关数据会在刀具铭牌上标注。

进给量 f：通过线速度计算得出转速，与刀具齿数及粗、精加工每齿进给量综合计算。

切削深度或背吃刀量 a_p：工件上已加工表面与待加工表面之间的垂直距离。根据加工工件工艺分析选取切削深度进行零部件的加工。

3. 切削参数计算

操作者选取刀具后，该刀具已根据不同的加工材质提供合理的线速度值，操作者根据切削速度经验计算公式 $v=\pi d n/1000$（单位：m/min）进行计算确定，但计算值还需结合实践经验进行微调。

主轴转速 n 的单位为 r/min，$n=1000v/\pi d$。公式中 v 已提供，d 是刀具直径，单位是 mm，将该数值带入公式计算即可确定主轴转速 n。

工件被加工时刀具相对于工件的合成进给速度，分为每分钟进给量（mm/min）或每转进给量（mm/r），卧式加工中心进给量的单位选取为每分钟进给量。操作者根据零件的加工精度、表面粗糙度及粗、精加工工序要求选取每转进给量，一般取粗加工 0.25mm/r 左右，精加工 0.1mm/r 左右，该值与主轴转速 n 相乘得出进给量 f。需要操作者注意：如果按每齿进给量计算还需要考虑刀具齿数，齿数与进给量 f 成倍数关系；另外，数控机床的控制面板上备有主轴转速修调开关，可在加工过程中对主轴转速进行调整。

4.2.6 切点计算

设计人员在绘制零件图样时，执行图样的标注标准，因此大部分切点不需标注。在数控编程加工过程中，需要圆弧连接的切点坐标，零件图样没有标注数值，要通过计算获得，因此需要操作者平时多加练习，也可以在计算机上利用制图软件计算，这里只举例介绍加工现场手工计算方式，如图 4-7 所示。

现在需要计算 A、B 两点的坐标值，求 A 点的坐标值就是求 OE、AE 的长度；求 B 点的

第4章 轴箱体柔性加工生产线

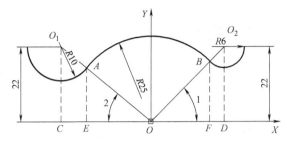

图 4-7 零件平面轮廓图

坐标值就是求 OF、BF 的长度。

解题思路：已知 $OA=25\mathrm{mm}$，根据勾股定理只要知道 $\angle 2$ 的值，使用普通计算器就可以求出 AE 与 OE 的长度。$\angle 2$ 的角度可以用 O_1O 和 O_1C 两线段求出。

因为圆弧 $R10$ 与 $R25$ 相切，所以线段 $O_1O=25\mathrm{mm}+10\mathrm{mm}=35\mathrm{mm}$，又因为 $O_1C=22\mathrm{mm}$，可以求得：

$\angle 2 = \arcsin(22/35) = 38.9448°$，
$OE = \cos38.9448° \times 25 = 19.4438$，
$AE = \sin38.9448° \times 25 = 15.7143$。

因为 E 点在负向，因此点 A 的坐标为（-19.444，15.714），
同理也可求得点 B 的坐标为（17.613，17.742）。

回转斜面工件坐标系计算：如图 4-8 所示的某型地铁轴箱体加工图，该零件安装在卧式加工中心上，斜面与 Z 轴夹角 55°，要求钻、攻螺纹孔并倒角。斜面需要通过卧式加工中心 B 轴回转工作台加工，工件的加工坐标系 G54（X-335.112，Y-674.661，Z-1070，B89.96），需要计算工件四轴坐标系。

思路分析：该零件需要在与水平线成 35°的平面上进行螺纹加工，孔上平面中心到 X 轴距离为 120mm。为了编程简单，需要单独为该部分的加工内容建立一个新的工件坐标系，也就是要求出螺纹孔中心 X、Y、Z、B 轴坐标值。X、Y 坐标零点是孔的中心点，Z 轴坐标零点在孔的上平面，B_1 轴是在工件坐标系 G54 中 B 轴的基础上旋转 35°。首先根据 G54 坐标系计算出 G54 中心与工作台回转中心的距离与角度，再根据旋转 35°后的实际角度计算 X、Z 坐标值，Y 轴和 B 轴不需要

图 4-8 某型地铁轴箱体加工图

计算。已知工作台的回转中心距 X 轴零点 525mm，距 Z 轴零点 1080mm。

$\sin35° = 120/a$，旋转角度的正弦值；
$a = 209.214\mathrm{mm}$，为孔中心到坐标系零点的距离；
$(525-335.112)\mathrm{mm} = 189.888\mathrm{mm}$，为 X 轴坐标零点到工作台回转中心的距离；
$(1080-1070)\mathrm{mm} = 10.000\mathrm{mm}$，为 Z 轴坐标零点到工作台回转中心的距离；
$\arctan(10/189.888) = 3.015°$，为工作台起始角度；
$\sqrt{10^2+189.888^2}\mathrm{mm} = 190.151\mathrm{mm}$，为计算 G54 工件坐标系零点到工作台回转中心的

距离；

35°+3.015°=38.015°，为 B 轴旋转角度；

($\cos 38.015 \times 190.151 - 525$) mm = -375.190mm 为新工件坐标系 X 轴零点；

($\sin 38.015 \times 190.151 - 1080 + 209.214$) mm = -753.678mm，为新工件坐标系 Z 轴零点；

89.96°+35°=124.96°，为新工件坐标系 B 轴零点；

Y 轴零点不变（Y：-674.661）；

经计算，孔中心的坐标值为（X：-375.190，Y：-674.661，Z：-753.678，B：124.96）。

4.2.7 某车型轴箱体在卧式加工中心加工实例

以下是某车型轴箱体在卧式加工中心加工实例，供参考。

1. 加工产品介绍

产品材质为 ZG25MnNi，属于铸造件，轴箱体受冲击、拉伸等，存在砂眼、硬点、夹砂、焊修硬点等缺陷，此类缺陷易损坏刀具，降低刀片的寿命，影响工件加工精度。

工艺流程图如图 4-9 所示。

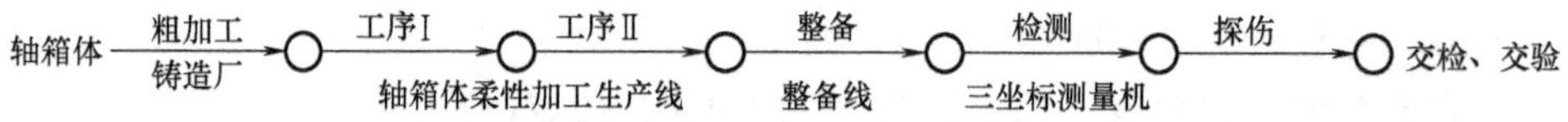

轴箱体 → 粗加工 铸造厂 → 工序Ⅰ 轴箱体柔性加工生产线 → 工序Ⅱ → 整备 整备线 → 检测 三坐标测量机 → 探伤 → 交检、交验

图 4-9 工艺流程图

2. 工艺介绍

1）粗加工由铸造毛坯供应商实施。

2）工序Ⅰ、工序Ⅱ的加工在轴箱体柔性加工生产线卧式加工中心上进行。

3）整备线负责精加工完轴箱体毛刺的去除等。空间尺寸和几何公差在轴箱体三坐标测量机上进行测量。

根据配套经济化要求，轴箱体铸造毛坯供应商供应粗加工毛坯，单边留量 1~1.5mm，在轴箱体柔性加工生产线上采用卧式加工中心加工时，根据工装设计需要，部分粗加工留量定为工艺定位尺寸，规定了公差。

3. 加工工艺分析

采用两工位装夹，完成全部尺寸加工要求。

1）一工位平装：如图 4-10 所示的平装夹具草图，轴箱体平放，使用来料粗加工后的内孔，利用一面两销定位夹紧方式，加工完成弹簧圆柱及底面、清障面、轴温检测器、实时轴温检测器座、减振器座、注油孔各部尺寸，并钻攻此工位各部位螺纹孔。

2）二工位立装：如图 4-11 所示的立装夹具草图，采用弹簧面的圆柱及底平面与节点端的活动定位来装夹工件。加工完成轴承孔孔径及两端面、节点孔孔径及两端面各部分尺寸，钻注油孔内侧倒角，并钻攻此工位各部位螺纹孔。

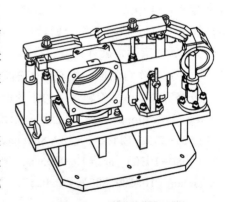

图 4-10 平装夹具草图

4. 轴箱体加工的加工难点及改进

（1）轴温传感器安装座加工 如图4-12所示的轴温传感器安装座示意图，传感器安装座先用 ϕ63mm 面铣刀铣出 35°平面，再进行钻孔、攻M16螺纹孔，该螺纹孔深48mm，螺纹有效长度43mm，与之配合的传感器螺栓精度为6g，配合间隙小于0.02mm。加工过程中，由于加工空间较窄，设备主轴与轴箱体易产生干涉，因此需采用加长刀具进行加工，但刀具过长，铣削过程中刀具振动，加工面表面粗糙度超差，螺纹旋合长度大，较难保证配合精度。因此面铣刀、丝锥刀体的选用为此工序的难点。

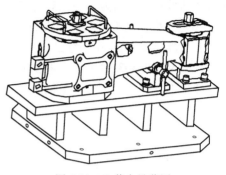

图4-11 立装夹具草图

选用 ϕ63mm 加长面铣刀粗、精加工，ϕ63mm 面铣刀半径小，可提高主轴转速，减少每齿进给量，降低刀具振动，提高传感器表面质量；ϕ13.9mm 内冷钻头加工螺纹孔底孔，采用刚性攻螺纹，弹性夹套的方法攻螺纹，可满足螺纹孔精度要求。通过以上的方法，满足了轴温传感器安装座的加工要求。

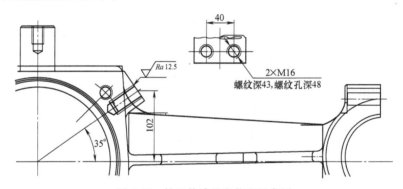

图4-12 轴温传感器安装座示意图

（2）轴承孔加工 轴承孔端面及孔内各尺寸、形状、位置精度要求高，其中圆度、圆柱度、垂直度公差为0.02mm，节点端面对轴承端面垂直度、节点孔对端面垂直度公差为0.05mm。为满足轴箱体的加工精度要求，要选用合理的工装和正确的工艺方法。在满足各项加工要求的情况下，要兼顾生产效率，保证生产进度。此工位将加工的弹簧圆柱及底面为定位销、面，节点面活动销定位，而工件定位夹紧后，需将活动定位销取走，此定位方式能保证完全定位。轴承孔加工后检测尺寸合格，加工全部尺寸后，去除夹紧力再检测轴承孔，发现孔尺寸、圆度、圆柱度超差。

分析其主要原因：加工采用压板压紧轴承孔外侧，加工后各尺寸满足要求，但去除夹紧力，轴箱体内孔变形，因此其装夹定位方式存在不合理性，造成轴承孔变形。

如图4-13、图4-14所示，重新改进二工位装夹定位方式，利用工件减振器安装孔短销定位，清障面螺纹孔夹紧，增加轴箱小端工艺定位面。此定位装夹方式，

图4-13 改进后二工位工装示意图

轴箱体轴承孔无压紧力,加工后无变形现象,加工尺寸满足设计要求。

（3）止推面加工　轴承止推面粗、精加工常规加工方法是选用同一把三面刃铣刀分两次加工完成,图4-15所示为三面刃铣刀实物图。选用刀片材质：WKP35,镀层硬质合金；型号：LNMU100508—F57T,根据ISO 1832,分析三面刃铣刀刀片参数见表4-1。三面刃铣刀刀片呈正方形,无后角和主偏角,刀片偏差大,属于粗加工类刀具,无法满足止推面加工要求。

图4-14　改进后二工位装夹示意图

图4-15　三面刃铣刀实物图

表4-1　三面刃铣刀刀片参数

序号	名称	型号	
		LNMU100508—F57T	ADKT10T3PER—F56
1	刀片形状	L代表正方形	A代表85°菱形
2	后角	N代表0°	D代表15°
3	允许的偏差	M代表±0.08mm	K代表±0.013mm
4	切削和夹紧特征	U代表圆斜两侧夹紧	T代表圆斜一侧夹紧
5	切削刃长度	10代表切削刃长度为10mm	10代表切削刃长度为10mm
6	刀片厚度	05代表刀片厚度为5mm	T3代表刀片厚度为3.97mm
7	刀尖圆弧	08代表刀尖圆弧半径为0.8mm	P代表刀尖主偏角为90°
8	切削刃形状	正方形代表无切削刃形状	E代表有圆弧切削刃
9	切削方向	正方形无法确认切削方向	R代表右进刀,易于排屑
10	刀棱宽度	无	无
11	刀棱角度	无	无
12	制造商说明	F代表16°断屑槽;5代表切削刃稍钝;6、7T代表后刀面构成,6比7T排屑好	

三面刃铣刀精加工具有以下缺点：

1) 深度加工尺寸基准不统一：三面刃铣刀刀杆有效长度为150mm,只能从轴箱盖侧加工轴承孔深度,与轴承孔深度基准不统一,为保证加工精度,相关刀具长度补偿等要求非常精密,不允许存在误差。

2) 加工效率低：铣刀直径为ϕ125mm,根据公式计算进给量为160mm/min。

3) 刀片利用率低：精加工时只有一侧刃参与切削,刀片寿命短,为满足垂直度及表面粗糙度要求需及时更换刀片,容易造成浪费。

4) 辅助时间长：需要大量时间保证更换后的刀片在同一平面内。

设计制造新刀具：三面刃铣刀存在缺点，要满足轴承止推面加工精度要求，需要重新进行刀具设计。根据加工要求及刀具加工原理，设计选用 φ63mm 面铣刀，刀杆有效长度为 250mm，刀片材质：WKP25，镀层硬质合金；型号：ADKT10T3PER—F56，根据面铣刀刀片参数，面铣刀刀片呈菱形，15°后角、90°主偏角，刀片偏差小，排屑好，切削和夹紧特征合理，是快换精加工刀片，可满足止推面加工要求。

如图 4-16 所示的面铣刀实物图，它具有以下优点：

1) 深度加工尺寸基准统一：面铣刀从轴承侧加工轴承孔深度，因此基准统一。

2) 加工效率高：铣刀直径为 φ63mm，根据切削参数公式计算进给量为 400mm/min。

3) 刀片角度参数合理：刀片利用率高，加工性能高。

4) 辅助时间短：因选用快换刀片，更换刀片时间可忽略不计。

图 4-16 面铣刀实物图

工艺改进后加工尺寸经三坐标测量机检测，数据全部合格。

为解决铝合金轴箱体加工刀具、切削参数设置、温度影响、断屑等问题，经过加工验证，刀具及切削加工参数推荐如下：精镗刀可选用 TCGT110204-EL 刀片，切削深度为 0.15mm，主轴转速为 250r/min、进给量为 36mm/min。面铣刀需选用菱形、尖切削刃、断屑槽及后角 20°左右刀片，切削方式采用斜线切入、切出方法，切削深度为 1~1.5mm，主轴转速为 660r/min、进给量为 800mm/min。

效果总结：在后期的轴箱体批量生产中，改进后的装夹定位及新刀具使用满足了产品的加工质量要求，同时提高了生产效率，为轴箱体装夹定位及深槽端面加工积累了宝贵经验。

4.3 发那科系统在卧式加工中心的应用

如图 4-17 所示轴箱体上表面圆柱外圆，以前要铣削零件的外圆或内圆，为了保证加工精度，减小刀具切入、切出抗力，通常需要编辑三段程序：

N1 G02 X-Y-R-;
N2 G03 X-Y-I-J-;
N3 G02 X-Y-R-;

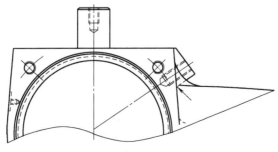

图 4-17 轴箱体上表面圆柱外圆

现在只需要一个 G 指令（G305------）一个程序段即可完成加工，这类 G 指令的含义与用法会在后面章节详细讲解。

发那科系统适应性很强，对于电压、温度等外界条件的要求不是特别高，具有很强的抵抗恶劣环境影响的能力，工作环境温度为 0~45℃，相对湿度在 75% 以下。发那科系统所配置的系统软件具有比较齐全的基本功能，对于一般的生产加工来说，其功能完全能满足使用要求。

厂家提供丰富的维修报警和诊断功能，发那科维修手册为用户提供了大量的报警信息，并且以不同的类别进行分类，很多的报警操作者自己动手就能够解决，大大节省了等待维修人员来修理的时间。除了基本的轴联动、轨迹控制等常用功能，新型的系统中还增加了很多先进的功能。

1）绝对值编码器。绝对值编码器属于角度位置测量元件，利用编码器码盘上的绝对零点作为计数基准。计数值既可以反映位移量，也可以实时地反映机床的实际位置，开机后可以立刻投入使用，不用返回机床参考点。

2）同步控制。驱动工作台有两个轴参与运动，一个是主动轴，另一个是从动轴。主动轴接收 CNC 的指令，从动轴跟随主动轴运动，当运行过程中两轴的移动同步误差超过参数的设定值时，系统会发出轴 1 与轴 2 脉冲报警。发生这种报警时，如果排除工作台异常碰撞等情况，报警原因则多见于编码器紧固螺栓松动或编码器损坏。

3）刀具寿命管理。使用多把刀具时，将刀具按其寿命分组，并在 CNC 的刀具管理表上预先设定好刀具的使用顺序。加工中使用的刀具到达寿命值时可自动或人工更换上同一组的下一把刀具，同一组的刀具用完后就使用下一组的刀具，刀具的更换无论是自动还是人工，都必须编制梯形图。刀具寿命的单位可用参数设定为"分"或"使用次数"。

4）自动刀具长度测量。在机床上安装接触式传感器，编制刀具长度的测量程序，在程序中要指定刀具使用的偏置号。在自动方式下执行该程序，使刀具与传感器接触，从而测出其与基准刀具的长度差值，并自动将该值填入程序指定的偏置号中。

5）DNC1。是实现 CNC 系统与主计算机之间传送数据信息的一种通信协议及通信指令库。DNC1 是由发那科公司开发的用于 FMS 中加工单元的控制，可实现的功能有：加工设备的运行监视、加工与辅助设备的控制、加工数据（包括参数）与检测数据的上下传送、故障的诊断等。硬件的连接是一点对多点，一台计算机可连 16 台 CNC 机床。

6）以太网口是 CNC 系统与以太网的接口，发那科提供了两种以太网口：PCMCIA 卡口和内埋的以太网板。用 PCMCIA 卡可以临时传送一些数据，用完后即可将卡拔下；以太网板是装在 CNC 系统内部的，因此用于长期与主机连接，实施加工单元的实时控制。

鉴于前述的特点，发那科系统拥有广泛的客户，使用该系统的操作员队伍十分庞大。

4.3.1 发那科数控系统编程与指令介绍

现在有很多编程软件可以实现自动编程，常用的 CAM 软件有 UG，Pro/E，Mastercam，PowerMill，CAXA 等，可以实现多轴联动的自动编程并进行仿真模拟。对于三轴联动的加工中心，且加工面不复杂的工件大多采用手工编程，这里只介绍手工编程。

（1）编程的目的 手工编程除了需要熟知各种编程指令和识图知识外，编程者要有一定的加工经验和基础知识，要能够根据工件选择合适的加工刀具、铣削方向、进退刀时在工件合适的位置切入与切出。

编写加工程序需要达到的目的：
1) 应能保证被加工工件的精度和表面粗糙度。
2) 使加工路线最短，减少空行程时间，提高加工效率。
3) 尽量简化数值计算的工作量，简化加工程序。
4) 对于某些重复使用的程序，应使用子程序。

(2) 程序验证　程序在编制完成后可能存在一些错误，这些错误通过操作者在试切加工时提前发现，修改为正确程序。因此试切加工十分关键，它不仅能发现程序的错误，防止撞刀等问题出现，同时通过首件试切调整加工参数及刀具数据，提高零件的加工质量，保证零件在批量生产时的工艺合理。

运行加工程序试切验证要领：试切加工过程要执行单步运行方式，整个过程单步运行开关一直处于开启状态，快速倍率置于0位置。先目测刀具与工件的距离，与工件坐标显示的余量坐标进行比较，确定刀具和工件是否干涉，确定位置准确后，增加快速倍率至100%，执行完该段程序，测量加工效果，按以上步骤循环执行下段程序，直至验证完成。在钻攻或镗孔等不容易目测距离的工步，需重点确定刀具长度是否满足加工要求。

数控程序在编写修改完全合格后，就可以用于自动加工。需要将程序存储好，并做好备份，非必要不修改，备份交由专人保管。若必须修改，必须按运行加工程序试切验证要领再次加工验证，并及时更新备份程序。对于交接班的设备，必须跟对班操作员工交接明白程序修改的部位及原因。

(3) 编程指令　数控加工中心的编程格式和指令与加工设备类型和数控系统的类型有关，但加工程序的基本原理是相同的，因此，大部分的编程指令都是标准化的。下面阐述一些编程指令中需要了解的技巧和注意事项。

G01 直线倒角功能，可以倒45°斜角和1/4圆角，简化编程，减少出错概率，格式如下：
G01 X-Y-,C-;
G01 X-Y-,R-;
程序暂停指令
G04 P_;　以 0.001s 为单位指定地址 P，不带小数点。
G04 X_;　X 带小数点，X1.0:1s；X 不带小数点，X1:0.001s。

当 G04 在底孔等任何地方暂停程序执行时，指定可以让主轴旋转一圈的时间。切削刀具与工件接触时，若主轴旋转时间太长，则不仅会降低加工精度而且会缩短刀具寿命。可以用以下公式计算暂停时间：$T = 60/$主轴转速，其中，T 单位为 s；主轴转速单位为 r/min。

G52 设置本地坐标系，可以平移在工件坐标系（G54~G59）中创建的程序的工件零点，以建立多个坐标系。即使设置了 G52 本地坐标系，原始的工件坐标系（G54~G59）不受影响，执行"G52X0 Y0Z0"或手动将所有轴返回零点时取消本地坐标系。需要注意指定 G52 指令时，执行 G52 后的第一次轴运动指令必须按绝对值执行。

4.3.2　宏指令的应用方法

轴箱体柔性加工生产线应用的发那科系统自带了 G 指令，代替了一部分宏功能，能完成某一功能的指令像子程序那样存入存储器，用一个总指令来包含它们，使用时只需给出这个总指令就能执行其功能，极大地减轻了操作者的编程工作量。

1. 变量的表示和使用

1）变量的表示。

#I（I=1，2，3，……）或#［<式子>］。

例：#5，#109，#501，#［#1+#2-12］。

2）变量的使用。

地址字后面指定变量号或公式。

格式：<地址字>#1，

　　　<地址字>-#1，

　　　<地址字>［<式子>］，

例：F#103，设#103＝15 则为 F15，

Z-#110，设#110＝250 则为 Z-250，

X［#24+#18＊COS［#1］］，设#24＝5 #18＝10 #1＝60 则为 X［5+10＊COS［60］］，

3）变量号可用变量代替。例如：#［#30］，设#30＝3，则为#3，

4）G、L、N、O、P 不能当作自变量使用。

例：下述方法不允许：

① O#1；

② L#26 X100.0；

③ N#3 Z200.0；

5）变量号所对应的变量都有具体数值范围。例如：#30＝1100 时，则 M#30 是不允许的。

6）变量的值是零和变量的值是空是两个不同的概念。变量的值是零相当于变量的数值是零，而变量的值是空相当于该变量所对应的地址不存在。

7）变量值定义。程序定义时可省略小数点。例如：#123＝149。

2. 变量的种类

1）局部变量#1~#33。局部变量只能在宏程序中使用，可用来存储操作结果，程序运行结束或关闭电源后，局部变量被初始化，再次使用时需要重新赋值。

例：宏程序 1　宏程序 2

　　　…　　　　…

　　　#10＝20，X#10 不表示 X20

2）公共变量#100~#149，#500~#531。公共变量在不同的宏程序中的意义相同（即公共变量对于主程序和从这些主程序调用的每个宏程序来说是公用的）。关闭电源时变量#100~#199 被初始化为空，而变量#500~#999 数据保持，即使断电也不丢失数据。例如：#100＝20 时，程序执行完后再次执行宏程序时可不进行赋值，X#100 表示 X20。关闭电源后再次调用时，由于已被初始化，需重新进行赋值。

3）系统变量#1000~。固定用途的变量，其值取决于系统的状态。系统变量用于读和写 CNC 运行时各种数据变化，例如，刀具当前位置和补偿值：

① #2001 值为 1 号刀的刀具补偿值（H 代码，几何）。

② #5221 值为 X 轴 G54 工件原点偏置值。

3. 运算指令

运算式的右边可以是常数、变量、函数、式子，式中#j、#k 也可为常量，式子左边为变量号、运算式，格式见表 4-2。

表 4-2 运算指令格式

功能	格式	功能	格式	功能	格式
加法	#i = #j+#k	反余弦	#i = ACOS[#j]	自然对数	#i = LN[#j]
减法	#i = #j-#k	正切	#i = TAN[#j]	上取整	#i = FUP[#j]
乘法	#i = #j * #k	反正切	#i = ATAN[#j]	下取整	#i = FIX[#j]
除法	#i = #j/#k	平方根	#i = SQRT[#j]	与	#iAND#j
正弦	#i = SIN[#j]	绝对值	#i = ABS[#j]	或	#iOR#j
反正弦	#i = ASIN[#j]	舍入	#i = ROUND[#j]	异或	#iXOR#j
余弦	#i = COS[#j]	指数函数	#i = EXP[#j]	—	

4. 补充说明

1) 函数 SIN、COS 中的角度单位是度（°）。例如：90°30″为 90.5°。

2) 宏程序数学运算的次序依次为：函数运算（SIN、COS、ATAN 等），乘和除运算（*、/、AND 等），加减运算（+、-、OR/XOR 等）。

3) 函数中的"[ ]"用于改变运算次序，最里层的"[ ]"优先运算。函数中的括号允许嵌套使用，但最多只允许嵌套 5 级。当超出 5 级时，出现错误 P/S 报警 No.118.

4) CNC 处理数值取整运算时，若操作后产生的整数绝对值大于原数的绝对值时为上取整；若小于原数的绝对值时为下取整。要特别注意对负数的处理。

5. 控制指令

控制指令起到控制程序流向的作用，包括转移和循环指令两种方式。

1) 无条件的转移（GOTO 语句）。转移（跳转）到标有顺序号 N（即俗称的行号）的程序段。

格式：GOTOn；

2) 条件转移（IF 语句）。"IF［条件表达式］GOTOn"表示如果满足指定的条件表达式，则转移到标有顺序号 N 的程序段。如果不满足指定的条件表达式，则顺序执行下一个程序段。

格式：IF［条件表达式］GOTOn；

运算符含义见表 4-3。

表 4-3 运算符含义

运算符	含义	条件表达式格式	条件表达式解释
EQ	等于(=)	#j EQ#k	#j = #k
NE	不等于(≠)	#j NE#k	#j ≠ #k
GT	大于(>)	#j GT#k	#j>#k
GE	大于或等于(≥)	#j GE#k	#j≥#k
LT	小于(<)	#j LT#k	#j<#k
LE	小于或等于(≤)	#j LE#k	#j≤#k

例：钻100个孔的程序。

O0002；
N1#100=0；
N2#101=0；
N3 G49 G80 G40；
N4 M06 T01；
N5 G00 G90 G54 X#100 Y#101；
N6 G43 H01 Z100 M03 S2000；
N7 G54 X#100 Y#101；
N8 G98 G81 R3 Z-18 F350；
N9#100=#100+10；
N10 IF[#100 GT 100]GOTO12；
N11 GOTO7；
N12#101=#101+10#100=0；
N13 IF[#101GT100]GOTO15；
N14 GOTO7；
N15 G80 M09；
M30；
%

"IF[条件表达式]THEN"表示如果满足指定的条件表达式时，则执行预先指定的宏程序语句，而且只执行一个宏程序语句。例如，IF[#1 EQ #2]THEN#3=10。

3）循环语句（WHILE语句）。在WHILE后指定一个条件表达式，当满足指定条件时，则执行从DO到END之间的程序，否则，转到END后的程序段。DO后面的数值指定程序执行范围的标号，标号值为1、2、3。如果使用了1、2、3以外的值，会触发P/S报警No.126。

格式：
WHILE[条件表达式]DOn(n=1,2,3)；
ENDn；

例：求1~10之和。

O0001；
N1#1=0；
N2#2=1；
N3 WHILE[#2LE10]DO1；
N4#1=#1+#2；
N5#2=#2+#1；
N6 END1；
N7 M30；
%

6. 应用举例：轴箱体轴温传感器安装座加工

为保证行车安全，每件轴箱体都安装轴温传感器，运行过程中实时监控轴箱体轴承温度变化。轴箱体上加工轴温传感器安装座是为了有效检测轴温，要求传感器与安装座密贴。因此，安装座的外端 3mm×45°斜面位置的尺寸精度使用了宏程序加工，下面摘录了加工轴温传感器安装座斜面程序。

```
N1 T3001;
N2 M06;
N3 G04X2;
N4 M103;
N5 M03S800;
N6 G00 G90G57X0Y0;
N7 G43H01Z150M08;
N8 #1=149-3;
N9 #2=0;
N10 WHILE[#1LE[149+0.2]]DO1;
N11 G01Z#1F500;
N12 G01X#2;
N13 G02I-#2;
N14 #1=#1+0.05;
N15 #2=#2+0.05;
N16 END1;
N17 M05;
N18 G00G80Z400M9;
N19 M89;
N20 G91G30X0Y0Z0;
N21 M30;
%
```

7. 总结

通过上述介绍，完全可以借助系统提供的二次开发功能定制出个性化的宏程序。例如，可以将刀具轨迹路径定制在宏程序中，然后通过 G65 方式或直接用 G 代码调用，常见结构的宏程序定制是有效提高编程效率的手段之一。

4.3.3 可编程参数 G10

1. 可编程参数 G10 介绍

G10 可以在程序中进行偏置设置，来代替手工输入刀具长度偏置、半径补偿、工件坐标系偏置等。在轴箱体柔性加工生产线使用过程中，因为柔性加工生产线所有的程序都保存在中央控制系统中，加工中心上不存储零件的工件坐标系和加工程序，因此柔性加工生产线加工中心所有加工产品的工件坐标系以 G10 形式设置。

格式：G10 L_P_R_X_Y_Z_。

其中：L 为选择的偏置种类。L2 为通用坐标系偏置，G54~G59 为工件坐标原点；L10 为刀具几何长度偏置（H 代码）；L11 为刀具磨损长度偏置（H 代码）；L12 为刀具几何半径补偿（D 代码）；L13 为刀具磨损半径补偿（D 代码）；L20 为 G54.1 辅助工件坐标原点。

P 为选择的特殊偏置，由于 P 跟随在 L 后面，在不同的偏置种类（L）中 P 的含义不同。L10/L11 中，P1~P100 用来指定刀具长度补偿 H 代码，G10 L10 P1-P1 表示 H01；L12/L13 中，P1-P100 用来指定刀具半径补偿 D 代码，G10 L12 P1-P1 表示 D01；L2 中，P0、P1~P6 用来表示坐标系偏置，P0 为坐标系偏置，G54~G59 为工件坐标系。其中，P1=G54，P2=G55，P3=G56，P4=G57，P5=G58，P6=G59，G10 L2P1-P1 表示 G54 工件坐标系；L20 中，P1~P48 用来表示 G54.1 辅助工件坐标系。其中，P1=G54.1 P1，P2=G54.1 P2，P3=G54.1 P3，…，P47=G54.1 P47，P48=G54.1 P48。

R 为长度或直径偏置量的绝对值或相对量。L10 中，R 用来表示长度偏置的绝对值，G10 L10 P1 R1003 表示在长度 H01 里面输入 100.3；L11 中，R 用来表示长度偏置的增量值，G10 L11 P1 R21 表示在原有的长度 H01 里面增加 2.1；L12 中，R 用来表示半径偏置的绝对值，G10 L12 P1 R4.1 表示在半径补偿 D01 里面输入刀补 4.1；L13 中，R 用来表示半径偏置的增量值，G10 L13 P1 R-01 表示在原有的半径 D01 里面减去 0.1。

运行该程序段后，刀具半径补偿偏置里面实际值为 4.0。

2. 可编程参数 G10 应用

轴箱体柔性加工生产线应用 G10 可编程参数设置过程：首先将工件工装运至卧式加工中心机床内，确定加工坐标系 X、Y、Z、B 四轴的准确位置。因为各车型轴箱体结构复杂程度不同，所以加工坐标系数量也不等，一般为 3~5 个。轴箱体柔性加工生产线共有 5 台加工中心、48 个工装位，根据生产需求可排产 48 件产品，每套工装都有自己的工件坐标系。因此每个工件坐标系必须十分准确，这样在排产时这几十套工装就可以在任何一台加工中心上加工。再将工件坐标系使用 G10 编成一个子程序。在编制作业时，使用的这个子程序为工件坐标系，保存在中央控制系统。

加工该产品时主机会将这个子程序与加工程序一起传输到加工中心，当加工完该工件后，程序运行到 M02（注意：保存在中央控制系统的加工程序以 M02 结束），这些传输到加工中心的坐标系和加工程序会自动删除。

中央控制系统按作业计划执行下一个工件的加工，依次循环。

3. 应用举例：轴箱体二工序加工

```
O9121
N1 G91 G30 X0Y0Z0;        返回参考点
N2 M98 P0022;             调用子程序 0022 设置坐标系
N3 T01;
N4 M06;
………
………
```

加工坐标系子程序格式如下：

```
O0022                     22 号工装托盘的工件坐标系,以工装托盘号作为程序
                          名,方便以后查找
```

```
N1 G10 L2 P1 X-500.000Y-470.000Z-1079.000B90.;
```
                  G54 加工坐标系偏置设定，X-500mm,Y-470mm,Z-1079mm,B90°,这里各轴设置的都是机械坐标系的数值

```
N2 G10 L2 P2 X-550.000Y-470.000Z-1081.000B90.;
```
                  G55 加工坐标系偏置设定，X-550mm,Y-470mm,Z-1081mm,B90°

```
N3 M99;
```
                  子程序结束,返回主程序

轴箱体二工序的 G54 与 G55 工件坐标系中心是轴承孔两端的中心。柔性加工生产线加工中心工件的回转中心在 $X=-525$mm 处，因此 G54 和 G55 的 X 轴零点的和为 -1050mm。通常只需要检测出其中一端的 X 轴中心，就可以确定另一端的中心。但如果设备的机械零点发生偏移，这个数值就会有偏差，会在加工零件的同轴度上体现出来，该问题参考"4.6 柔性加工生产线基准点的检测方法"相关内容。

4.4 西门子数控系统在卧式加工中心的应用

4.4.1 西门子数控系统的主要特点

SINUMERIK840D 系统的特征是具有大量的控制功能，如钻削、车削、铣削、磨削以及特殊控制，这些功能在使用中相互不会有任何影响。全数字化的系统、革新的系统结构、更高的控制品质、更高的系统分辨率以及更短采样时间，确保了工件质量。

（1）操作方式　主要有自动（AUTOMATIC）、手动（JOG）、示教（TEACHIN）、手动输入半自动（MDA）的方式；程序的自动运行方式，待加工程序中断后，能够从断点恢复运行，能够进行进给保持以及主轴停止、跳段、单段、空运转、选择性停止、查找搜索等功能。

（2）轮廓补偿　根据操作者程序进行轮廓的冲突检测、刀具半径补偿的进入和退出策略及交点计算、刀具长度补偿、测量系统误差补偿、反向间隙补偿、过象限误差补偿等。

（3）安全保护功能　数控系统可通过预先设置软极限开关的方法，进行工作区域的限制及程序执行中的进给减速，同时还可以对主轴的运行进行监控。

（4）机床配置　可实现车、钻、铣、磨、切割、冲压、激光加工和搬运设备的控制，备有全数字化的数字驱动模块，最多可以控制 31 个进给轴和主轴，进给和快速进给的速度范围为 100~9999mm/min。其插补功能有样条插补、三阶多项式插补、控制值和曲线表插补，这些功能为加工各类曲线曲面零件提供了便利条件。此外，还具备进给轴和主轴同步操作的功能。

4.4.2 西门子系统机床面板及功能介绍

（1）机床电源总开关　机床电源总开关一般位于机床的侧面。机床开机前，首先将电源总开关的保险按下，然后将开关置于"ON"位置。

（2）机床电源开关　机床电源开关一般在操作面板的左下方，按下该键，机床的液压站会开启，向润滑、冷却等机械部件提供动力；按下电源关闭键，机床润滑、液压传动、电

动机传动等机械部件会断电。

（3）紧急停止按钮　当遇到紧急情况以及突发状况时，按下红色的紧急停止按钮，机床及数控装置立即处于急停状态，此时在界面上出现"EMG"字样，机床报警指示灯亮。要消除急停状态，一般情况下可逆时针转动紧急停止按钮，使按钮向上弹起，并按下复位键即可。

（4）模式选择按钮

1）手动连续进给。实现手动快速或慢速连续进给，分轴选择进给方向按钮。手动连续进给的倍率可通过连续进给倍率按钮进行调节，调节范围为 0~150%。

2）重复定位。该功能也称为断点恢复功能，在加工过程中应用方便。该状态下，可进行程序中断后的重新定位，有利于提高加工效率和提高精确度。

重复定位功能在牵引拉杆镗孔过程中的应用：牵引拉杆端头孔精度要求高，由于设计原因，在孔中段存在直径为 6mm 的工艺孔进行应力释放。镗孔时，当镗刀镗削到此处时会出现断续镗削，造成刀尖冲击，刀尖受到冲击后可能会损坏，若损坏则需中断程序退出镗刀后再更换新刀片，更换刀片后搜索程序，重新镗孔。若从头重新执行镗削程序，会造成无效镗削，浪费时间，另外搜索程序容易操作错误，存在隐患。

应用重复定位功能，当加工工艺孔出现刀具损坏时，按下循环保持键，主轴停止，按下重复定位键，切换手动 JOG 键，Z 轴退刀至安全位置后，同时移动 X、Y 轴退刀到理想换刀片位置，更换刀片，X、Y 轴返回，主轴启动，Z 轴进刀到原位置，按下循环启动键，恢复原程序加工。重复定位功能定位准确，可避免程序调用的隐患，减少无效空运行，提高加工效率。

3）返回参考点。分自动返回和手动返回参考点两种，当轴返回参考点后，对应轴的指示灯会变亮，表示已返回参考点。

4）MDI 模式。在 MDI 模式下，操作者可以输入单一的程序或几段程序，按启动按钮以满足工作需要。

MDI 模式在动车组轴箱体加工过程中的应用：动车组轴箱体采用铸造工艺，铸造毛坯加工面余量无法确定，加工过程中经常会出现加工不完整的现象，使用 MDI 功能编写专用修复小程序对加工不完整的地方进行修复加工，简单快捷且不易出错。

5）示教模式。在示教模式下，可将手动移动的轴的位置记录在程序中，这些数据无须用键盘输入，可以直接输入程序中。

6）自动运行。按下自动运行键，机床会自动运行已选好的加工程序。该机床运行键还有其他功能。

① 循环保持：按下该键后，程序运行及刀具移动将暂停，其他功能如主轴转速、冷切功能等保持不变。该功能可配合重复定位功能，对加工过程中出现的异常问题进行处理。再次按下自动运行键，机床重新进入自动运行状态。

② 单段执行：按下该键后，每执行一句程序后会暂停，再按下循环启动键执行下一句。程序验证时该功能可以避免在程序段有错误时，造成刀具与设备干涉等异常问题的发生。

③ 跳跃执行：按下该键后，执行程序时凡是遇到标记"/"的程序段时，程序会自动跳过该程序段。需要注意的是，如果跳跃执行键没有按下，自动运行程序时，程序会执行标记"/"的程序段，而不会跳跃执行。

跳跃执行功能在精镗牵引拉杆端头孔中的应用：牵引拉杆端头孔精度要求高，偏差为 0.04mm。每个班次更换刀片、设备修复后再加工首件时，一般编辑长度约为 10mm 的试切削程序，镗削后测量，根据实测值对刀具尺寸进行微调，尺寸检测合格后，将试切削部分的程序段进行跳跃，提高了牵引拉杆的加工质量以及生产效率。加工程序如下：

```
N1 T1001 M06;
N2 G00 G90 G54 D1 X0Y0B0;
N3 Z150;
N4 M03 S350 M07;
/N5 CYCLE86(100,0,3,-7,,,3,0.1,,,0);
/N6 X0Y0;
/N7 G00 Z300M09;
/N8 M05;
/N9 CUS_HOME;
/N10 M00;
N11 G00 G90 G54 D1 X0Y0B0;
N12 Z150;
N13 M03 S350 M07;
N14 MCALL CYCLE86 (150, 0, 3, -85,,, 3, 0.1,,, 0);
N15 X0Y0;
N16 X460Y0;
N17 MCALL;
N18 G00 Z300 M09;
N19 M05;
N20 M30;
```

7）刀具寿命功能。该功能是设备生产厂家结合西门子编程方法设定的一种刀具寿命检测方式，根据加工工件的个数以及加工周期对刀具寿命进行设置，避免加工过程中重复检查刀具造成时间浪费，以及漏查损坏刀具和设备。

刀具寿命功能应用在加工程序中，每一把刀具加工完成后，在程序的待结束部分写入刀具寿命激活指令，刀具寿命功能激活后，在系统的刀具菜单里找出刀具管理、寿命管理（一般情况下进行使用次数设定），如设置 120 次，当刀具在使用到 121 次时，系统会自动进行报警提示，更换刀具后重新设置刀具寿命即可运行程序。

4.4.3 孔加工固定循环编程

固定循环是用一个程序段完成一个孔加工的全部动作：钻孔进给、退刀、孔底暂停、主轴定位等，从而达到简化程序，减少编程工作量的目的。

SIEMENS840D 系统的孔加工固定循环用 CYCLE81~CYCLE89 来调用，主要用于孔加工，包括钻孔、镗孔、攻螺纹等，固定循环根据调用的格式不同分为模态调用和非模态调用两种。

1. 孔加工固定循环概述

SIEMENS 系统孔加工固定循环的动作和发那科系统的孔加工固定循环的动作基本相同，区别之处是 SIEMENS 系统的孔加工固定循环编程时，由于程序中没有参数来确定孔的加工位置，因此，在固定循环开始前刀具需要移动到所要加工孔的位置，否则刀具将在当前位置执行孔加工固定循环，如图 4-18 所示。发那科系统在执行孔加工固定循环时刀具无须移动到孔的加工位置，孔加工位置的坐标可直接在固定循环指令中指定。

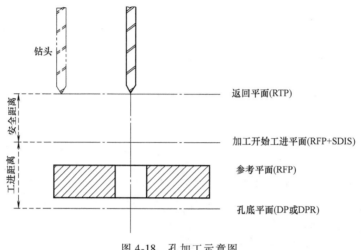

图 4-18 孔加工示意图

2. 固定循环的平面

（1）返回平面（RTP） 返回平面是为了安全加工而规定的一个平面。返回平面可以设定在任意一个安全高度上，当用一把刀具加工多个孔时，刀具在返回平面内任意移动都不能与夹具、工件凸台等发生干涉。

（2）加工开始工进平面（RFP+SDIS） 该平面类似于发那科系统中的 R 参考平面，是刀具加工时，从快进转为工进的高度平面。该平面到工件加工面的安全距离主要由工件表面的尺寸变化决定，一般情况距离工件参考平面 2~5mm。

（3）参考平面（RFP） 工件参考平面是指轴方向工件表面的起始测量位置表面，该平面一般设在工件的上表面，参考平面等于加工开始工进平面减去安全距离。

（4）孔底平面（DP 或 DPR） 加工不通孔时，孔底平面就是孔底的 Z 轴高度。而加工通孔时，除要考虑孔底平面的位置外，还要考虑刀具的超越量，以保证整个孔都加工到规定尺寸。

3. 孔加工固定循环的调用

（1）孔加工固定循环的非模态调用

格式：CYCLE81-CYCLE89（RTP，RFP，SDIS，DP，DPR）；

例如：CYCLE81（RTP，RFP，SDIS，DP，DPR）；
　　　　X100Y100

该循环指令为非模态指令，只有在指定的程序段内才能执行循环动作。该指令在轴箱体加工定位销孔时应用，定位销孔只需加工一次，因此不需要模态调用，由于定位销孔还需要进行铰削加工，因此在钻削孔底时没有进行暂停的动作。加工程序如下：

N1 T1007;

N2 M06；

N3 G00 G90 G56 D1 B180；

N4 X0Y0；

N5 Z300 M07；

N6 M03 S2163 F541；

N7 CYCLE81(20,0,3,-40)；

N8 G00 Z400；

N9 M05 G53 D0；

N10 M09；

N11 M30；

（2）孔加工固定循环的模态调用

格式：

MCALL CYCLE81-CYCLE89（RTP，RFP，SDIS，DP，DPR）；

MCALL（取消模态调用）；

例如：MCALL CYCLE81（20，0，3，-40）；

　　　G00 X100Y100；

　　　X0Y200；

　　　X200Y200；

　　　MCALL；

该指令在加工轴箱体排障器 M20 螺纹孔时应用。轴箱体排障器底面有四处 M20 内螺纹，如图 4-19 所示。西门子指令中，用模态调用 MCALL+指令即可。指令前加 MCALL 后，在执行当前坐标指令后，后续的加工过程只填写坐标即可，执行完成后，取消时单独的程序段只输入 MCALL 即可取消模态调用。加工程序如下：

图 4-19　轴箱体排障器

N1 T="Z17.5"；

N2 M06；

N3 G00 G90 G54 D01 B0 ；

N4 G00 X65 Y55；

N5 Z300 M07；

N7 M03 S1270 F320；

N8 MCALL CYCLE82(20,0,3,-44.5,2)；

N9 X65Y55；

N10 X-65；

N11 Y-55；

N12 X65 ；

N13 MCALL；

N14 TRANS Z163;

N15 X-230Y45;

N16 MCALL CYCLE81(20,0,3,-55);

N17 X-230Y45;

N18 Y-45;

N19 MCALL;

N20 G00 Z400 M09;

N21 TRANS;

N22 M05;

N23 M30;

采用此格式后，只要不取消模态调用，则刀具每执行一次移动量，都将执行一次固定循环调用，直至模态取消。

4. 孔加工固定循环中参数的赋值

（1）直接赋值　在编写孔加工固定循环时，参数直接用数字编写：CYCLE81（20，0，3，-20）。

（2）变量赋值　在编写孔加工固定循环时，对变量赋值，然后在程序中直接调用变量。
DEF REAL(RTP,RFP,SDIS,DP,DPR);
CYCLE81(RTP,RFP,SDIS,DP,DPR);

5. 孔加工固定循环指令

（1）钻孔循环 CYCLE81 与锪孔循环 CYCLE82　如图 4-20、图 4-21 所示。

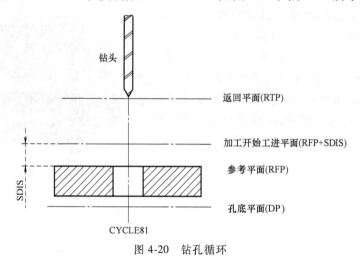

图 4-20　钻孔循环

指令格式：

CYCLE81(RTP,RFP,SDIS,DP,DPR);

CYCLE82(RTP,RFP,SDIS,DP,DPR,DTB);

其中：RTP 为返回平面（绝对值）；RFP 为参考平面（绝对值）；SDIS 为安全距离（参考平面到加工开始工进平面的距离）；DP 为钻削深度（绝对值），DPR 为相对参考平面的钻削深度（无正负号），数值为最终孔加工深度与参考平面的距离。程序中参数 DP 与 DPR 只

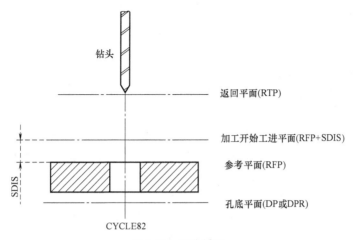

图 4-21 锪孔循环

指定一个就可以了,如果两个参数都指定了,以 DP 为准;DTB 为刀具在到达孔底后暂停的时间。

CYCLE81 为孔加工动作,执行该循环,刀具从加工平面切削进给执行到孔底,然后刀具从孔底快速退回至返回平面。CYCLE82 同 CYCLE81 基本相似,只是 CYCLE82 在孔底增加了暂停动作,在加工盲孔时,提高了孔底的精度,该指令用于锪孔或台阶孔的加工。CYCLE82 钻削到孔底时暂停指令,在钻削轴箱体排障器 M20 的螺纹孔时,由于螺纹有效长度有要求,同时为防止钻头钻到孔底时快速退刀造成的钻削不完全,影响螺纹的加工质量,所以使用该指令增加钻头在孔底的暂停时间。

(2) 深孔往复排屑钻削循环 CYCLE83

指令格式:CYCLE83(RTP, RFP, SDIS, DP, DPR, FDEP, FDPR, DAM, DTB, DTS, FRF, VARI);

其中:FDEP 为第一次钻削深度(绝对值);FDPR 为相对于参考平面的第一次钻削深度(无符号数);DAM 为剩余每次钻削深度(无符号数);DTB 为孔底暂停时间(断屑);DTS 为在起始点和排屑点停留时间;FRF 为第一次钻削深度的进给速度系数(无符号数),取值范围为 0.001~1;VARI 为加工方式,1—排屑,0—断屑。

CYCLE83 循环指令通过 Z 轴方向的间歇进给来实现断屑与排屑的目的。刀具从加工开始工进平面 Z 向进给 FDPR 后暂停断屑,然后快速退回到加工开始工进平面;暂停排屑后再次快速进给到 Z 向距上次钻削孔底平面 DAM 处,从该点处,快速变成工进,工进距离为 FDPR+DAM。按此循环直到加工完要求的深度,刀具退回到返回平面完成孔的加工,该方式多用于深孔的加工。

CYCLE83 钻孔实例:
N1 T01 M06;
N2 M03 S1000;
N3 G00 G90 G54 D01 F200;
N4 X30Y60;
N5 CYCLE83(110,100,3,,90,,50,10,1,,1,1);

N6 X30 Y120;

N7 M05;

N8 M30;

(3) 刚性攻螺纹 CYCLE84

指令格式：CYCLE84（RTP，RFP，SDIS，DP，DPR，DTB，SDAC，MPIT，PIT，POSS，SST，SST1）;

其中：SDAC 为循环结束后的旋转方向，取值为 3~5；MPIT 为用螺纹规格表示螺距，取值范围为 3（M3）~48（M48）；PIT 为用螺纹尺寸表示螺距，取值范围为 0.001~2000mm；POSS 为攻螺纹循环时主轴的初始位置（用角度表示）；SST 为攻螺纹速度（主轴速度）；SST1 为退刀速度（主轴速度）。

执行该循环时，根据螺纹的旋向选择主轴的旋转方向，刀具以 G0 方式快速移动的相反方向退回到加工开始工进平面，退回速度由参数 SST 指定；再以 G0 方式退回到返回平面，完成攻螺纹动作，主轴旋转方向回到 SDAC 状态。

N1 T01 M06;

N2 G00 G90 M03 S500;

N3 X50Y50Z50;

N4 CYCLE84(55,50,3,,40,1,3,,3,90,200,500);

该指令应用在加工轴箱体 ϕ50mm 圆柱孔 M12 螺纹时有两个优点（图 4-22）：

1) 进给、退刀速度可以不同，攻螺纹进给时速度慢，保证螺纹质量，退刀速度快，提高生产效率。

2) 该指令能保证丝锥在攻螺纹时有准确的定位功能，若出现螺纹深度不够或缺陷等异常问题时，可利用该指令进行重复攻螺纹，不会出现乱扣、倒牙等现象，应用较方便。

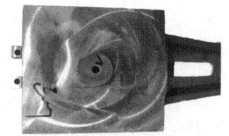

图 4-22　轴箱体 ϕ50mm 圆柱孔

加工程序如下：

N1 T1008;(M12);

N2 M06;

N3 G00 G90 G56 D01 X0Y0;

N4 Z300 M08 ;

N5 S200 M03 ;

N6 CYCLE84(20,0,3,-30,,1,3,,1.75,0,200,500);

N7 X0Y0;

N8 G0 Z400;

N9 M05;

N10 M09;

N11 M30;

(4) 镗孔循环 CYCLE85

指令格式：CYCLE85（RTP，RFP，SDIS，DP，DPR，DTB，FFR，RFF）；

其中：FFR 为进给速度；RFF 为退刀速度。

在执行 CYCLE85 循环时，刀具以切削进给方式加工到孔底，然后以切削进给方式返回到加工开始工进平面，再以快速进给方式退回到返回平面，因此该指令除可用于精密的镗孔加工外，还可用于铰孔、扩孔的加工。

该指令应用到粗镗牵引拉杆端头孔，如图 4-23 所示。由于牵引拉杆端头孔加工余量大，孔工艺划分粗镗、半精镗、精镗。粗镗、半精镗可不考虑孔的表面粗糙度问题，因此在镗削完成后退刀速度可比进给速度快很多，这里进给速度为 130mm/min，退刀速度为 500mm/min，目的是提高加工效率。

图 4-23 牵引拉杆粗镗孔

加工程序如下：

N1 T1013 M06；

N2 G00 G90 G54 D01 X0Y0B0；

N3 Z150 F120 M08；

N4 M03 S290；

N5 M07；

N6 MCALL CYCLE85(150,0,3,-86,,,130,500)；

N7 X0Y0；

N8 X460Y0；

N9 MCALL；

N10 G00 Z300 M09；

N11 M05；

N12 M30；

（5）精镗孔循环 CYCLE86

指令格式：CYCLE86（RTP，RFP，SDIS，DP，DPR，DTB，SDIR，RPA，RPO，RPAP，POSS）；

其中：SDIR 为主轴旋转方向（取值为 3 或 4）；RPA 为在所选平面内的横向退刀；RPO 为在所选平面内的纵向退刀；RPAP 为在所选平面内的进给方向退刀；POSS 为循环停止时的主轴位置。

应用该指令精镗轴箱体 ϕ50mm 圆柱孔，如图 4-24 所示。

图 4-24 轴箱体精镗孔

加工程序如下：

N1 T1004；

N2 M06；

N3 G90 G56 D01 G00 B180；

N4 G90 G00 G56 X0Y0M07；

N5 TRANS Z202；

N6 Z250;
N7 M04 S950 F144;
N8 CYCLE86(20,0,3,-61.85,,2,4,0.1,,,0);
N9 G00 Z400 M09;
N10 TRANS;
N11 M05 G53 D0;
N12 M30;

4.4.4 参数编程

SIEMENS 系统中的参数编程与发那科系统中的用户宏程序编程功能相似，SIEMENS 系统中的 R 参数就相当于发那科系统用户宏程序中的变量。同样，在 SIEMENS 系统中可以通过对 R 参数进行赋值、运算等处理，从而使程序实现一些有规律的变化动作，进而提高程序的灵活性和适用性。

1. 参数介绍

（1）R 参数的表示　R 参数由地址 R 与若干（通常为 3 位）数字组成，即 Rn = R1、R16、R103。

（2）R 参数　N：算数参数号，n = 0 ~ 最大（最大值见数据或机床生产厂家的设置），默认设置最大值为 99。R 参数号在机床数据中设置，或者见机床生产厂家的技术要求。

（3）R 参数的功能　使用算数参数，例如，如果 NC 程序对分配的值有效或需要计算值，所需值在程序执行期间可由控制系统设置或计算。其他可能性包括通过操作设置算数参数值，如果参数值已分配给算数参数，那么它们也可以分配给程序中其他的 NC 地址，这些地址值应该是可变的。

（4）R 参数的引用　R 参数可以用来代替其他任何地址后面的数值。但是使用参数编程时，地址与参数值必须通过"＝"链接，这一点与宏程序编程不同。

例如：G01 X=R10 Y=-R11 F=100-R12;

当 R10 = 100、R11 = 50、R12 = 20 时上式即表示为"G01 X100Y-50 F80"。

参数可以在主程序和子程序中进行赋值，也可以与其他代码指令编在同一程序段中。

例如：

R1=10 R2=20 R3=-5 S600 M3;

G01 X=R1 F100;

在参数赋值过程中，数值取整数值时可省略小数点，正号可以省略不写。

（5）R 参数的种类　R 参数分成三类，即自由参数、加工循环传递参数和加工循环内部计算参数。R0 ~ R99 为自由参数，可以在程序中自由使用；R100 ~ R249 为加工循环传递参数，如果在程序中没有使用固定循环，则这部分参数也可以自由使用；R250 ~ R299 为加工循环内部计算参数，同样，如果在程序中没有使用固定循环，则这部分参数也可以自由使用。

2. 参数运算

参数运算格式：R 参数的运算与 B 类宏变量运算相同，也是直接使用运算表达式进行的。R 参数常用的运算格式见表 4-4。

表 4-4 R 参数常用的运算格式

功能	格式
加法	R1=R1+R2
减法	R1=50-R2
乘法	R1=R1×R2
除法	R1=R1/R2
正弦	R11=SIN(R1)
余弦	R11=COS(5+R2)
正切	R11=TAN(R2)
平方根	R11=SQRT(R1×R1)
定义、转换	R1=R2;R1=20

在参数运算过程中，运算顺序为函数 SIN、COS、TAN 等，乘和除运算（×、/、AND 等），加和减运算（+、-、OR、XOR）。

例如：R1=R2+R3×SIN（R4）。

运算顺序为：函数 SIN（R4）；

乘和除运算 R3×SIN（R4）；

加和减运算 R2+R3×SIN（R4）。

在 R 参数的运算过程中，允许使用括号来改变运算次序，且括号允许嵌套使用。

例如：R1=SIN（（（R2+R3）×R4+R5）/R6）。

3. 跳转指令

跳转指令起到控制程序流向的作用，包括无条件跳转和条件跳转两种类型指令。

（1）无条件跳转指令

程序格式：

GOTOB LABEL；

GOTOF LABEL；

其中：GOTOB 为带向后跳转目的的跳转指令（向程序开头）；GOTOF 为带向前跳转目的的跳转指令（向程序结尾）；LABEL 为跳转目的，跳转目的名。

注意：无条件跳转必须在独立的程序段中编程。在带无条件跳转的程序中，程序结束 M2/M30 可以不出现在程序结尾。

（2）条件跳转指令

程序格式：

IF 条件表达式 GOTOB LABEL；

IF 条件表达式 GOTOF LABEL；

IF 条件关键字；

其中：GOTOB 为带向后跳转目的的跳转指令（向程序开头）；GOTOF 为带向前跳转目的的跳转指令（向程序结尾）；LABEL 为跳转目的，跳转目的名。

运算符书写格式见表 4-5。

表 4-5　运算符书写格式

运算符	书写格式
等于	=
不等于	<>
大于	>
小于	<
大于等于	>=
小于等于	<=

指令功能：跳转条件可以利用 IF 指令进行公式化，如果跳转条件满足，则可以执行到编程跳转的目的点。

操作顺序：跳转条件可以利用任何对比或逻辑操作来编程，如果操作结果为真，那么程序跳转就可以执行。

若干条件跳转可以在执行同一个程序段内公式化。

跳转条件示例：

R1=30 R2=60 R3=10 R4=11 R5=50 R6=20　　　初始值分配
MA1:G00 X=R2×COS(R1)+R5 Y=R2×SIN(R1)+R6　计算并分配给轴地址
R1=R1+R3 R4=R4-1　　　变量确定
IF R4>0 GOTOB MA1　　　跳转语句
M30　　　程序结束

R 参数编程在轴箱体加工中应用于加工轴箱体上轴温传感器安装座 3×45°倒角（可与发那科加工程序进行比较学习）：

N1 T1028;
N2 M06;
N3 G00 G90 G57 D01 B55;
N4 M03 S1500;
N5 X0Y0;
N6 Z10 M08;
N7 R101=-3;
N8 R102=0.1;
N9 MA1:G01Z=R101 F600;
N10 X=R102;
N11 G02 I=-R102;
N12 R101=R101+0.1;
N13 R102=R102=0.1;
N14 IF R102<=3.1 GOTOB MA1;
N15 G01 X0Y0;
N16 M05;

N17 G00 Z400 M09;

N18 G53 D0;

N19 M30;

两种编程方式，都可以将该部位尺寸精度、形状位置精度加工合格，满足行车安全。

4.4.5 极坐标编程

本节主要对极坐标系及其应用进行介绍。

(1) 极坐标介绍　当使用极坐标指令后，坐标值以极坐标的方式来进行指定，即以极坐标半径和极坐标角度来确定点的位置。

极坐标半径：极坐标半径是指在指定平面内，指定点到极点的距离，在程序中用"RP"来表示，极坐标半径一律用正值表示。

极坐标角度：极坐标角度是指在所选平面内，指定点与极点的连线与指定平面第一轴的夹角，在程序中用"AP"来表示，极坐标角度的零度方向为第一坐标轴的正方向，逆时针方向作为角度的正方向。

(2) 极坐标原点　极坐标原点的指定方式有三种，即G110、G111、G112。

指令格式：

G110(G111、G112) X Y Z ;

G110(G111、G112) AP=　RP= ;

其中：G110为极坐标尺寸，参考上一点的坐标位置；G111为极坐标尺寸，在工件坐标系中的绝对尺寸；G112为极坐标尺寸，参考上一次设定的有效极限点。AP为极坐标角度，角度取值范围为0°~360°，角度参考垂直于工件平面的轴。RP为极坐标半径，单位为in或mm。

(3) 刀具在极坐标系下的移动方式　与笛卡儿坐标系类似，在极坐标系中用G00、G01、G02、G03加上RP、AP指令可以使刀具完成快速定位、直线插补以及顺、逆时针圆弧插补等动作。

指令格式：

G00 AP=　RP= ;

G01 AP=　RP= ;

G02 AP=　RP= ;

G03 AP=　RP= ;

如果在G17平面中将极坐标设定为Z，同样也可以使刀具在所设定的柱面坐标系中完成快速定位、直线插补以及顺、逆时针圆弧插补动作。

指令格式：

G17 G00 AP=　RP= ;

G18 G00 AP=　RP= ;

G19 G00 AP=　RP= ;

(4) 极坐标的应用　采用极坐标编程，能够在很大程度上减少编程的计算工作量，因此在数控编程中得到广泛的应用。通常情况下，圆周分布的孔类零件以及图样尺寸以半径和角度形式标示的零件，采用极坐标编程较为合适。

程序实例如下：
```
G90 G40 G94 G71;
G75 FP=2 X1=0 Y1=0 Z1=0;
G00 X100 Y0 D1;
Z30;
M3 S600;
G01 Z-5 F100;
G111 X60 Y60;
G41 G01 RP=50 AP=240;
AP=180;
AP=120;
AP=60;
AP=0;
AP=300;
AP=240;
G40 G01 X0 Y0;
Z30;
M5;
M30;
```

4.4.6 可编程平移

有时为了方便编程，需要根据工件的加工位置选择一个新的参考坐标系，通常情况下，新的坐标系是通过将工件坐标系偏移一个距离得到的。在 SIEMENS 系统中能够通过指令 TRANS 或 ATRANS 来实现，下面对其相关指令编写的格式与注意事项进行说明。

1. 指令格式

TRANS　X　Y　Z(在单独的 NC 程序段中编程)；
ATRANS X　Y　Z(在单独的 NC 程序段中编程)；

其中：TRANS 为参考当前用 G54~G59 设置的有效工件零点的绝对移动；ATRANS 为参考当前有效工件零点设置或编程零点增量的移动。

2. 注意事项

TRANS/ATRANS 指令常常被用于指定轴向上所有路径轴与位置轴的平移编程。该指令允许用户使用不同的零点操作，如在工件的不同位置重复执行相同的加工过程。

如果 TRANS 指令后面没有设置轴向移动参数，那么该指令将取消程序中所有的零点偏移，仍然将原工件的初始坐标系的零点作为坐标原点。

下面以一个牵引拉杆端头孔倒角加工的应用程序为例进行说明。加工程序如下：
```
G17 G54;
G00 X0 Y0 Z2;
TRANS X10 Y0;
L10;
```

```
TRANS X50 Y10;
L10;
TRANS;
```

在动车组牵引拉杆加工过程中，为了方便编程，便使用了坐标系零点偏移功能，其加工示意图如图 4-25 所示。

图 4-25　牵引拉杆端头孔倒角加工示意图

在进行牵引拉杆两端头孔镗削以及前后端面倒角加工过程中，首先利用 TRANS 指令将工件的坐标系进行偏移，然后调用相应的子程序进行加工，使用该指令不但简化了编程复杂程度，而且减少了计算量，加工程序如下：

```
N1560 T1023 M6;
N1570 G54 G90 D1 G0 B0;
N1580 L332;
N1590 TRANS X460Y0;
N1600 L332;
N1610 TRANS;
N1630 G55 G90 D1 G0 B180;
N1640 L333;
N1650 TRANS X460Y0;
N1660 L333;
N1670 TRANS;
N1680 CUS_HOME;
N1690 G53 G0B0;
SETPIECE(1);
N1700 M30;
```

4.5　轴箱体柔性制造系统

4.5.1　轴箱体柔性加工生产线操作流程

轴箱体柔性加工生产线从工作任务安排到加工完成后的产品卸载，有着一套完整的生产过程。本节主要对轴箱体柔性加工生产线的操作流程进行介绍。

首先由生产调度人员根据机床的加工能力和饱和程度，做出产品生产计划单；然后根据计划单中所要生产的产品数量，计算出所需要的毛坯原料的数量和所在立体仓库中的位置情况；最后在生产计划作好后，经过计划人员审核下发，形成普通级别的生产任务，设备调度系统将根据下发的生产任务的时间顺序，来指挥各设备的操作。

值得注意的是：如果发现需要的原料不在立体仓库中，那么可以把空闲的托盘号码预分配给毛坯原料装盘，这样可以在毛坯原料直接送入机床加工前，更好地指挥操作人员将原料放入对应的托盘，减少人为的判断错误。

一般情况下加工生产任务是按照数控机床中已存的加工程序来分配机床进行加工的。同时其他管理人员可以实时查看任务列表，如果因为其他原因需要更改任务的执行顺序，可以人工在列表中编辑任务的优先级别。

设备调度在接收操作任务后进行，设备调度能够实时获取设备的各种信息，根据所分配的机床设备的闲忙状态来调度毛坯原料的下架位置。如果所需要的毛坯原料不在立体仓库中，则根据需要的毛坯原料和分配的托盘号码将相应的信息在进入库的操作计算机上做出提示，装盘人员根据提示严格操作，将相应的原料装入指定的托盘中。

在正常情况下，一个生产计划对应一台机床，即一台机床加工完成后即可成品入库。但是有时会由于一些加工过程中机床故障或者外部因素的原因导致生产方面出现异常。在这种情况下，需要将该机床正在生产的任务中断，然后将已加工的半成品装盘后退出。在管理系统发现设备异常后，可以查询其他能够继续执行此任务的设备的工作状态，如果状态为忙，那么将该托盘自动转入自动仓库中；如果空闲，则进行设备调度，将该半成品转入到空闲的机床上继续加工。

物料储存采用自动化立体仓库进行管理，其安排的操作能够通过系统指挥AGV自动运行。物料存储架的编码与托盘的数量一致，而且作业计划设定的编码和单个托盘的编码保持一致，在托盘上架时，AGV严格按照托盘号码与存储架的对应关系进行入库。

零件直接出入库任务和生产计划任务一样，首先由计划人员在前期做好入库计划，形成可调度的普通任务；然后系统根据任务提示装盘人员进行操作，最后由设备来执行指令。

柔性加工生产线的具体操作流程如下：

(1) 建立工作计划　工作计划的建立是实现柔性加工的第一步，所有的加工都要从这一步开始进行。在［主控制］一栏单击［模板］，然后在出现的对话框内填写本次工作计划名称，工作计划的名称一般都使用零件的图号作为计划名称，方便下一次加工同种产品时能够快速找出自己需要的计划。具体步骤如下：

1) 选择加工设备。原则上5台设备都可以使用，也可以选择其中的某几台。

2) 选择加工程序。加工程序要在建立工作计划之前编辑储存好，单击［添加］按钮，找到加工程序并选择程序。

3) 选择使用托盘和工件坐标系。选择本次加工所有用到的托盘，并为每一个托盘选择一个工件坐标系。与加工程序一样，工件坐标系也要在建立工作计划之前设定好。卧式加工中心的加工对象以箱体类零件为主，因此工件的坐标系可能不止一个，所有用到的坐标系都要提前设定好。

4) 选择批号与加工数量。选择本次加工计划的批号并确定加工数量。经过以上操作后，本次的加工计划就完成了，每建立一个加工计划后，系统都会自动生成一个以加工计划名称为代号的文件夹，本次计划里设定的所有工件坐标系以及加工计划都存放在这个文件夹里。在工件进入卧式加工中心进行加工时，也是以这个文件夹中的数据作为加工依据。

需要注意的是：在工作计划建立完成后，如果由于一些原因需要对工件坐标系或者编辑好的程序进行修改，那么需要在生成的文件里修改并保存。

（2）运行工作计划　在运行工作计划之前，需要先单击管理界面功能栏的第一项［上线］命令，使操作系统与AGV、机床之间形成局域网；然后单击［作业计划］命令，找到刚建立的作业计划的名称，新建立的计划会在前面出现"新建"。双击该工作计划，计划就会登录，计划登录后，整个柔性线就会根据计划的内容进行动作。

（3）装夹工件　当工作计划开始运行后，AGV会自动将计划规定的托盘运转到装卸站，操作者需要仔细确认该托盘是否与加工零件相符，然后根据工作计划将待加工的工件进行装夹。工件装夹完毕后，一定要将安装使用的工具上的杂质清除干净，托盘上面不允许有浮动物，防止在运输过程中浮动物掉落，造成AGV故障。

（4）运输工件　工件安装完成后，操作者关闭装卸站门，单击［准备］按钮，AGV会将托盘运转到指定的加工设备进行加工。

（5）工件加工　当加工设备接收到待加工零件后，主机会将与待加工零件相对应加工程序和工件坐标系传输到该加工设备上。在加工设备自动运行至指定工件坐标系后，再运行加工程序进行加工。

需要注意的是：加工程序的结束指令使用的是M02，而不是M30。

（6）成品检测　当程序运行到M02后就会默认该零件已经加工完成，此时AGV会将该工件自动运输至装卸站，操作者对产品进行自检互检，确认产品合格后，就进行产品的装卸，然后开始下一轮的工作，一个完整的加工循环就此结束。

4.5.2　轴箱体柔性加工物料储运系统

本节主要对轴箱体柔性加工物料储运系统进行介绍。物料储运系统包括物料运送车AGV、立体工装库以及三个装卸站。该系统的作用首先是使用三个装卸站进行上料操作，然后使用AGV将零件运送至加工工位或运送至立体工装库储存等待加工。

1. 立体工装库

轴箱体柔性加工生产线物料输运和托盘存储系统配置48个工装托盘，每个工装托盘均可以安装1个工件，工装库配有48个托盘工位，分成上下两层，每层24个托盘，每个托盘都有相应的编号，从1#托盘到48#托盘，而且每个托盘在工装库中都有固定的位置。

如果系统为自动操作，那么托盘返回工装库的位置就会固定。1#托盘会返回101工位，2#托盘会返回102工位，……以此类推，最后是148工位。如果系统为手动操作，那么可以将托盘运送到不同的工位。

需要注意的是：由于每个托盘的工位位置均不相同，因此这样操作存在一定的安全风险。

2. 物料运送车AGV使用介绍

物料运送车AGV的作用是运送工件，它虽然只是一个运输工具，但是没有AGV就无法实现产品加工的柔性功能。AGV有三个移动轴，分别是运行轴X，拨叉前进/后退轴Y，拨叉升高/降低轴 Z。AGV 与五台加工中心、托盘库以及装卸站之间有多种不同的位置关系。这些位置数据在安装调试时须经过精准的检测调试，测试合格后，将这些位置数据输入 AGV 管理系统。在工作时，AGV 依靠这些位置数据将产品准确无误的输送到指定地点。因此，AGV 各运动轴位置数据的准确与否会直接影响到工件的运送精度和 AGV 的运行安全。AGV 工作示意图如图 4-26 所示。

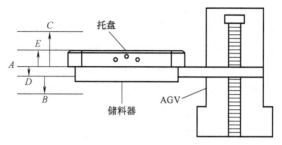

图 4-26　AGV 工作示意图

A：拨叉上/下分度位置　　　D4404
B：拨叉降落位置　　　　　　D4404+D1376
C：拨叉升高位置　　　　　　D4404+D1380
D：拨叉降落减速位置　　　　D4404−D1400
E：拨叉升高减速位置　　　　D4404+D1404

由于 AGV 是基于注册在 PC 中的位置数据来运行的，因此需要对每个工位的位置数据进行检测调试和注册。

检测调试并注册 AGV 位置的流程一共分为以下四步：

（1）手动调整 AGV 轴的位置　使用手持操作面板对 AGV 到准备工位、储料器、装卸站的位置进行确认，在位置数据确定后，该位置数据就不允许随意更改。若在数据使用一段时间后，由于 AGV 在运输过程中发生故障等原因导致 AGV 的运送位置不准确，才允许对 PC 中的位置重新检测调试并注册。

（2）记录分度工位的位置　记录分度工位的位置需要通过使用手持操作面板来进行操作，将手持操作面板上的运行［ON/OFF］开关转到［ON］位置，按手持操作面板上的［TEACHING］建立示教模式。在这个状态下，就能够记录每个分度工位的具体位置，记录见表 4-6。

表 4-6　分度工位的具体位置

工位号	机床
ST.1	准备工位 1
ST.2	准备工位 2
ST.3	准备工位 3
ST.4	准备工位 4
ST.5	准备工位 5
ST.11	加工工位 1
ST.14	加工工位 2
ST.17	加工工位 3

(续)

工位号	机床
ST.19	加工工位 4
ST.21	加工工位 5
ST.23	加工工位 6
ST.26	加工工位 7
ST.29	加工工位 8
ST.32	加工工位 9
ST.101	托盘位 101
ST.102	托盘位 102
…	…
ST.199	托盘位 199
…	…

（3）轴选择　按下手持操作面板上的［XYZ456］键，轴的位置按照以下顺序选择：记录所有轴的坐标→只记录 X 轴坐标→只记录 Z 轴坐标→只记录 Y 轴坐标。

（4）改变工位号

1）工位号的增加。按下手持操作面板上的［+］键，就会从当前工位号中增加 1，按住手持操作面板上［xn］键的同时再按［+］键，就会从当前工位号中增加 10。

2）工位号的减少。按下手持操作面板上的［-］键，就会从当前工位号中减去 1，按住手持操作面板上［xn］键的同时再按［-］键，就会从当前工位号中减去 10。

3）使用手动脉冲发生器加减工位号。同时按［+］键和［-］键，就会触发位于手持操作面板上的［STATION No］键，左上方的 LED 指示灯快闪闪烁显示。在这个状态下，转动手动脉冲发生器就能够改变工位号。

4）工位号选择的取消。如果工位号已选定，再按一次位于手持操作面板上的［STATION No］键，就会取消工位号选择。

5）设定工位号并检查异常。

① 执行设定。同时按下位于手持操作面板上的［TEACHING］键和［START］键 1s 以上，记录 AGV 当前停止位置，将其设定为工位号坐标。

② 正常完成。如果在上述示教执行操作时正常记录了位置，［OK］会在手持操作面板上指示灯快闪闪烁显示。

③ 异常完成。如果在上述示教操作时没有对位置正常记录，［NG］会在手持操作面板上指示灯快闪闪烁显示。如果运行异常完成，就要检查工位号和其他信号。

④ 位置数据注册。通常要检查已经在数据表中设定的数据，位置数据注册编号见表 4-7。

表 4-7　位置数据注册编号

工位号	工位名	X 坐标	Z 坐标	Y 坐标	托盘个数
1	准备工位 1	D204	D2004	D4004	—
2	准备工位 2	D208	D2008	D4008	—
3	准备工位 3	D212	D2012	D4012	—

(续)

工位号	工位名	X 坐标	Z 坐标	Y 坐标	托盘个数
…	…	…	…	…	—
11	APC 位于机床 1	D244	D2044	D4044	—
14	APC 位于机床 2	D256	D2056	D4056	—
17	APC 位于机床 3	D268	D2068	D4068	—
…	…	…	…	…	
101	托盘位 1	D604	D2402	D4404	D1801
102	托盘位 2	D608	D2408	D4408	D1802
103	托盘位 3	D612	D2412	D4414	D1803
100+A	托盘位 A	D(600+A*4)	D(2400+A*4)	D(4400+A*4)	D(1800+A)
199	托盘位 99	D996	D2796	D4796	D1899

3. 手动操作 AGV

使用手动运行屏幕进行操作，令带有 CNC 界面显示功能的自定义界面显示的具体步骤为：

1）双击 MCC—LPSI 控制器桌面上的［CNC Screen Display Function］图标，出现如图 4-27 所示的界面。单击［Detail］按钮将如下数据输入到［Host］［Port no.］和［Timeout（sec）］。

注意：［Host］［Port no.］和［Timeout（sec）］有默认值，分别为 192.168.100.10、8193、30。

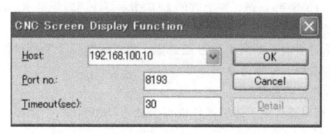

图 4-27 ［CNC Screen Display Function］窗口

2）单击［OK］按钮开始链接，屏幕出现以下界面，如图 4-28 所示。

3）选择菜单中的［View "-" Function Key］，打开［Function Key］界面。单击［C/G］按钮，出现［CUSTOM］界面，如图 4-29 所示。

4）如果将手持操作面板上的运行开关［ON/OFF］设定到［OFF］状态并将控制面板上的模式设定成"非 AUTO"，就能够进行［CUSTOM］界面的指令操作。［CUSTOM］界面上的指令如下：

按 1 或按［1］(F6) 键之后，单击［INPUT］键就会显示［MANUAL OPERATION］界面。

按 2 或按［2］(F7) 键之后，单击［INPUT］键就会显示［AGV.INDEX］界面。

按 3 或按［3］(F8) 键之后，单击［INPUT］键就会显示［MAINTENANCE DOOR］

界面。

按 4 或按［4］(F9) 键之后，单击［INPUT］键就会显示［ZERO RETURN OP.］界面。

按 5 或按［5］(F10) 键之后，单击［INPUT］键就会显示［STATUS DISPLAY］界面。

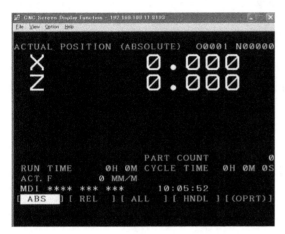

图 4-28　［屏幕显示］窗口

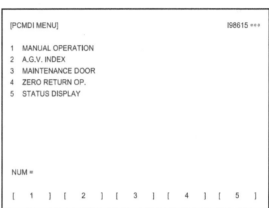

图 4-29　［CUSTOM］界面

5)［MANUAL OPERATION］界面的托盘库操作。如果将操作面板上的运行开关［ON/OFF］设定到［ON］状态且［MANUAL］键左上方的指示灯已亮，则［MANUAL OPERATION］界面单独操作有效。如果指示灯闪烁，说明指示手持操作面板在运行，此时无法执行［MANUAL OPERATION］界面上的操作。

［MANUAL OPERATION］界面操作的有效条件：

① 不在 APC 循环或托盘库分度循环期间。

② 维护门已经关闭并锁定。

③ 准备工位活动挡板已经关闭或准备工位门已经关闭并锁定。

④ 机床 APC 旋转门处于原点位置。

⑤ 托盘库处于准备就绪状态；托盘库没有错误正在发生。

⑥ 手持面板没有处于运行状态。

6)"FORK FORWARD TO+SIDE（拨叉前进到+侧）"操作。

① 输入标题为"FORK FORWARD TO+ SIDE"项目的代码编号。

② 按［INPUT］键或［SELECT］(F10) 键。

③ 按下操作面板上的［手持操作面板手动执行］按钮，令拨叉向前移动到机床侧。

使用"FORK FORWARD TO+SIDE"指令必须满足以下条件：

① 如果将拨叉定位在装载/卸载工位的下端位，在装载/卸载工位上的 AGV 分度已完成。

a. 对于机床缓冲工位上托盘的装载/卸载。

——APC 位于原点位置。

——托盘存在于缓冲工位。

——AGV 上没有托盘。

b. 对于准备工位上托盘的装载/卸载。

——托盘存在于准备工位上。

——准备工位托盘位于原点位置，准备工位门已经关闭且锁定。

——准备工位活动挡板开着，AGV 上没有托盘。

c. 对于在储料器上托盘的装载/卸载。

——托盘存在于储料器中。

——AGV 上没有托盘。

d. 对于带有倾斜单元的准备工位上托盘的装载/卸载。

——托盘存在于缓冲工位。

——AGV 上没有托盘。

——无单元已经联锁。

② 如果将拨叉定位在装载/卸载工位的上端位，在装载/卸载工位上的 AGV 分度已完成。

a. 对于机床缓冲工位上托盘的装载/卸载。

——APC 位于原点位置。

——缓冲工位上没有托盘。

——托盘存在于 AGV 上。

b. 对于准备工位上托盘的装载/卸载。

——在准备工位上没有托盘。

——准备工位托盘位于原点位置，准备工位门已经关闭且锁定。

——准备工位活动挡板开着。

——托盘存在于 AGV 上。

c. 对于在储料器上托盘的装载/卸载。

——储料器里没有托盘。

——托盘存在于 AGV 上。

d. 对于带有倾斜单元的准备工位上托盘的装载/卸载。

——缓冲工位上没有托盘。

——托盘存在于 AGV 上。

——无单元已经联锁。

7)"FORK CENTER（拨叉中心）"的操作。

① 输入标题为"FORK CENTER"项目的代码编号。

② 按［INPUT］键或［SELECT］(F10) 键。

③ 按下操作面板上的［手持操作面板手动执行］按钮，令拨叉移动到中心位置。

使用"FORK CENTER"指令需要满足以下条件：a. 拨叉位于装载/卸载工位的上或下端面位置；b. 通过 AGV 和拨叉向前/向后运行已经完成零点返回。

8)"FORK FORWARD TO-SIDE（拨叉"负"向前进）"操作。

① 输入标题为"FORK FORWARD TO-SIDE"项目的代码编号。

② 按［INPUT］键或［SELECT］(F10) 键。

③ 按下操作面板上的［手持操作面板手动执行］按钮。

④ 拨叉从机床侧移开。

9) "FORK UPIFORK DOWN（拨叉向上/拨叉向下）"操作。

① 输入标题为"FORK UPIFORK DOWN"项目的代码编号。

② 按［INPUT］键或［SELECT］（F10）键。

③ 按下操作面板上的［手持操作面板手动执行］按钮。

④ 拨叉向上或向下移动到所需的层。

使用"FORK UPIFORK DOWN"指令需要满足以下条件：拨叉位于前进或后退端位位置（机床侧或机床侧对面）。

10) "SHUTTER OPENISHUTTER CLOSE（活动挡板打开/关闭）"操作。

① 输入标题为"SHUTTER OPENISHUTTER CLOSE"项目的代码编号。

② 按［INPUT］键或［SELECT］（F10）键。

③ 按下操作面板上的［手持操作面板手动执行］按钮。

④ 活动挡板随着选定运行而打开或关闭。

使用"SHUTTER OPENISHUTTER CLOSE"指令必须满足以下条件：拨叉位于中心位置。

11) "AGVINDEX（AGV 分度）"界面的 AGV 分度操作。通过 AGV 分度操作能够将 AGV 移动到指定编号的工位前面的位置。

① 在［AGV.INDEX］界面上，输入 AGV 要移动工位的工位号。

② 按［INPUT］键或［SELECT］（F10）键。

③ 按下操作面板上的［手持操作面板手动执行］按钮。

④ AGV 移动到指定编号工位前面的位置。

抵达指定位置之后，拨叉就会向上或向下运动，如果 AGV 上面放置有托盘，那么拨叉就向上移动到该工位的上端位置；如果 AGV 上面没有放置托盘，那么就向下移动到该工位的下端位置。

如果将操作面板上的［MANUAL/AUTO］设定到［MANUAL］位置，那么［MANUAL OPERATION］指示灯就会亮起，此时允许使用［AGV.INDEX］界面的手动 AGV 操作；如果［MANUAL OPERATION］指示灯闪烁，那么就表示此时手持操作面板正处于工作状态。

AGV 分度操作的使用需要满足以下有效条件：a. 不在 APC 循环或托盘库分度循环期间；b. 维护门已经关闭并锁定；c. 准备工位活动挡板已经关闭或准备工位门已经关闭并锁定；d. 机床 APC 旋转门处于原点位置；e. 托盘库处于准备就绪状态；f. 托盘库没有错误正在发生；g. 拨叉位于中心位置。

以上便是轴箱体柔性加工物料储运系统主要功能的操作步骤与实现方法，这部分内容操作者应该充分理解并能够动手操作，在设备故障时能够配合维修人员操作。

4.5.3　柔性加工生产线设备功能介绍及应用

随着技术更加先进、精度更高的加工中心设备的出现，设备本身的柔性功能也越来越被各设备厂家和客户所重视。轴箱体柔性加工生产线中配备了测头测量、刀具管理、刀具破损检测等功能，同时能够在生产过程中实时进行坐标原点的检测。

数控机床测头测量能够最大限度地提高机床效率、质量、能力和精度，是当前公认的最佳检测方法。

轴箱体柔性加工生产线通过用于数控机床的接触式测头进行自动对刀、工件找正、在线比对测量以及工件和过程的校验等操作，在一定程度上缩短了设定时间和检测时间，提高了柔性线自动化程度，改进了加工性能，增强了柔性线的制造能力；同时降低了人为干预，减少了工件返工、超差以及废品的出现，满足了高效生产优质工件的关键要求。

（1）自动定心循环功能 通过使用自动定心循环功能，能够使系统自动为工件和夹具进行定心操作，解决了此前操作者在启动程序前需要通过人工手动操作确定工件和夹具位置的问题；而且自动定心循环功能缩短了程序中断时间，极大地提高了生产效率。

通过执行自动定心循环功能确定中心后，能够在设定程序中指定工件坐标系的零点。为了能够有效防错，在程序中指定了允许的偏移误差值，通过偏移误差就能够计算出自动定心起始位置和循环完成后确定的中心位置间的误差，如果发现偏移误差值大于程序指定的值，那么工件坐标系就无法设定成功，此时需要由操作者进行进一步确认，达到了防错的目的。

自动定心循环程序格式：G320 D_ Z_. E_ W_ A_ B_ Q_ R_ S_ T_ M _.；

其中：G320 为调用自动定心循环指令；"D"为被测物体直径；"Z"为执行循环时的 Z 轴绝对坐标值；"E"为接近量；"W"为工件坐标系编号；"A"为 X 轴方向上从测量中心到工件零点的距离和方向；"B"为 Y 轴方向上从测量中心到工件零点的距离和方向；"Q"为重心偏移允许值；"R"为测量数量；"S"为选择测量的点数；"T"为中心偏移量大于允许值时程序返回的序号；"M"为机床测头的选择。

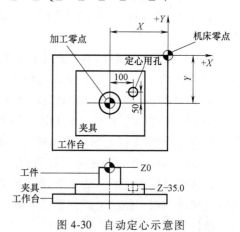

图 4-30 自动定心示意图

自动定心示意图如图 4-30 所示。

自动定心所使用的程序如下：

O0001

N1 T01;

N2 G91 G28 Z0;   将 Z 轴返回机床参考点

N3 M06;   用 T1 更换主轴刀具

N4 T2;   自动定心调用 T2 刀具自动测量

N5 G00 G90 G54 X100.Y50;   快速进给速度在 G45 工件坐标系中的刀具定位到定心孔的中心

N6 G43 H1 Z50;   以快速进给速度将 Z 轴定位到 Z50 位置

N7 Z-20;   以快速进给速度将 Z 轴定位到 Z-20 位置

N8 G320 D30 Z-36 E5 W54 A-100-50   执行自动定心循环

N9 M01;

N10 M06;   用 T2 刀具更换主轴 T1 刀具

N11;   平面铣刀

N12 M30;   自动定心循环指令结束

G320 功能还能够用来检测零件的同轴度,这是在忽略机床机械间隙的基础上进行检测的,如图 4-31B 型地铁轴箱体同轴度检测示意图所示。

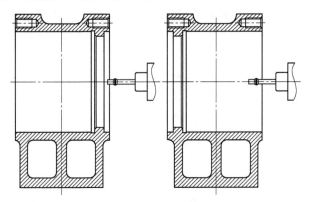

图 4-31 B 型地铁轴箱体同轴度检测示意图

检测 B 型地铁轴箱体 215 筒子和牙子的同轴度的程序如下:

N1 G90 G0 G54 X0Y0;   确定工件坐标系 G54
N2 G43 H1 Z10;   长度补正
N3 G320 D215 Z-20.E5.W58 A0 B0 Q0.1 R3 S1;   测量第一中心点位置
N4 M11;
N5 G55 B0;   托盘旋转到工件坐标系 G55 端
N6 M10;
N7 G320 D215 Z-20.E5.W59 A0 B0 Q0.1 R3 S1;   测量第二中心点位置
N8 #1=ABS[#5301-#5321];   计算两中心点位置差储存在#1
N9 G91 G28 Z0;   机床返回机床零点
N10 M02;   同轴度检测程序结束

经过批量验证,该程序能够实现工件的自动找正功能。由于工件在进行自动找正后,可能导致工件的加工坐标系发生变动,因此可以将 G320 指令程序与 G370 指令(自动定 Z 向零点)配合使用,在自动找正工件后再自动确定零件的加工坐标系,实现完全的自动加工。

(2) 自动测量循环功能 自动测量循环功能与自动定心循环功能的操作基本一致。通过使用机床测头,能够使系统自动对加工过程中的工件进行实时测量,与过去使用测量工具手动进行测量的方法相比,自动测量作业极大地提高了总体生产效率。测量结果存储在公共变量#135 中,同时也可通过在程序中指定公差("+"侧和"-"侧)计算测量结果。根据计算的测量结果的特点,可在测量值偏离了设定公差范围的情况下通过指定跳跃地址序号执行所需的误差处理。

自动测量循环功能的程序格式:

G321 D_Z_E_A_B_R_S_T_M_;
G321 U_Z(K)_E_A_B_R_S_T_M_;
G321 V_Z(K)_E_A_B_R_S_T_M_;

其中:"D"为待测物体的直径;"U"为 X 轴方向上待测量的两点之间的距离(内圆或

外圆);"V"为Y轴方向上待测量的两点之间的距离(内圆或外圆);"Z"为绝对指令,在执行自动测量循环处指定Z轴坐标值;"K"为增量指令,指定当前位置到执行自动测量循环处的Z轴距离和方向;"E"为靠近量"+"侧公差或"-"侧公差;"R"为测量数量的选择(1次或3次);"S"为选择测量的点数(4点或3点);"T"为测量值偏离了公差范围时程序应返回的程序块的序号;"M"为在传感器刀具1和2之间选择。

需要注意的是:

1) 为 G321 后指定的地址参数输入小数点。

2) 地址 D、U 和 V(指定或未指定,负值或正值,其中正值通过内部测量,负值通过外部测量)确定了要执行的自动测量循环的类型。

3) 在这些地址中,仅允许 U 和 V 的组合,若指定其他任意地址的组合,则可以指定地址 Z 和 K 两者中的一个,如果同时指定 Z 和 K,则界面上会显示报警信息 No. 3128。

4) G90 和 G91 的指定不会影响地址 Z 和 K。

5) 为地址 K 指定一个负值,如果指定一个正值,则界面上会显示报警信息 No. 3130。

6) 如果省略地址 E 的指定,则靠近量假定为 5mm(≈0.2in)。

7) 对于地址 E,指定一个大于 3mm(≈0.12in)的值。如果指定一个小于 3mm(≈0.12in)的值,则界面上会显示报警信息 No. 3132。

8) 测头从远离测量点位置移动至靠近量(E)远离测量点,轴进给模式更换到跳步进给模式。若"所测物体的直径≤探针直径+(靠近量×2)",则忽略靠近量且立即以跳步进给速度测量。

9) 如果指定地址 R,则不管指定值而调用 3 次测量模式,除非省略该指定值。

10) 如果指定地址 S,则不论指定值为多少都选择 3 点测量,仅对类型 A 有效。

11) 忽略地址 T 时,若测量值偏离了公差范围,则界面上会显示报警信息 No. 3122,且机床停止运行。

12) 可以测量的最小尺寸由机床测头的尺寸确定,同时也受机床测头中心与轴线的不重合度以及机床测头在被测物中心放置的精确度影响。因此,可测量尺寸不总是最小可编程值。

13) 当机床测头 TL2 失效时,无论地址 M 后的指令数据是什么,始终选择机床测头 TL1。

14) 当机床测头 TL2 有效且指令中省略地址 M 时,选择机床测头 TL1。当地址 M 指定为 1 和 2 之外的一个值时,界面上将显示报警 No. 3120。

自动测量尺寸示意图如图 4-32 所示。

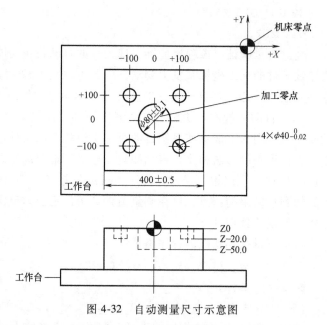

图 4-32 自动测量尺寸示意图

实例程序如下：

```
O0001
N1 T01;
N2 G91 G28 Z0;                        将 Z 轴返回至机床零点
N3 M06;                               用 T1 更换主轴刀具
N4;                                   自动测量
N5 G00 G90 G54 X0Y0;                  以快速进给速度将在 G54 工件坐标系中的刀具
                                      定位工件中心
N6 G43 H01 Z30;                       以快速进给速度将 Z 轴定位到 Z30 位置
N7 Z5;                                以快速进给速度将 Z 轴定位到 Z5 位置
N8 G321 U-400Z-30A0.5B-0.5;           在宽度为 400mm 处执行自动测量循环功能。Z
                                      轴坐标值为 -30mm，测量数值正方向公差为
                                      +0.5mm，负方向公差为 -0.5mm
N9 #500=#135;                         将当前存储在公共变量 #135 中的测量结果存储
                                      到 #500 中
N10 G321 D80.Z-25E3.A0.1B-0.1;        在直径为 80mm 的孔处执行自动测量循环功能
N11 #501=#135;                        将当前存储在公共变量 #135 中的测量结果存储
                                      到 #501 中
N12 G00 Z-100Y100;                    以快速进给速度将刀具定位到直径为 40mm 的
                                      孔的中心
N13 321 D40Z-10A-0.01B0.02 S3;        在直径为 40mm 的孔处执行自动测量循环功能
N14 #502=#135;                        将当前存储在公共变量 #135 中的测量结果存储
                                      到 #502 中
N15 G91 G28 Z0;                       机床返回机床零点
N16 M01;
N17 M30;                              程序结束
```

（3）基准面测量功能　通过 G370 指令，可以测量基准面沿 Z 轴方向上的坐标值并设置工件坐标系的 Z 轴零点，该指令也可以用来测量工件加工表面的平面度。

基准面测量功能的程序格式：G370 K_. F_. W_. R_. H_. Q_. Z_. S1_. A0 _. ;

其中：G370 为指定基准面测量；"K"为指定测量移动距离，作为增量指令；"F"为指定进给速度；"W"为工件坐标系编号；"R"为测量频率；"H"为指定传感器编号；"Q"为重心偏移允许值；"Z"为指定测量面坐标值；"S1"为指定连续测量模式；"A0"为指定报警检查关闭。

将"Z"指定的基准面坐标值与测量值之间的误差写入 #129 中，如果 #129 中的值超过"Q"所指定的误差值，那么就会触发报警功能并使机床停止运行。

开发应用自动找正程序：卧式加工中心机床在批量生产过程中，需要对工件的加工面进行 Z 方向的找正，确认已经找正后再进行加工作业。

手动找正法是通过百分表的接触示值来判定工件是否找正，首先手动移动 X 轴观察偏差；然后计算 B 轴偏转角度并进行相应调整，调整完成后，继续手动移动 X 轴观察接触示

值，进一步调整确认。在进行批量加工时，这种找正的方法效率低下而且找正精度低。相比于手动找正法，利用探头的 Z 轴定位功能来开发程序实现自动找正的方法，不但可以有效提高找正效率而且精度也进一步提高。

开发的工件找正程序：

```
O0001
N1 G00 G90 G54 X-100Y0;           确定测量位置
N2 G43 H01 Z50;
N3 G370 Z-5 K50 W55;              开始测量第一点
N4 X100;                          更换测量位置
N5 G370 Z-5 K50 W56;              开始测量第二点
N6 #1=#5243-#5263;                计算两点Z向差值
N7 #2=actg[ABS[#1]\200.];         计算两点间角度
N8 IF[#1GE0]GOTO10;               确定角度的方向
N9 IF[#1LE0]GOTO13;               确定角度的方向
N10 M11;
N11 G91 G00 B#2;                  正向旋转角度
N12 M10;
N13 M11;
N14 G91 G00B-[#2];                负向旋转角度
N15 M10;
……
M30;
```

经批量生产验证，应用该程序可以实现自动找正工件的功能，解决了人工找正的弊端，在一定程度上提高了柔性生产效率。

4.5.4 刀具管理系统 MAPPS 介绍

本节主要对刀具管理系统 MAPPS 进行介绍，充分利用 MAPPS 刀具管理系统不但能够提高加工质量而且能够使刀具的性能得到最大程度的利用。系统将针对刀具号所设定的刀具寿命值、刀具补偿值、主轴转速以及进给速度赋予刀具数据，并通过使用宏变量来执行程序。如果与诸如 MCC-TMS 和 BIG DAISHOWASEIKI 的工厂管理（Factory Manager）软件共同使用时，还能够在一个可共享数据库中统计多台机床的刀具数据。如果与可选刀具智能/数据识别（Integrated Circuit/Identification，IC/ID）系统一起使用，那么在对刀具进行安装/拆卸时，可以通过读取安装在刀具上的 IC/ID 芯片来实现刀具数据的自动注册和删除。本柔性加工生产线的设备使用的是 MCC-TMS 软件，该软件能够统计 PC 上所有的刀具数据，并能够将保存在 MCC-TMS 中的数据发送至 MAPPS 刀具管理系统进行共享。同时，如果将 MCC-TMS 与对刀仪一起使用，那么 MCC-TMS 就会将从对刀仪接收到的测量数据直接发送给 MAPPS 刀具管理系统。

接下来将对 MAPPS 刀具管理系统的界面与功能进行详细的介绍。

打开刀具管理界面，在此界面下可以进行刀具数据的更新等操作。当机床正处于循环操作以及 ATC 循环期间时，则无法对主轴刀具的数据和下一把刀具的数据进行更新。当机床处于 ATC 循环期间时，无法对除了主轴刀具和下一把刀具以外的刀具数据进行更新（默认设定）。如果想要对刀具的数据进行更新，则需要将 MAPPS 中的参数 No817 设定为"1"。

1. 屏幕显示功能

（1）[主轴刀具] 显示栏　在 [主轴刀具] 显示栏上能够显示当前安装于主轴上刀具的刀具号。如果主轴中并没有设定刀具，那么该栏就会显示 [无]，最多能够显示 24 个字符的注释，[主轴刀具] 显示栏能够对主轴刀具的刀具号进行更改。其步骤为：按 [主轴设定] 键，将光标移动到 [主轴刀具] [下一刀具] [传感器 1、2] 或 [空刀套]。注意，[主轴刀具] 显示栏上无法对主轴刀具的刀套号和注释进行设定。

（2）[下一刀具] 显示栏　[下一刀具] 显示栏能够显示当前在等待刀套中刀具的刀具号。如果等待刀套中没有设定刀具，那么该栏就会显示 [无]，最多能够显示 24 个字符的注释，主轴刀具的刀具号能够在 [下一刀具] 显示栏上进行更改。

（3）[刀套] 显示栏　[刀套] 显示栏能够以升序的顺序来显示刀库中的刀套号。[刀套] 显示栏只能用于显示用途而不允许进行刀套的设定。该栏能够同时显示 10 个刀套号，单击界面下方的选页键就能够显示下一页的刀套号。按 [切换画面] 键就能够在一个界面上显示 75 个刀套的刀具数据。需要注意的是，不能将显示切换功能与 MAPPS 刀库操作面板界面一同使用。

（4）[刀具号] 显示栏　[刀具号] 显示栏能够显示 8 位数的刀具号。

刀具的显示状态如下。

* ：使用到预定寿命的刀具。

？：尚未设定数据的刀具。

@ ：正在使用的刀具。

：跳跃刀具。

S ：安装在主轴上的刀具（不能对主轴刀具的刀具数据进行更改）。

N ：当前设定在等待刀套中的刀具。

L ：大直径刀具。

如果在 [刀套] 和 [刀具号] 显示栏上出现了红色高亮显示的刀具，就表示该刀具已经为到期刀具和跳跃刀具，用橙色高亮显示的刀具为超过设定寿命 80% 的刀具。颜色的设定在出厂时就已经设定好，如有需要，可以通过对 MAPPS 系统中的参数 No.1747 进行更改来更换颜色，设定范围是 1%~99%。需要注意的是，在 [状态] 显示栏上最多能够同时显示 3 种类型，而且无法在该界面上进行输入操作。

注释：显示针对每把刀具注册的注释，最多能够输入 24 个字符。在 [刀套] 显示栏上并不会显示刀具注释。

（5）[刀长尺寸、刀半径尺寸] 显示栏　[刀长尺寸、刀半径尺寸] 显示栏能够显示刀具的长度几何值（长度/半径），单位为米制或英制。需要注意的是，在 [刀套] 显示栏上并不会显示刀具的长度几何值。

在这个显示栏上，能够在下列范围内输入数值。

1）米制。MSX-5** 系列范围：-999.999~999.999；MSX-7** 系列范围：-9999.999~9999.999。

2）英制范围：-99.9999~99.9999。

(6)［类型］显示栏　［类型］显示栏会显示刀具寿命数据的计数方法（时间/次数）。

(7)［设定寿命、实际寿命］显示栏　［设定寿命、实际寿命］显示栏会显示寿命数据（时间/计数）的最大值和刀具已经使用的次数（时间）。在这个界面上，设定寿命值和实际寿命值能够在0~99999的范围内进行输入。如果对同一把刀具使用多重偏置，那么就会在界面上显示的设定寿命和实际寿命值就是偏置1的数据。如果6组偏置中的其中1个偏置已经达到其使用寿命，那么就会将此刀具显示为寿命过期刀具。

2. 按钮介绍

(1)［搜索］按钮　输入要查找的刀套号或刀具号，单击［搜索］按钮，光标就会自动移动到已经找到的刀套号或刀具号位置。如果需要查找的为刀具号，那么就需要在第一位的位置上输入字母"T"。

(2)［刀库图示］按钮　单击［刀库图示］按钮就可以显示MAPPS刀库中所有的操作面板规格和齿条式刀库规格。

(3)［开头］按钮　［开头］按钮用于撤销已输入的刀具数据并将其恢复成输入前的数据。单击［EXECUTE］按钮就能够恢复数据，但是无法对主轴刀具和下把刀具的刀具数据进行恢复。

(4)［所有刀套注册］按钮　如果已经规定了需要注册的初始刀具号，那么就需要将所有的刀具号均从1开始以数字升序注册到刀具数据列表中。需要注意的是，［所有刀套注册］按钮的显示，需要将MAPPS系统中的参数No.795设定为"1"（默认设定为0）。想要执行［所有刀套注册］指令，就必须优先将主轴刀具和下把刀具返回到刀库中，然后再删除所有的刀具数据。

具体操作步骤为：

1）单击［所有刀套注册］按钮。

2）输入要注册的初始刀具号并单击［EXECUTE］按钮。

3）从刀套号1开始从已输入的初始刀具号开始按照升序的顺序进行注册。

(5)［MDI操作］按钮　［MDI操作］按钮能够插入程序并在MDI运行模式下执行。该按钮还能够调用"零点返回运行"等已经提前在NC中注册的程序。在MAPPS刀库操作面板界面上并不会显示这个按钮。

(6)［切换画面］按钮　［切换画面］按钮能够令［刀套］显示界面的刀套数在10~75个之间切换显示。在MAPP刀库操作面板界面上并不会显示这个按钮。

(7)［刀具数据］按钮　单击［刀具数据］按钮能够显示刀具管理（刀具数据）界面。对于刀具数据的查询，只要将光标移动到要设定的刀具号上并单击［刀具数据］按钮即可。

(8)［主轴设定］［到刀库］按钮

1）单击［主轴设定］按钮。

2）将光标移动到［主轴刀具］［下一刀具］［传感器1、2］或［空刀套］。

3）单击［到刀库］按钮，然后将光标移动到刀库侧刀具数据位置。

需要注意的是，［主轴设定］和［到刀库］按钮为交替显示。

(9)［O参考］按钮　［O参考］按钮用于检查所选定的程序中是否存在未注册（遗漏）的刀具，在MAPPS刀库操作面板界面上并不会显示这个按钮。

具体操作步骤为：

1）单击菜单选择键［＞］和［O参考］按钮显示程序列表界面。

2）必要时，单击［改变文件夹］按钮在NC程序列表和对话式程序列表之间进行切换。能够单击［分类用0-号］［分类用注释］或［分类用日期］按钮对程序进行排序。

3）选择程序并单击［选择］按钮。将选定程序中要使用的刀具中的未注册刀具号显示在［缺少刀具列表］中。

注意：如果在程序中使用刀具组指令，就会将刀具组号显示在列表中（如＊＊＊0001）。如果使用刀具号指令，就会将刀具号显示在列表中（如00010001）。要取消［O参考］功能，就单击［返回］按钮。要返回到程序列表界面，就单击［O参考］按钮。如果存在未注册的刀具，［缺少刀具列表］就不会显示。

（10）［同组刀具］按钮　［同组刀具］按钮用于显示备用刀具的列表。

具体操作步骤为：

1）将光标移动到要显示的备用刀具的刀具号位置上。

2）单击［同组刀具］按钮就能够实现对所有赋予相同组号的刀具的查找和显示。

3. 刀具管理（同组刀具）**界面**

（1）刀具数据　单击［刀具数据］按钮就会出现［刀具管理］数据界面。

注意：

① 在如下机床状态下，不能对主轴刀具数据和下把刀具数据进行更新：循环操作期间及ATC循环期间。

② ATC循环期间，不能对除了主轴刀具和下一刀具之外的所有刀具的数据进行更新（默认设定）。当然，如果将MAPPS参数No.817设定成"1"，就能够对刀具数据进行更新。

③ 所显示的项目会随着规格的不同而变化。

界面显示项目：

1）详细信息（刀套××）：显示刀具管理界面上光标所在位置上的刀套号。

2）显示的刀具号是与光标所在刀套上对应的刀具号：通过组号和序号对刀具号进行管理。

通过设定参数，能够将组号用的位数规定在4～7位之间。在标准设定中，序号和组号都是用4位数。

在程序中，用组号指定刀具。如果未使用刀具寿命管理功能，就要用一个唯一组号和序号组成的8位数刀具号注册刀具，并将刀具寿命（时间/计数）设定成0以使用刀具。

示例：4位数序号、4位数组号T1000 1001。如果使用刀具寿命管理功能，就采用组号与序号组合的8位数刀具号注册刀具，并设定每把刀具的刀具寿命（时间/计数），给属于同一组的刀具指定相同的刀具组号。

（2）数据发送［刀具集中管理应用系统（MCC-TMS）规格］　单击［数据发送］按钮就能够将光标位置处的刀具数据（包括第2和第3组偏置设定）发送到计算机（MCC-TMS）。

具体操作步骤为：

1）将光标置于要发送数据的刀具号上，只有在计算机上存在相同的刀具数据的情况下，才会发送数据。

2）单击［数据发送］按钮。

注意：

① 在刀库门关闭的状态下发送刀具数据。如果设定不正确就会显示报错，无法进行数据发送操作。

② 不得在数据发送操作进程中切换到另一个界面中去，否则会显示报错而且会中途停止数据的发送。

③ 如果发送错误出现，那么系统就会报错并暂停处理。能够对 MAPPS 系统中的参数 No. 2522 进行更改来设定通信超时时间（单位：s）。

(3) 数据接收（MCC-TMS 规格）　［数据接收］按钮用于将计算机（MCC-TMS）中的刀具数据读取到光标位置上的刀套中。

具体操作步骤为：

1）将光标移动至需要接收刀具数据的刀套上。

2）输入刀具标识号。

3）单击［数据接收］按钮。

注意：

① 对于主轴刀具和下把刀具都不能执行这一操作。

② 不能改写不同刀具的数据。

③ 必须在刀库门关闭状态下执行这一操作，如果设定不正确，就会显示报错，而且不能进行接收操作。

④ 如果在数据接收过程中切换到另一个界面，那么就会显示报错，而且处理会中途停止。

(4) 数据删除　［数据删除］按钮用于清除对应刀具号所设定的刀具数据。将光标移动到含有要清除刀具数据的位置上，然后单击［数据删除］按钮就会切换到［所有刀具］［EXECUTE］和［取消］按钮。

1）［所有刀具］按钮：清除所有刀具的刀具数据。

2）［EXECUTE］按钮：执行操作并清除刀具数据。

3）［取消］按钮：撤销刀具数据清除处理。

注意：

① 对于主轴刀具和下把刀具都不能执行这一操作。

② 如果将 MAPPS 参数 No. 782 设定为"0"，就不会显示［所有刀具］按钮（默认设定为1）。

(5) 数据移动　［数据移动］按钮用于将一个刀具号所设定的刀具数据移动到另一个刀具号的刀具数据中去。

具体操作步骤为：

1）将光标移动到含有［移动源］刀具号的行上。

2）单击［数据移动］按钮。

3）输入移动目标刀套号并单击［EXECUTE］按钮。

将数据传输到移动目标并清除源刀具数据。如果正在移动的刀具是大刀具，那么就要对前面和后面刀套中刀具的存在与否进行检查。

注意：对于主轴刀具和下把刀具都不能执行这一操作。

（6）数据更换　　[数据更换] 按钮用于在两个刀具号之间的刀具数据进行切换。

具体操作步骤为：

1) 将光标移动到含有要交换刀具数据的行上并单击 [数据更换] 按钮。

2) 输入与之前指定的刀具数据进行交换的刀具数据的刀套号并单击 [EXECUTE] 按钮。

对"第1"和"第2"指定行中的刀具数据进行交换。如果要进行交换的刀具是大刀具，那么就要对上一刀套和下一刀套中刀具的存在与否进行检查。

注意：对于主轴刀具和下把刀具都不能执行这一操作。

4. 刀具偏置数据的传输

在执行 M06 指令将刀具安装在主轴中时，系统会将刀具偏置数据从 MAPPS 刀具数据传输到 NC 单元。传输的偏置号是在刀具管理设定界面上为 [主轴刀具偏置号] 设定的偏置号（标准设定为1）。

同样，在执行 M06 指令将刀具从主轴中卸下时，系统会将刀具偏置数据从 NC 单元传输到 MAPPS 刀具数据。如果采用自动刀具长度测量功能，就要使用系统变量保存偏置数据。

用户区域，将刀具文件数据发送到自定义宏中的通用变量。

用户区域 1. [#983]：（通用变量#983）；

用户区域 2. [#984]：（通用变量#984）；

用户区域 3. [#985]：（通用变量#985）；

根据机床规格或使用条件，用户区会不可用。

5. 刀具更换程序

执行 M06 指令期间，将主轴刀具状态信号（在 1.5.7 节"主轴刀具状态信号"中说明）输出到宏程序，需要使用 M 信号的子程序调用功能来输出这些信号。使用这些信号时，使用 M 信号的子程序调用功能。

刀具更换子程序示例（NH、SH、MH）：

```
O9002
N1 M06;                              更换刀具
N2 G00;                              确保输入这一代码
N3 IF [#2001 EQ 0] GOTO 1;           如果刀具长度偏置为"0"，就转到 N1
N4 IF [#1004 EQ 1] GOTO 2;           如果未设定刀具数据，就转到 N2
N5 IF [#1002 EQ 1] GOTO 3;           如果组中的所有刀具都已到期，就转到 N3
N6 #3000=1(OFFSET ALARM).;           偏置报警 M99
N7 #3000=2(NO ENTRY ALARM).;         数据未设定报警 N99
N8 #3000=3(LIFE TIME OVER).;         刀具寿命报警
```

注意：

① 将 NC 参数 No.6072 设定为"6"，以便由 M06 指令调用 O9002。

② 在装有刀库内刀具破损检测的机床上，能够通过下列参数对#1004的功能进行设定。

TLCHC.P=1;   #1004 用于刀具破损检测

TLCHC.P=0;   #1004 用于未设定刀具检查

4.5.5 刀具寿命管理

本节对刀具寿命管理系统进行介绍,刀具寿命管理是刀具管理系统中的标准功能的一部分。刀具寿命管理就是将相同类型的刀具分为同一组并以"时间"或"计数"来设定每种刀具的使用时间或使用次数的上限。每次调用和使用刀具时,都会对其使用的"时间"或"计数"进行累计。如果累计使用的"时间"或"计数"达到了设定的使用上限,那么接下来就会调用同组刀具中的下一把刀具来进行加工。

1. 刀具组号和刀具寿命的设定

(1) 刀具组号的设定　将 8 位 T 代码的第 4~7 位的数作为刀具组号,刀具组号的设定在刀具管理界面中进行。

(2) 刀具寿命的设定　刀具寿命的设定在［刀具管理］界面上进行。根据［类型］中的［寿命计数模式］(时间或次数) 来进行刀具的计数,在［设定寿命］中对刀具的寿命进行设定,刀具的使用情况会显示在［实际寿命］中。

(3) 刀具使用顺序的设定　单击［刀具管理(刀具数据)］界面中的［数据发送］按钮 (MCC-TMS 规格),就会自动确定刀具的使用顺序,其顺序会按照在［刀具管理(刀具数据)］界面中的刀具显示顺序来设定同一组刀具的使用顺序。如果想要更改已经确定好的刀具使用顺序,那么就要显示［同组刀具］界面并按照要求来更改顺序。

2. 刀具寿命的计数

(1) 将刀具寿命设定为"时间"(分钟)　对在切削模式下的刀具已使用时长进行计数。对在单块模式中的停止、进给保持模式、快速进给模式、停机、机床锁定和 FIN 信号等待状态下使用刀具的时间给予忽略。

(2) 将刀具寿命设定为"次数"　对执行 M06 指令将刀具装入主轴的次数进行计数。

(3) 刀具寿命的预定

1) 给到期刀具预定刀具使用数据。通过在［刀具管理］界面或［刀具管理(刀具数据)］界面上的［实际寿命］中的数据清零,就能够进行预定。

2) 刀具跳跃。将［刀具管理(刀具数据)］界面上的［跳跃刀具］设定为［通］状态,就能够将相对应的刀具视为跳跃刀具。同样的,也能够使用程序中的 M66 指令进行跳跃指定。如果将 PC 参数 TLGRPP 设定为"0",那么就会无条件跳过装入主轴上的刀具;如果将 PC 参数 TLGRPP 设定为"1",那么就会跳过指定组中的刀具。在自定义宏变量#1133 设定完组号后,执行 M66 指令,就会跳过在#1133 指定的刀具组中所使用的最后一把刀具。如果指定刀具组中的刀具尚未使用过,就会发生报警。如果想要取消刀具跳跃模式,那么就要将［刀具管理(刀具数据)］界面上的跳跃刀具设定为［断］状态才行。

示例程序:

#1133=#989.;　　　　　#989 到#1133 中设定组号

M66;

(4) 主轴刀具状态信号　将安装在主轴中的刀具的状态设定到自定义宏变量中以便能够从程序中引用主轴刀具状态。如果#1002 是"1",说明刀具寿命到达预设上限,同组中的全部刀具均已到达预设寿命上限。将到达预设寿命上限的刀具安装到主轴;如果#1003 是"1",说明新刀具已选定。用从同一刀具组中选定的新刀具替换已到达寿命上限的刀具。该标记用于自动测量新刀具的刀具偏置数据；如果#1004是"1"，说明当前刀具数据未设定输入标记，可能表示未对该刀具的刀具数据进行设定。该标记用于指定要进行的处理、执行自动刀具数据测量或者报警等操作；如果#1005是"1"，就跳过当前所选刀具，所选刀具是一个跳跃刀具。这把刀具可能是一把到达使用寿命上限的刀具或破损刀具。

在刀库内装有刀具破损检测的机床上，能够通过下列参数对#1004的功能进行设定：

TLCHC.P=1;　　　　　　　#1004用于刀具破损检测
TLCHC.P=0;　　　　　　　#1004用于未设定刀具检查

4.5.6 刀具破损检测介绍

刀具破损检测的主要目的是保证刀具在机床加工过程中能够维持良好的状态，刀具破损检测能够进一步提高柔性加工中心的加工效率，保护机床的进给机构和工件夹具，减少机床的停机时间。

刀具磨损可分为三个阶段：初期磨损阶段、正常磨损阶段以及急剧磨损阶段。当刀具到达急剧磨损阶段时将不能够继续使用，刀具破损检测就是按照这3个阶段的预测值对使用刀具进行监控。

在检测到刀具出现破损时，通过分析设备的负载、工件精度等参数，进一步设定刀具寿命数据。刀具破损检测能够实现在无人值守的情况下，仍然起到降低刀具成本的作用。刀具破损的自动检测方法有很多种，总体上可以分为两大类：一类是在径向对刀具进行检测，另一类是在轴向对刀具进行检测。

用测量刀具长度的方法进行刀具破损检测的基本原理为：定期测量刀具长度，并与已作为刀补值预先存于刀具补偿表中的初始刀具长度进行比较，如果二者的差值过大就说明刀具出现了磨损或折断，机床应报警提示操作者重新设置刀补值或更换刀具。

上述基本原理在数控机床上的实现方法如图4-33刀具检测示意图所示。将机床零点设置在主轴轴线与主轴夹刀端面的交点处，其工作平面为XY平面，刀具长度补偿作用于Z轴。检测开关为接近开关或触点开关，要求检测开关灵敏度高、重复精度好并安装于机床固定点。其中刀具的初始位置（换刀位置）已经在图中用实线画出，刀具移动碰到检测开关后停止的位置用虚线画出。为方便讨论，本文并未对X轴和Y轴进行讨论。

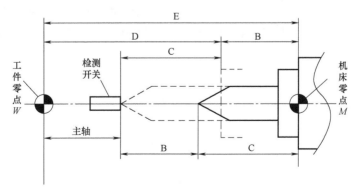

图4-33　刀具检测示意图

其中："A"为检测点在机床坐标系中的坐标值（在上图中为负值，其绝对值为检测点至主轴夹刀端面的距离）；"B"为刀具从换刀点移动至碰到检测开关而停止的移动距离；"C"为计算得到的刀具长度值（即主轴刀夹端面至刀尖的长度）；"D"为刀具碰到检测开关停止处的工件坐标系坐标值（在上图中为正值）；"E"为当前工件坐标系的零点偏置值（在上图中为负值）；"F"为当前刀具长度补偿值；"G"为比较阈值。

参考图4-33，各量之间的关系为：B=ABS（D+E）；C=ABS（ABS(A)-B），即刀具长度值C=ABS（ABS(A)-ABS(D+E)）。

对C值和F值进行比较可得如下结论：

1）若（F-C）≥G，则说明刀具磨损过度或折断。

2）若（C-F）>G，则说明刀具长度补偿值错误。

由上述关系式可知，只要获得参数A、D、E、F、G的值即可判断刀具是否磨损过度或折断。

如果在使用刀库内配有刀具破损检测装置的机床时发现刀具已经破损，那么可以采用下列其中一种处理方法。

1）中断报警。

示例程序：

#991=-2；	指定备用刀具
#992=1；	指定备用刀具的刀具长度偏置数据
#1133=4；	指定刀具长度偏置数据传输
M67；	指定刀具管理窗口
G04；	暂停程序缓冲
#1133=70；	对刀具管理设定界面上的[刀库刀具的磨损偏置号]设定偏置号
M101；	刀具破损检测循环启动
M102；	刀具破损检测循环结束检查
M103；	刀具破损检测判定

2）跳过报警。如果执行M103指令，那么就判定刀具未破损，加工就会继续；如果判定刀具已经破损，报警就会提示且加工停止。如果在使用刀库内配有刀具破损检测装置的机床时发现刀具已经破损，就可以采用跳过破损刀具的方法。

想要跳过破损刀具，需要设定以下的PC参数：EXTMNGP=1（已使用扩展的刀具管理功能，默认设定为1）；TLCHC.P=1（自定义宏变量#1004用于刀具破损检测结果检查，默认设定为1）。

示例程序：

N1#991=-2；	指定备用刀具
N2#992=1；	指定备用刀具的刀具长度偏置数据
N3#1133=4；	指定刀具长度偏置数据传输
N4 M67；	指定刀具管理窗口
N5 G04；	暂停程序缓冲
N6#1133=70；	对[刀具管理设定]界面上的[刀库刀具的磨损偏置号]设定偏置号
N7 IF [#1004 EQ 1] GOTO 100；	如果刀具未破损，就转到N100(#1004=1)

```
N8 #991 = -2;                指定备用刀具
N9 #1133 = 2;                指定刀具跳跃
N10 M67;                     指定刀具管理窗口
N11;
```

4.6 柔性加工生产线基准点的检测方法

本节主要对一种由 5 台卧式加工中心组成的柔性加工生产线的基准点检测方法进行介绍，卧式加工中心检测结构如图 4-34 所示，柔性加工生产线基准点检测方法可以实现机床 X、Y、Z、B 四轴基准点的检测，主要用于设备运行一段时间后的设备精度检测，为设备精度的软件补偿提供一种检测方法，该方法还可以应用到其他带有 B 轴的卧式加工中心的设备中。

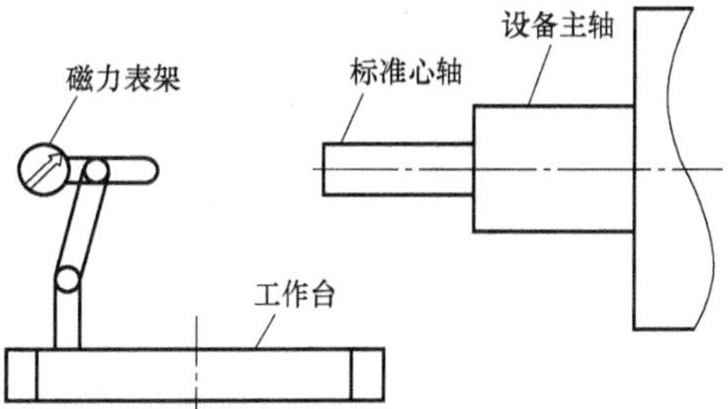

4.6.1 检测目的

图 4-34 卧式加工中心检测结构

在使用轴箱体柔性加工生产线的过程中，发现 5 台加工设备加工同类产品时，加工工件的位置公差尺寸变化较大，造成产品的加工质量不稳定。经过多方面查找原因，最终在检测设备时，发现这是由于卧式加工中心的 X 轴回转中心基准点和机床设置机械零点数据不一致造成的。

加工生产线的 5 台卧式加工中心可以实现 X、Y、Z、B 四轴联动，其中 B 轴运动是指工作台绕 X 轴 360°回转的运动，其回转中心也是 X 轴行程的中心。轴箱体柔性生产线从工作计划的建立，到零件加工完成后的拆卸所涉及的所有信息，都是在中央控制系统中设定完成的，而且使用的加工程序和工件坐标系都是相同的。但是由于不同设备的 X 轴回转中心基准点和机床设置机械零点数据存在一定偏差，导致同一个加工程序、工件坐标系放到不同的加工设备中加工出来的工件会存在一定的加工误差，造成了产品尺寸的不稳定。

为了解决设备 B 轴回转中心和 X 轴存在误差的问题，对工作台回转中心基准点的检测方法进行研究，通过修改机床机械零点参数，使 B 轴回转中心和 X 轴基准重合，恢复了机床精度，提高了加工精度。该检测方法进一步提高了柔性生产能力，及时解决了柔性加工生产线 5 台卧式加工中心机床工作台的回转中心和机械零点的相对位置不重合的问题。

4.6.2 检测原理

柔性加工生产线基准点的检测方法涉及的结构主要有：1 个磁力表架、1 个标准心轴、1 个回转工作台、1 件设备主轴、1 个磁力表以及 1 个高度量块共 6 个部分组成。

1. X 轴基准点检测

X 轴基准点的检测步骤如下：

1) 将带有千分表的磁力表架固定在工作台上，锁定 Z 轴，移动机床 Z 轴、Y 轴使千分表触头与心轴接触。

2) 将主轴定向，令 Y 轴上下移动，找出心轴最大直径处，记录此时机床控制面板上显

示的 X 坐标值 L_1,如图 4-35 所示。

3) 向上移动 Y 轴,避免标准心轴和磁力表架干涉。

4) 将 B 轴回转 180°、主轴转动 180°,保证千分表触头与标准心轴接触点相同,以消除标准心轴制造误差。

5) 令 Y 轴上下移动,找出心轴最大直径处,记录此时机床控制面板上显示的 X 坐标值 L_2,如图 4-36 所示。

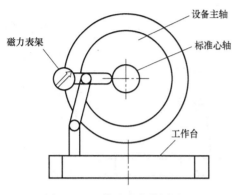

图 4-35 X 轴基准点检测图一

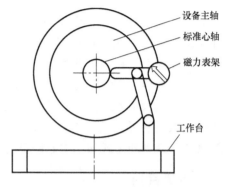

图 4-36 X 轴基准点检测图二

6) 计算超出值 S,此值为 L_1 减去 L_2 绝对值的二分之一,S 要求在标准压力值 0.4~0.5mm 之间,在此范围内的压力值千分表示值最准确。

注意:

① 当 S 值超出标准压力值范围时,重复执行检测步骤中的 1) ~5)。

② 当 S 值大于标准压力值时,移动表座远离压力值较大侧,并固定表座,移动量为 S;注意要保证表触头与心轴接触点位置不变,同时移动 X 轴,移动量也为 S,移动方向为心轴远离千分表触头的方向。

③ 当 S 值小于标准压力值时,移动表座靠近压力值较小侧,并固定表座,移动量为 S;同时保证表触头与心轴接触点位置不变,移动 X 轴,移动量为 S,移动方向为心轴靠近千分表触头的方向。

④ 当 S 在标准压力值 0.4~0.5mm 之间,但当显示值 L_1、L_2 不同时,需重复步骤 1) ~5),按照 S 值的显示来移动 X 轴,当心轴与千分表示值相同时,此时机床工作台回转中心坐标值 X 即为工作台回转中心值(图 4-36)。

需要将柔性加工中心的该位置在机床参数中进行修改并覆盖掉设备出厂时所设定的参数,以保证多台卧式加工中心基准点的统一,但是对于普通卧式加工中心而言不需修改此参数,将此值记录下来,直接使用即可。

2. Z 轴基准点检测

如图 4-37 所示的 Z 轴基准点检测图,在 X 轴基准点检测完成后,此时图 4-35、图 4-36 的千分表触头离工作台回转中心的距离为心轴半径的二分之一,将千分表指针调至 0 位,B 轴回转 90°至图 4-37 所示的位置,移动 Z 轴,使心轴顶面与千分表触头接触,最终指针达到 0 位。

心轴前端超过机床回转中心的距离为 R,机床工作台回转中心坐标值 Z 即为图 4-37 中

机床坐标 Z 轴的显示值先加上心轴长度值，然后减去 R，将此计算值在机床参数中修改并保存。

3. Y 轴基准点检测

如图 4-38 所示的 Y 轴基准点检测图，Y 轴基准点可通过校对显示值 L 进行计算，机床工作台回转中心 Y 的坐标值就是将当前机床坐标 Y 轴显示值先减去 L，然后减去 R 就能得到，将此计算值在机床参数中修改并保存。

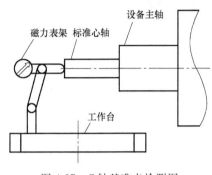

图 4-37　Z 轴基准点检测图

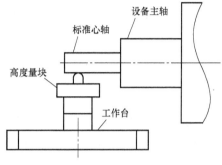

图 4-38　Y 轴基准点检测图

4.6.3　检测方法的优点

本节为解决柔性加工生产线中的卧式加工中心设备 B 轴回转中心和 X 轴、Y 轴以及 Z 轴之间的误差提供了一种操作简单、实用性强的基准点检测方法，该方法主要有以下优点：

1. 工具通用性强

该方法无须机床配备检测工具，只需应用通用工具就能够快速、精确的检测，且适合所有具有 B 轴回转中心的设备。

2. 检测精度精确

该方法不受检测工具精度影响，能够实现精确检测，恢复机床精度。

3. 检测方法简便

该方法对操作者技能水平要求低，易于操作。

4. 提高柔性加工产品质量

该方法及时解决机床工作台的回转中心和机床机械零点是相对位置关系，提升了柔性加工产品质量。

4.6.4　检测方法应用总结

本节的检测方法是对柔性加工生产线卧式加工中心工作台回转中心实际坐标点进行修正的检测方法，即利用磁力表架、标准心轴、高度量块、磁力表座工具，通过对卧式加工中心安装的标准心轴的接触测量，找到柔性加工线机床坐标系 X、Y、Z 基准点，调整机床基本参数，达到恢复机床精度的目的。

该检测方法提高了生产线柔性生产能力，及时解决了柔性加工生产线 5 台卧式加工中心机床工作台的回转中心和机床机械零点存在偏差的问题。

第5章 车轮柔性加工生产线

本章主要对一种普通数控立式车床及双主轴立式车削加工中心的组成车轮柔性加工生产线应用进行介绍。该柔性加工生产线由2台德国奈尔斯西蒙斯立式车削中心、2台奈尔斯西蒙斯立式车铣中心、1台普通数控立式车床配合车轮自动化输送系统及8个上料台位、16个缓存台位及车轮清洗、检测、探伤、静平衡、打标设备组成。生产线如图5-1所示。

图5-1 双主轴立式车削加工中心的组成车轮柔性加工生产线

所有设备在中控系统的操作下自动运行,每台设备都有固定的位置,车轮自动化输送系统对设备位置进行记忆,对车轮进行自动上下料,这些位置数据在设备安装调试柔性加工生产线时已经经过严格的测试,并已经记忆到柔性加工生产线的中控系统,车轮自动化输送系统可以实现X、Y、Z、C、U、A六轴联动并且根据车轮轮径的大小自动调整夹紧位置。

5.1 数控立式车床简介

在现今的机械加工领域中,数控立式车床已经广泛应用于各个领域。数控立式车床的使用不但能够有效解决普通车床结构刚性不足、抗震性差、滑动面的摩擦阻力大等问题,而且能够有效提高车削效率,降低加工成本,本小节主要对数控立式车床的组成进行介绍。

数控立式车床一般都是由车床主体、数控装置和伺服系统三个部分组成,如图5-2所示。

图5-2 数控立式车床示意图

5.1.1 车床主体

（1）主轴与主轴箱　数控立式车床主轴的回转精度很大程度上会影响加工零件的加工精度，而且它的功率、回转速度等参数同样会对其加工效率产生一定影响。

对于具有手动操作和自动控制加工双重功能的改造式数控立式车床，其主轴箱的传动结构并没有发生过多的改变；而对于具有自动调速功能的数控立式车床而言，则已经对其主轴箱的传动结构进行了简化。

（2）导轨　数控立式车床的导轨为进给运动提供了保证，车床导轨的精度会对车床的刚度、精度以及低速进给运动的平稳性产生一定影响，同时也是影响零件加工质量的重要因素之一。现今，除了部分数控立式车床仍然沿用传统的滑动导轨外，大多数定型生产的数控车床已经采用了贴塑导轨。

（3）机械传动机构　数控立式车床在原普通立式车床传动链的基础上做了一些简化：取消了挂轮箱、进给箱、溜板箱及其绝大部分传动机构，仅保留了纵、横进给的螺旋传动机构，并在驱动电动机至丝杠间增设了可消除其侧隙的齿轮副。

5.1.2 数控装置

在数控机床领域中，数控装置是机床的核心，数控装置的作用主要是将内部存储器中的接受输入装置传送来的数控加工程序，经过数控装置的电路或者软件进行编译以及运算处理后，输出相应的控制信息和指令，控制机床进行有序的运动。

5.1.3 伺服系统

伺服系统包含两个部分：伺服单元以及驱动装置。

伺服单元是 CNC 和车床之间的连接环节，它可以将 CNC 装置中的微弱信号放大，形成大功率驱动装置的信号。根据接收指令的不同，伺服单元可以分为脉冲式伺服单元和模拟式伺服单元两种方式。

驱动装置是由伺服单元扩大的 CNC 信号转变成机械运动的装置，通过简单的机械连接部件对车床进行驱动，让工作台精确定位轨迹的相对运动，最后按照相关要求加工出所需要的产品。

5.1.4 刀库

每一种机床都有一个主心轴，数控立式车床也不例外。刀架是数控机床的重要组成部分，通常情况下数控立式车床的转塔刀架配备有 4~12 把刀，而大型数控立式车床则配备有更多的刀具，有些机床配备有双刀架甚至三刀架。刀具的数量按照加工零件的复杂程度来进行选取，一般 8~12 把刀具便已足够使用。

数控立式车床的刀具换刀结构相较于加工中心更为简捷，其相邻刀具更换仅需要 0.3s，对角换刀仅需要 1s 左右。另外，为了使机床能够正常运行，对刀具系统的配用和各种刀具的购置也应充分重视，数控立式车床的刀柄少则几百元，多则上千元。

5.1.5 特点及应用范围

数控立式车床的主运动方向为工作台的旋转运动，其进给运动垂直刀架和侧刀架的运动。与卧式车床相比，立式车床的主轴轴线垂直于水平面，工件安装于水平回转工作台上，因此工件的装夹与找正相对方便，这种布局有效地减轻了车床主轴及轴承的荷载，因此，立式数控车床能够较长期的保持加工精度。数控立式车床可用于加工以下类型的工件：

1）立式数控车床大多用于加工直径和重量较大、难以在卧式车床上进行装夹的工件。

2）立式数控车床也用于加工径向尺寸大而轴向尺寸相对较小，但是形状复杂的大型和重型工件，如各种盘、轮、套类工件的圆柱面、端面、圆锥面、圆柱孔、圆锥孔等，也可借助附加装置进行车螺纹、车球面、仿形、铣削以及磨削等加工。

总体来说，根据工件加工部位的不同，其要求也不尽相同，而且其加工种类也越来越繁多，需要根据不同的加工对象选择与其相应的数控立式车床，任何一个企业的产品都有一定的范围，任何一台数控立式车床都为具体的加工对象服务。

因此，在数控车床厂弄清了自己的产品对象、产品纲领、投资规划之后，机床的功能预留也就有了明晰的结论。企业发展总有长远规划，都有自己的产品对象。机床的选型应该在特定范围内进行，超出特定范围的机床选型不视为好的选型。如数控车床的主要技术规格，应当在满足目前的产品要求的前提下，同时为可以预见到的将来留有一定余地，避免机床缺少足够的适应性。但是对机床的辅助功能持谨慎态度，如前述的在线检测功能、刀具监测功能、刀库容量等。对机床本体而言，任何一个辅助功能的增加，不仅是机械部件的增加，更是对其控制系统的能力和与其相适应的监测能力有着更高的要求。当然，在机床选型中也不乏附件选择缺项造成后来生产不适应的情况。对于加工范围广、使用情况复杂的通用型机床，如工具制造用机床，对机床附件的选择应该尽量齐全。

5.1.6 常用控制系统操作面板

1. 发那科系统——CRT/MDI 控制面板（图 5-3）

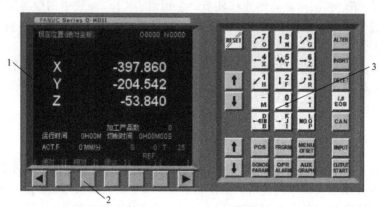

图 5-3 CRT/MDI 控制面板

1—LED 显示区　2—软键开关区　3—MDI 键盘

CRT/MDI 控制面板主要用于在程序编辑与调试、对刀参数输入、机床当前加工状态的实时监控、机床维修参数修改等过程中实现人机对话。

各功能键说明：

（1）PESET 复位键　用于对当前状态的解除、加工程序的重新设置以及机床紧急停止等操作。

(2) PRGRM 程序键　用于在编辑模式下进行编辑、修改、查找、删除等操作。

(3) MENU OF SET 刀具偏置键　可结合其他键进行工件坐标系统的设置，并进行刀尖半径、磨损补正等操作。

(4) POS 位置键　用于显示各坐标轴的机床坐标、绝对坐标、增量坐标值以及程序执行中各坐标轴距的指定。

(5) AUX GRAPH 图形显示键　可结合相关按键以及相关程序进行模拟加工，主要用于对刀具的运行轨迹进行观察，而机床并没有进行实际的加工。

(6) SYSTEM 系统键　用于数控系统相关数据和参数的自我诊断。

(7) DGNOS PARAM 信息键　用于显示系统的警示状态。

(8) HELP 帮助键　用于查看机械装备的说明等功能。

(9) SHIFT 转换键　和地址键共用，用于实现按键字符之间的切换。

(10) INSERT 插入键　用于在光标指定位置插入字符或数字。

(11) INPUT 输入键　用于参数或偏置值输入、启动 I/O 设备的输入、MDI 方式下的指令数据输入。

(12) ALTER 替换键　用于修改程序中光标指定位置的地址和数据命令，或用新数据来替换原来的数据。

(13) DELETE 删除键　用于删除程序中光标指定位置的字符或数字（注：被删除后的语句无法复原，操作前应仔细确认是否要删除该内容）。

(14) CAN 取消键　用于删除写入储存区的字符。

(15) EOB 结束键　用于每段程序编辑时的结束指令。

(16) 翻页键　用于显示屏界面之间的切换。

(17) 光标移动键　用于控制光标在显示屏中上下左右移动。

如图 5-4 所示，数控机床操作面板主要用于进行数控车床的操作，该面板主要包括操作模式选择、主轴转向选择与刀架移动操作、主轴倍率与刀架移动速率调节等功能。

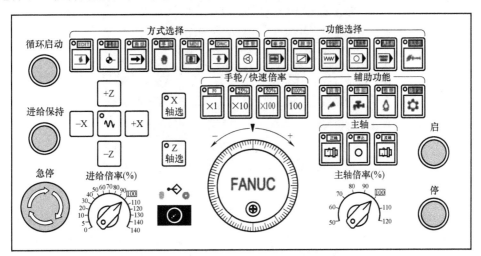

图 5-4　数控机床操作面板

(1) 编辑方式　用于输入、输出程序，或者对程序进行修改或删除。

（2）MDI方式　在PROG下输入程序，按"循环启动"键后直接执行输入程序段，可输入10条指令。

（3）自动加工方式　在PROG下调用要执行的程序编号，循环启动后对工件执行自动加工。

（4）手动方式　结合刀架移动控制键可对刀架执行快、慢速移动等操作。

（5）返回参考方式　手动返回参考点位置，建立机床坐标系。

（6）手轮方式　可用手摇脉冲操作刀架沿 X、Z 方向做 $X1\mu m$、$X10\mu m$、$X100\mu m$ 三种微量移动。

2. 西门子系统操作面板

西门子系统操作面板如图5-5所示。西门子系统操作面板主要由操作面板和机床控制面板两部分组成。其中操作面板由显示器、字母键区、数字键区、光标区和控制键区组成。机床控制面板使用西门子标准机床控制面板，在该面板上另外扩充了用于控制通道和机床特别功能的操作元件。

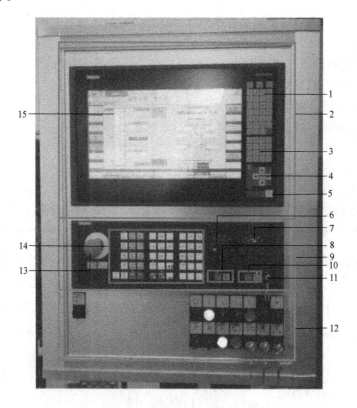

图5-5　西门子系统操作面板

1—字母键区　2—操作面板　3—数字键盘区　4—光标区　5—控制键区　6—主轴倍率　7—进给倍率　8—主轴启动/停止　9—机床控制面板　10—进给启动/停止　11—钥匙开关　12—操作面板（机床特定的布置）　13—紧急停机按钮　14—键盘（机床特定）　15—显示器

机床控制面板中的各图形按键的指令名称见表5-1。

表 5-1　各图形按键的指令名称

图形	名称	图形	名称
 RESET	复位	 JOG	手动进给
 TEACH IN	创建程序	 MDA	手动输入
 AUTO	自动运行	 SINGLE BLOCK	运行单个语句
 REPOS	返回定位	 REF.POINT	接近参考点
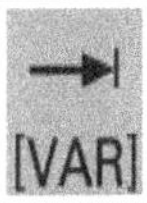 [VAR]	增量运行,可变	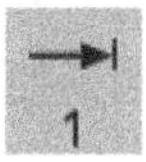 1	增量运行,1
 10	增量运行,10	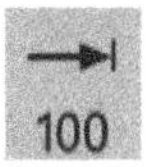 100	增量运行,100
 1000	增量运行,1000	 10000	增量运行,10000

5.2　数控立式车床操作基础

5.2.1　运行模式及操作方法

本小节主要对数控立式车床的常用运行模式及操作方法进行介绍。

1. 数控车床常用的运行模式

（1）JOG 运行模式（加工操作区）　在 JOG 运行模式下，能够实现机床坐标轴的点动运行。

其操作步骤如下：

1）选择车床操作面板上的 [JOG] 运行模式。

2）操作相应的方向键便能够实现坐标轴的点动。

如果同时按动相应坐标轴的方向键和快进键，那么坐标轴便会以快进速度进行移动。在 [增量选择] 中选择 [以步进增量方式] 运行时，坐标轴会以增量的方式进行移动，其步进量会在界面上显示出来。

（2）MDA 运行模式（加工操作区手动输入）　在 MDA 运行模式下，能够编辑一个零件程序段并加以执行，但不能加工由多个程序段共同来描述的轮廓。

具体操作步骤如下：

1）选择车床操作面板上的［MDA］运行模式。

2）通过操作面板输入程序段，按下［数控启动］键便能够执行输入的程序段。

（3）自动运行模式　在自动运行模式下，数控车床会自动执行零件的加工程序，这是零件加工中经常使用的模式。

具体操作步骤如下：

1）选择车床操作面板上的［自动］运行模式。

2）按下面板中的［程序控制］键。

3）通过［选择/转换］键，选择控制程序的模式。

4）按下［区域转换］键，返回主菜单。

5）按下［程序］键，利用光标来选择需要加工的程序。

6）按下［选择］键，调出加工的程序。

7）按下［打开］键便可对程序进行编辑与修改。

8）按下［单步循环］键，选择单步循环加工。

9）按下［CYCLESTART］键，便会启动加工程序。

2．数控车床常用的操作方法

（1）回参考点（加工操作区）　启动 CNC 和车床电源系统后，便会进入加工操作区。回参考点指令只有在 JOG 模式下才会出现。按下车床控制面板上的［回参考点］键便会执行回参考点至零，在"回参考点"窗口中会显示当前坐标轴是否已返回参考坐标点。

（2）程序段搜索（加工操作区）　程序段搜索指令会执行程序搜索功能，使用程序段搜索的前提条件为：已经选择了当前需要搜索的程序段所在的程序。输入需要查找的零件加工程序段，按下［程序段搜索］键后，在找到所需要的零件加工程序段之前，搜索会一直进行下去。在关闭［搜索］窗口后，［搜索结果］窗口会显示所搜索到的程序段。

（3）输入新程序（程序操作区）　输入新程序指令用于建立新的零件加工程序。

具体操作步骤如下：

1）选择程序操作区，会显示当前 NC 中已经存在的程序目录。

2）按下［新程序］键，会出现一个对话窗口，在该窗口中输入新的主程序和子程序名称。

3）按下［确定］键，便会生成新的加工程序，能够在新建立的文件中进行程序的编辑。

4）按下［关闭］键就会结束当前程序的编辑，关闭程序后就会返回到程序目录管理层。

（4）零件程序的修改（程序运行方式）　在零件程序不处于执行状态时，可以对其进行编辑。

具体的操作步骤如下：

1）在主菜单下按［程序］键，出现程序目录窗口。

2）用光标选择待修改的程序，按［打开］键界面上就会出现需要修改的程序并可以进行程序的修改。

3）按下［关闭］键就会结束对程序的修改，在程序关闭后就会返回到程序目录管理层。

5.2.2 操作注意事项

1）工件的毛面不准直接安置在工作台面上，应用垫铁或螺旋顶支承；严禁利用工作台面进行其他作业，如锤击找正工件、焊接工件等。

2）找正工件时只能点动工作台低速回转找正，不准高速找正。

3）开停工作台时，工作台开停手柄只能用手扳动，严禁用脚蹬。

4）工作台转动时不准干做横梁升降和刀架快速移动。

5）移动横梁时须先松开夹紧装置，移动完毕应立即夹紧，横梁每次下降后，应令其上升少许，以消除丝杠、螺母间隙。

6）不允许在直刀架及侧刀架的滑枕伸出很长的情况下进行重力切削加工，在使用垂直刀架进行加工，特别是做重力切削时，应将横梁尽可能降到接近工作的位置上。

7）执行断续切削加工时，要适当减少进刀量和工作台转速。

8）变速时操纵杆必须推到规定的位置。如果齿轮未啮合好，应以工作后微动进行调正，不准强制扳动工作台的开停手柄。

5.2.3 加工注意事项

（1）合理选择刀具

1）粗加工时，要选强度高、寿命长的刀具，以便满足粗加工时大背吃刀量、大进给量的要求。

2）精加工时，要选精度高、寿命长的刀具，以保证加工精度的要求。

3）为减少换刀时间和方便对刀，应尽量采用机夹刀和机夹刀片。

（2）合理选择夹具

1）尽量选用通用夹具装夹工件，避免采用专用夹具。

2）零件定位基准重合，以减少定位误差。

（3）合理选择切削三要素　被加工材料、切削刀具、切削条件是金属切削加工的三大要素，这些决定着加工时间、刀具寿命和加工质量。切削三要素包括切削速度、进给量和切削深度（背吃刀量）。

1）切削速度的影响：伴随着切削速度的提高，刀尖温度会上升，会产生机械、化学以及热磨损。切削速度每提高20%，刀具寿命就会缩短1/2。

2）进给量的影响：进给量与刀具磨损关系会在极小的范围内产生。如果进给量较大，会导致切削温度上升，刀具磨损增大，但其对刀具的影响并没有切削速度对刀具的影响大。

3）切削深度的影响：虽然切削深度对刀具的影响没有切削速度和进给量大，但是在进行微小切削时，被切削材料表面会产生硬化层，影响刀具的使用寿命。

用户要根据被加工的材料、硬度、切削状态、材料种类、进给量以及切削深度来选择合适的切削速度，适合的加工条件是在这些因素的基础上选定的，有规则的、稳定的磨损才是理想的条件。然而，在实际作业中，刀具寿命的选择与刀具磨损、被加工尺寸变化、表面质量、切削噪声、加工热量等有关。在确定加工条件时，需要根据实际情况进行研究。对于不锈钢和耐热合金等难加工材料来说，可以采用切削液或选用刚性好的切削刃。

（4）确定加工路线　加工路线是指数控立式机床加工过程中，刀具相对零件的运动轨迹和方向。

1）应能保证加工精度和表面粗糙度要求。
2）应尽量缩短加工路线，减少刀具空行程时间。
3）简化数值计算和减少程序段，降低编程工作量。
4）根据工件的形状、刚度、加工余量、机床系统的刚度等情况，确定循环加工次数。

5.2.4 其他操作

本小节主要对机床其他操作方法进行介绍。

（1）建立新刀具　具体操作步骤：

1）按下［新刀具］键会出现［输入］窗口，在该窗口上会显示所有给定的刀具号。
2）在该窗口上输入新的刀具号，并定义刀具具体安排类型，按下［确认］键便建立了新刀具。

（2）刀具补偿参数　建立新刀具后便会弹出［刀具补偿参数］窗口。刀具补偿分为刀具长度补偿与刀具半径补偿，刀具补偿参数需要根据刀具的实际情况来进行选择。具体操作步骤：

1）输入刀具补偿参数。
2）移动光标到要修改的区域，输入数值后按下［输入］键进行确认。

（3）确定刀具补偿值　具体操作步骤：

1）依次按下［参数］→［刀具补偿］→［对刀］键，如果刀具无法回到零点，那么就输入需要的偏移值，如果没有进行零点偏置时，输入 G500 并输入偏移值。
2）按下［计算］键刀具补偿值就会被存储。

（4）输入/修改零点偏置值（参数操作区）　在回参考点之后，实际值的存储以及实际值的显示均以机床的零点为基准，而工件的加工程序则以工件零点为基准，这二者之间的差值就作为需要设定的零点偏移值。具体操作步骤：

1）按下［参数］键，界面上就会显示可设定零点偏置的情况。
2）将光标移到待修改的范围，输入数值按下［向下翻页］键，界面上会显示下一页的零点偏置窗口，输入 G55 或 G56 并输入偏置值。
3）按下［返回］键不需确认零点偏置值，直接返回上一级菜单即可。

（5）计算零点偏置值　使用"计算零点偏置值"命令的前提条件是已经选择了零点偏置（如 G54）窗口。具体操作步骤：依次按下［参数］→［零点偏移］→［测量］→［确认］键即可完成零点偏置值的计算。

（6）选择和启动零件程序（加工操作区）　在启动程序之前必须要对系统和机床进行调整来保证安全。具体操作步骤：

1）按下［自动方式］键选择以自动运行方式打开［程序目录］窗口；在第一次选择程序操作区时会自动显示［零件程序和子程序目录］。
2）将光标定位到所选的程序上，通过［选择］键来选择待加工的程序，被选择的程序名称显示在界面中"程序名"下。

（7）编程设定数据（参数操作区）　设定数据可以设定机床的运行状态，并且可在需要时进行修改。具体操作步骤：

1）按下［参数］键。

2）按下［设定数据］键后进入下一级菜单，在此菜单中可对系统的各个设定数据进行修改。

3）将光标移到需要进行修改的数据位置上，并在光标处输入新的值。

4）按下［输入］键或者移动光标到需要修改的数据位置上，并在光标处输入新的值来对数据进行修改。

该功能允许对JOG进给率、主轴转速、主轴旋转速度最大值/最小值、可编程主轴极限值、空运行进给率、开始角螺纹切削开始角（SF）进行修改。

① JOG进给率即在JOG状态下的进给率，如果该进给率为零，那么系统会默认使用机床数据中存储的数值。

② 主轴转速即主轴的转速。

③ 主轴旋转速度最大值/最小值即主轴旋转速度的最大值/最小值，对主轴旋转的限制只能够在机床数据所规定的范围内进行。

④ 可编程主轴极限值即在恒定切削速度时可编程的最大速度。

⑤ 空运行进给率即在自动方式中若选择空运行进给功能，则程序不会按编程中的进给率执行，而是执行在此输入的进给率。

⑥ 开始角螺纹切削开始角（SF）即在加工螺纹时主轴有一起始位置作为开始角，当重复进行该加工过程时，就可以通过改变此开始角切削多头螺纹。

（8）R参数（参数操作区） R参数窗口中会列出系统中所有的R参数，需要时可以对这些参数进行修改。具体操作步骤如下：

1）依次按下［参数］→［R参数］键。

2）将光标移到需要修改的参数位置上，按下"输入"键或"光标"键进行参数输入。

5.3 数控立式车床编程

5.3.1 坐标系的建立

1. 数控立式车床坐标系种类及含义

（1）机床坐标系 机床坐标系（Machine Coordinate System）是以机床原点 O 为坐标系原点并遵循右手笛卡儿直角坐标系建立的由 X、Y、Z 轴组成的直角坐标系。机床坐标系是用来确定工件坐标系的基本坐标系，是机床上固有的坐标系，并设有固定的坐标原点。

数控立式车床平行于主轴方向即竖向为 Z 轴，垂直于主轴方向即横向为 X 轴，统一规定增大工件与刀具间距离的方向为正方向。数控车床有两个坐标系，分别叫作机床坐标系和工件坐标系。

（2）工件坐标系 工件坐标系是编程时使用的坐标系，所以又称为编程坐标系。进行数控编程时，应该首先确定工件坐标系和工件原点。该坐标系是人为设定的，建立工件坐标系是数控车床加工前必不可少的一步。零件在设计中会有设计基准与工艺基准，在装夹时要尽量将零件的工艺基准与设计基准统一，该基准点通常称为工件原点。

2. 数控立式车床坐标系的设置

1) 机床坐标系是以机床原点为坐标原点建立起来的 X、Z 轴直角坐标系，机床坐标系是机床固有的坐标系，它是制造和调整机床的基础，也是设置工件坐标系的基础。机床坐标系在出厂前就已经调整好，在一般情况下，是不允许用户随意变动的。机床原点为机床上的一个固定的点，机床原点为主轴旋转中心与卡盘后端面的交点（图 5-6 中的 O 点）。

2) 工件坐标系的设定。执行 "G50 _X（α）_Z(β)" 指令后，系统内部即对坐标值（α，β）进行记忆，并会显示在显示器上，这就相当于在系统内部建立了一个以工件原点为坐标原点的工件坐标系。

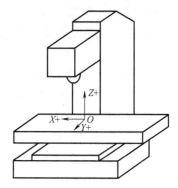

图 5-6 数控机床坐标系

当同一工件的工件原点发生了改变时，程序段中的坐标尺寸也会随之改变，因此在编制加工程序前必须要提前确定好工件坐标系（编程坐标系）和工件原点（编程原点）。

3. 数控立式车床设置工件坐标系的常用方法

坐标系一经建立，只要不切断电源，坐标系就不会变化。加工前需要先对刀，对刀后将显示坐标清零，对其他刀具时将显示的坐标值写入相应刀补参数；然后测量出对刀直径，将刀具移动到坐标显示的位置，就可以运行程序了。

（1）直接试切对刀法

具体的操作步骤如下：

1) 用外圆车刀先试车一外圆，记住当前的 X 坐标值，测量外圆直径后，用 X 坐标值减去外圆直径，将所得值输入 [offset] 界面的几何形状 X 值里。

2) 用外圆车刀先试车一外圆端面，记住当前的 Z 坐标值，输入 [offset] 界面的几何形状 Z 值里。

这种方法操作简单，可靠性好，通过刀偏与机械坐标系紧密地联系在一起，只要不断电、不改变刀偏值，工件坐标系就会存在且不会变，即使断电、重启后回参考点，工件坐标系还在原来的位置。但是该方法会在工件表面留下切削痕迹，且对刀精度较低。

（2）用 G50 指令设置工件零点　数控车床 G50 指令的用法是：通过调整机床将刀尖放在起刀点位置上，并建立数控车床坐标即可使用数控车床 G50 指令，数控车床坐标具体格式为 "G50 X_ Z_"。G50 指令的好处是在不产生机械移动的前提下，建立新的坐标系。G50 指令中，X、Z 的值是起刀点相对于加工原点的位置。

具体的操作步骤如下：

1) 用外圆车刀先试车一外圆，测量外圆直径后，把刀具沿 Z 轴正方向退点，切端面到中心位置（X 轴坐标减去直径值）。

2) 选择 MDI 方式，输入 G50 X0 Z0，启动 [START] 键，将当前点设为零点。

3) 选择 MDI 方式，输入 G0 X150 Z150，使刀具离开工件进刀加工。

使用该方法时，对刀后需要将刀具移动到 G50 指令设定的位置才能开始加工，对刀时先对基准刀，其余刀的刀偏都是基于基准刀的。

注意：

① 用 G50 指令设置工件零点时，起点和终点参数选取必须一致，即 G50 X150 Z150，这

样才能保证重复加工不乱刀。

② 若用第二参考点 G30，就能保证重复加工不乱刀，这时程序开头为 G30 U0 W0 G50 X150 Z150。

③ 在发那科系统中，第二参考点的位置在参数里设置，在 YHCNC 软件里，右击出现对话框，左击"确认"按钮即可。

（3）用"工件移"设置工件零点　具体的操作步骤如下：

1）在 FANUC0-TD 系统的 [offset] 中，有一个 [工件移] 界面，可输入零点偏移值。

2）用外圆车刀先试切工件端面，这时 Z 坐标的位置为"Z200"，直接输入到偏移值中。

3）选择 [Ref] 回参考点方式，按 X、Z 轴回参考点，这时工件零点坐标系即建立。这个零点需要一直保持，只有重新设置偏移值 Z0 后才可清除。

（4）零点偏置 G54~G59 指令设置工件零点　零点偏置是数控系统的一种特性，即允许数控测量系统的原点在相对机床基准的规定范围内移动，而永久原点的位置则会被存贮在数控系统中。

具体的操作步骤如下：

1）用外圆车刀试车一外圆，测量外圆直径后，将刀具沿 Z 轴正方向退点，切端面到中心位置。

2）把当前的 X、Z 轴坐标值直接输入到 G54~G59 中，程序直接调用，如 G54X50Z50……。这种方法适用于批量生产且工件在卡盘上有固定装夹位置的加工。

注意：G53 指令能够清除 G54~G59 设置的工件坐标系。

在加工过程中按复位键或急停健，就能够再次回到设定的起点继续加工。但是如果出现意外，如 X 或 Z 轴无伺服、跟踪出错、断电等情况发生，系统只能重启，重启后设定的工件坐标系将消失，需要重新对刀，因此工件坐标系也可说是相对坐标系。

5.3.2　编程种类

数控立式车床编程主要有四种方式：绝对值编程、增量值编程、混合编程以及 R 参数编程。

（1）绝对值编程　绝对值编程是根据预先设定的编程原点计算出绝对值坐标尺寸进行编程的一种方法。采用绝对值编程时，首先要指出编程原点的位置，然后使用地址 X、Z 进行编程（X 为直径）。数控系统用 G90 指令指定绝对值编程。

（2）增量值编程　增量值编程是根据与前一个位置的坐标值增量来表示位置的一种编程方法，即程序中的终点坐标是相对于起点坐标而言的，采用增量值编程时，需要使用地址 U、W 代替 X、Z 进行编程。数控系统用 G91 指令指定增量值编程。

（3）混合编程　绝对值编程与增量值编程混合起来进行编程的方法叫作混合编程，编程时也必须先设定编程原点。

（4）R 参数编程　R 参数编程的实质，就是用变量 R 编写出"子程序"，并根据 R 数值的条件，多次调用"子程序"，以简化编程。

R 参数编程是利用用户变量和运算指令来加工带有非圆曲线及曲面的零件，该方法解决一般手工编程有一定困难，且出错概率大，复杂曲面及曲线无法编出程序的数控加工。

5.3.3 编程注意事项

1) 在一个程序段中，根据图样上标注的尺寸，可以采用绝对值编程、增量值编程或混合编程。

2) 由于被加工零件的径向尺寸在图样上和测量时都是以直径表示，所以用绝对值编程时，X 表示直径；用增量值编程时，以径向实际位移量的二倍值表示，并附上方向符号，正向可以将符号省略。

3) 为提高工件的径向尺寸精度，X 向的脉冲当量取 Z 向的一半。

4) 由于车削加工常用棒料或锻料作为毛坯，加工余量较大，所以为简化编程，数控装置常具备不同形式的固定循环，可进行多次重复循环切削。

5) 编程时，常认为车刀刀尖是一个点，而实际上为了提高刀具寿命和工件表面质量，会将车刀刀尖磨成一个半径不大的圆弧，因此，在编制圆头刀加工程序时，为了提高加工精度，需要对刀具半径进行补偿。数控车床一般都具有刀具半径自动补偿功能（G41，G42），这时可直接按工件轮廓尺寸编程。对于不具备刀具半径自动补偿功能的数控车床，编程时需先计算补偿量。

5.3.4 常用功能指令

数控立式车床加工中的动作会在加工程序中以指令的形式事先予以规定，这类指令有准备功能 G、辅助功能 M、刀具功能 T、主轴转速功能 S 和进给功能 F 之分。对于准备功能 G 和辅助功能 M，我国已依据 ISO 1056—1975（E）国际标准制订了我国 JB 3208—83 部分标准。

由于我国目前数控机床的形式和数控系统的种类较多，其指令代码的定义还不统一，在不同类型的数控系统中同一 G 指令或同一 M 指令的含义不完全相同。因此，编程人员必须在编程前对使用的数控系统的功能进行仔细研究，以免发生错误。

下面主要以 FANUC—6T 系统为例介绍数控车床数控系统各功能。

(1) 准备功能　准备功能又称 G 功能或 G 代码，它是建立机床或控制数控系统工作方式的一种命令，由地址 G 及其后的两位数字组成。G 代码分为模态代码（又称续效代码）和非模态代码两种。模态代码是指某一 G 代码（如 G01）一经指定就一直有效，直到后边程序段中使用同组 G 代码（如 G03）才会被取代。而非模态代码只在指定的程序段中有效，需要在下一段程序中使用时，必须重新进行编写（如 G04）。

(2) 辅助功能　辅助功能又称 M 功能。主要用来表示机床操作时，各种辅助动作及其状态，它由地址 M 及其后的两位数字组成。

常用辅助功能的简要说明：

① M00 程序停止。执行 M00 后，机床所有动作均被切断，以便进行某种手动操作。重新按下"程序启动"按钮后，再继续执行后面的程序段。

② M01 选择停止。该指令常用于抽查工件的关键尺寸，执行过程与 M00 相同，不同的是只有在按下机床控制面板上的"任选停止"开关时，该指令才有效，否则机床继续执行后面的程序。

③ M02 程序结束。执行该指令后，表示程序内所有指令均已完成，因此会切断机床所

有动作并使机床复位。但程序结束后，程序光标会停止在程序末尾，并不会返回到程序开头的位置。

④ M30 纸带结束。执行该指令后，除了会完成 M02 的内容外，还会自动返回到程序开头位置，为加工下一个工件做好准备。

(3) 进给 (F)、刀具 (T)、主轴转速 (S) 功能

1) F 功能：F 功能指令用于指定刀具进给速度，由地址 F 和其后面的数字组成。

① 每转进给指令 G99。在含有 G99 程序段的后面，再次遇到 F 指令时，系统会认为 F 所指定的进给速度单位为 mm/r。如果系统的开机状态为 G99，那么只有在输入 G98 指令后，G99 指令才会被取消。

② 每分钟进给指令 G98。在含有 G98 程序段的后面，再次遇到 F 指令时，系统会认为 F 所指定的进给速度单位为 mm/min。G98 被执行后，系统会将进给速度默认为 G98 状态，直到使用 G99 指令将 G98 指令取消为止。

2) T 功能：T 功能用于选择刀具或者切换刀具，用地址 T 和其后的数字来指定刀具号和刀具补偿号。车床上刀具号和刀具补偿号有两种形式，即 T1+1 或 T2+2。在 1+1 格式中，第一位表示刀具号，第二位表示刀具补偿号；在 2+2 格式中，第一、二位表示刀具号，第三、四位表示刀具补偿号。在发那科系统中，这两种形式均可采用，通常采用 T2+2 形式。例如，T0101 表示采用 1 号刀具和 1 号刀具补偿。

3) S 功能：S 功能用于指定主轴转速或速度，由地址 S 和其后的数字组成。

① 恒线速度控制 G96。G96 指令用于接通恒线速度控制，系统执行 G96 指令后，S 后面的数值表示切削速度。例如，G96 S100 表示切削速度是 100m/min。

② 主轴转速控制 G97。G97 指令用于取消恒线速度控制，系统执行 G97 指令后，S 后面的数值表示主轴每分钟的转数。例如，G97 S800 表示主轴转速为 800r/min，系统开机状态默认为 G97 状态。

③ 主轴最高速度限定 G50。G50 除了有坐标系设定功能外，还有主轴最高转速设定功能，即用 S 指定的数值设定主轴每分钟的最高转速。例如，G50 S2000 表示主轴转速最高为 2000r/min。

用恒线速度控制加工端面、锥度和圆弧时，由于 X 坐标值会不断发生改变，因此在刀具逐渐接近工件的旋转中心时，主轴转速会越来越高，工件有从卡盘上飞出的危险，所以为防止事故的发生，有时必须限定主轴的最高转速。

5.3.5 刀具补偿功能

刀具补偿功能是数控车床的主要功能之一，它分为两类：刀具的偏移（即刀具长度补偿）和刀尖半径补偿。

(1) 刀具的偏移　刀具的偏移是指当刀具刀尖位置与编程位置存在差值时，通过设定刀具补偿值，使刀具在 X、Z 轴方向加以补偿，它是操作者控制工件尺寸的重要手段之一。

例如，加工工件时，可以按刀架中心位置进行编程，即以刀架中心点 A 作为程序的起始点。由于安装刀具后，刀尖相对于 A 点必定会有一定的偏移，假设偏移值分别为 AX、AZ。将此二值输入到相应的存储器中，在程序执行了刀具补偿功能后，原来的 A 点就被刀尖的实际位置所替代。

当刀具发生磨损或工件尺寸有误差时，只要修改每把刀具相应存储器中的数值即可。例如，某工件加工后外圆直径比要求的尺寸大（或小）了0.02mm，则可以用U-0.02（或U0.02）修改相应存储器中的数值；当长度方向尺寸有偏差时，修改方法与上述方法类似。

由此可见，刀具偏移可以根据实际需要分别或同时对刀具轴向和径向的偏移量进行修正。修正的方法是在程序中事先给定各刀具及其刀具补偿号，每个刀具补偿号中的 X 向刀具补偿值和 Z 向刀补值，由操作者按实际需要输入到数控装置中。每当程序调用这一刀具补偿号时，该刀具补偿值就生效，使刀尖从偏离位置恢复到编程轨迹上，从而实现刀具偏移量的修正。

需要注意的是，刀具补偿程序段内必须有G00或G01功能时才会有效，而且偏移量补偿必须在一个程序段的执行过程中完成，这个过程是不能省略的。

例如，G00 X20. Z10. T0202 表示调用 2 号刀具及其刀具补偿值，补偿值在 02 号存储器中。

（2）刀具半径补偿　在实际加工中，由于刀具产生磨损及精加工时刀具刀尖磨成半径不大的圆弧，为了确保工件轮廓形状，加工时不允许刀具中心轨迹与被加工工件轮廓重合，而应与工件轮廓偏移一个半径值 r，这种偏移方式称为刀具半径补偿。

一般情况下为了程序编写方便，数控装置中都有刀具半径补偿功能。在具有刀具半径补偿功能的数控系统中编写零件加工程序时，不需要计算刀具中心运动轨迹，而只按零件轮廓编程。使用刀具半径补偿指令，并在控制面板上手动输入刀具半径，数控装置便能自动计算出刀具中心轨迹，并按照刀具中心轨迹进行运动。即执行刀具半径补偿后，刀具自动偏离工件轮廓一个刀具半径值，从而加工出所要求的工件轮廓。

刀具半径左补偿指令 G41，即沿刀具运动方向看（假设工件不动），刀具位于工件左侧时的刀具半径补偿；刀具半径右补偿指令 G42，即沿刀具运动方向看（假设工件不动），刀具位于工件右侧时的刀具半径补偿；刀具半径补偿取消指令 G40，即使用该指令后，会使G41、G42指令无效。

使用 G40、G41、G42 指令时应注意：G41、G42 不能重复使用，即在程序前面使用过 G41 或 G42 指令后，不能再直接使用 G41 或 G42 指令。如果想要使用，那么必须先用 G40 指令解除原补偿状态后，再使用 G41 或 G42 指令，否则补偿就会出现异常。

5.4　双主轴立式车削中心基础

5.4.1　机床特点

双主轴立式车削中心（图5-7）在数控立式车床的基础上增加了一个切削轴，同时增加 C 轴的分度插补功能和 B 轴的铣削功能，实现了机床的车削、铣削、钻削一体化加工。在使用时，不仅能够提高生产加工效率，而且能够提升系统加工的稳定性，能最大程度简化整体加工生产的复杂性，并且能够令生产效率达到更高的标准，给企业的加工生产带来了绝对的保障。

通过使用双主轴立式车削中心来进行加工和生产，能够简化整体生产的工序，并且能够提升加工精度，避免出现各种复杂的误差值；在生产加工工艺方面能够缩短整体的制造工艺链；在进行加工生产的时候，也不需要投入太多的工作人员来进行看管，所以在生产以及加工运用管理方面，整体的资金成本就会得到合理的控制。而且在如今的加工生产过程中，还有在线智能监测系统，出现任何问题设备都可以直接进行报警。

5.4.2 机床应用优势

1) 占地面积小。在同样产能的前提下，双主轴立式车削中心占地面积约小一半。

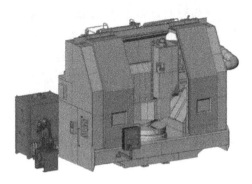

图5-7 双主轴立式车削中心示意图

2) 操作容易。电控系统采用双系统方式，操作容易。

3) 加工成本低。双主轴立式车削中心加工产量，约等于2台单刀轴产量，投资成本降低，相对加工成本也降低。

4) 快速物流。大型加工件快速交货是当前竞争力所在，双主轴立式车削中心可以加快进出货物流，增加竞争力，减少原物料成本积压以及置料空间。

5) 多功能。C轴将车、铣、钻、攻螺纹等加工形式复合应用，让高效率、占地最小、低成本等得到充分展现。

6) 门式立柱的全铸造结构设计让机器稳定性提高。

7) 四条滑轨设计表现了高精度、高稳定性的机械架构。

8) 双主轴车铣复合加工方法属于间断的切削方法，这种间断类型的切削可以让刀具拥有更多的冷却时间，不论加工何种材料，刀具在切削时所达到的温度都相对低一些。

9) 与传统车铣复合技术相比，这种双主轴车铣复合加工技术更容易进行高速切削，所以关于高速切削的所有优势都能够在双主轴车铣复合加工中得到体现。例如，双主轴车铣复合切削力比传统技术的切削力下降了30%，而下降的切削力刚好就能够降低工件变形的径向力，这样有利于加工细长类型的精密零配件以及提高薄壁件的加工速度，而且由于切削力比较小，刀具以及机床所承受的负担也就相对较小，这样就能够更好的保护双主轴车铣复合机床的精确度。

10) 当使用双主轴车铣复合加工时，整个切削过程都已经绝热，所以刀具以及切屑带走了非常多的热量，就会导致加工件的温度相对较低，不容易发生热变形。

11) 双主轴车铣复合加工能够让所有被加工的工件在一次装夹过程中完成所有的镗、车、钻以及铣等工序，这样就避免了更换机床地麻烦，可以极大地缩短工件生产以及加工的周期，避免因为重复装夹而出现的问题。

12) 使用双主轴车铣复合加工能够极大地减少零部件的弯曲变形，特别是在加工一些细长且无法进行中间支承的零部件上有明显的优势。

5.4.3 结构组成

双主轴立式车削中心结构组成如图5-8所示。

（1）电气柜和变压器 电气柜为防护等级为IP 55的标准电气柜，排列在机床的背面。

包含电气柜照明灯和插座,同时为了提高电压,还额外安装了一个变压器。

(2) 操作面板　主操作面板位于机床的正面上(布置在工作区左侧或右侧),可进行旋转和摆动,屏幕为触摸屏,而且在每个刀库门的旁边都有一个附加的操纵台。此外,机床在每个刀库上都有一个接线盒,用于连接手持控制器。

(3) 机架　机架由底座和安装在其上的支架组成。用找平元件(固定架和固定板)在地基底板上对其底座进行找平,底座用轴承结构支承主驱动装置,支架安装在底座上,主要用作横向溜板直线导向装置的支架。

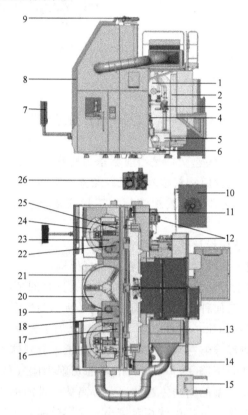

图 5-8　双主轴立式车削中心结构组成

1—机架/支架　2—电气柜　3—切削液增压泵　4—气动系统保养单元　5—机架/底座　6—切削液中央接口　7—操作面板　8—工作区门　9—工作区门驱动装置　10—冷却装置　11、14—进给驱动装置(X轴)　12—润滑装置　13—工作区抽气装置　15—串联变压器　16、24—刀库　17、25—横向溜板(X轴)　18、23—垂直溜板(Z轴)　19、22—进给驱动装置(Z轴)　20—带夹紧缸的卡盘　21—主驱动装置和轴承　26—液压装置

(4) 导向装置　导向装置用于在拥有刮板系统的直线导向装置支架上,导向横向溜板进行横向移动,导向系统已经由制造商校准和浇铸,而且通过伸缩板对导向系统进行了防护,防止切屑和切削液进入。

(5) 主驱动装置和轴承　卡盘直接通过分段式电动机进行驱动,其转子段与内部轴承环位于其上的转子笼相连。加工的轴向力和径向力由角接触球轴承承担,整个轴承结构已预张紧且无间隙,轴承的润滑通过外部轴承环中的孔以损耗性润滑的形式进行,使用集成在轴承中的测量系统对轴承进行监控。通过集成 C 轴功能,可用位置控制方式运行主驱动装置。

(6) 卡盘和夹紧缸　卡盘安装在主驱动装置的内部轴承环和夹紧缸上,通过液压夹紧缸和拉杆驱动力对卡盘进行控制,来对夹紧缸的夹紧压力和夹紧行程进行监控。

(7) 横向溜板和垂直溜板　横向溜板通过无间隙的细长滚珠丝杠进行驱动,驱动装置外壳固定在支架末端上并已由制造商校准,滚珠丝杠放置在轴承座的两端上,每端各带一个推力圆柱滚针滚子轴承,由进给电动机通过齿盘和滚珠丝杠上的同步带进行驱动,使用回转式测量系统或直线测量系统对横向溜板进行监控。

在横向溜板上通过间隔板安装了一个垂直溜板,驱动装置支座固定在横向溜板上并已由制造商校准。由进给电动机通过齿盘和无间隙滚珠丝杠上的同步带进行驱动,滚珠丝杠放置在带推力圆柱滚针滚子轴承的轴承箱中,在滚珠丝杠的驱动端上固定了一个气动弹簧制动器,在发生故障时,它将制动进给主轴并防止进给主轴失控下降,使用回转式测量系统或直线测量系统对垂向溜板进行监控。

(8) 刀具夹紧装置　垂直溜板支承加工时用于夹紧刀具的装置称为刀具夹紧装置,该夹紧装置拥有切削液和空气供应(用于端面接触面检查和清洁刀座)通道,为了安全地夹紧刀具,需要对端面、夹紧压力和夹紧情况进行监控。

(9) 刀库　在支架的左端或右端通过支架安装了一个刀库,刀库由一个带刀座的圆盘组成,刀库安装在刀座中,通过借助电动机与小齿轮驱动的旋转连接旋转刀库,液压缸可将刀库水平地移至装载位置。

(10) 工件的装载和卸载　自动通过龙门装载机为机床装载和卸载工件。

(11) 防护装置　为了防止运行期间龙门装载机的危险运动伤及操作人员、保养人员和维护人员,要在每台机床的前面以及纵向于整条生产线安装防护栅栏。

(12) 排屑机　加工过程中产生的切屑会通过切屑通道向下落到排屑机的传送带上,一般情况下,由运营商提供和连接切屑废弃处理装置。

(13) 断屑器　为了粉碎大的切屑,在切屑通道和排屑机之间会安装一个断屑器。

(14) 冷却装置　为了确保电动机的热平衡和工件的高精度,需要对高精度的机床组件如主驱动装置和主轴的驱动电动机进行冷却。因此,在机床背面会有一个冷却装置,为相关组件供应冷却水,电气柜的冷却则通过电气柜门中的冷却装置进行。同样位于机床背面上的增压泵用于给车铣装置的直接驱动装置供应高压冷却水。

(15) 润滑装置　通过两个安装于机床背面的润滑装置来润滑机床的所有组件。润滑装置会向溜板、直线导向装置、滚珠丝杠、卡盘和主驱动装置的轴承供应润滑油,当轴处于运动状态时将触发一个润滑脉冲,会通过泵将润滑油输送给相应的润滑位置,按照时间用计量阀进行润滑,暂停时间可在控制装置中进行预设。

(16) 气动系统　气动系统将被用于切换功能(如刀库门、刀库)、松开垂直溜板制动器、密封空气以及清洁空气,机床气动系统的输入装置和保养单元位于机床背面。

(17) 液压系统　液压系统主要用于操作夹具、刀具的夹紧,刀库上的功能,锁紧铣削主轴以及 B 轴,用一个安装在机床后面的液压装置供应液压压力,在机床背面的阀门上可以进行相应组件的压力值设置,压力值的读取可在相关压力开关上进行。

(18) 加工冷却润滑　用于加工过程和各种清除工作区中切屑的冲洗装置上,在机床的后面有一台增压泵(立式车床)或两台增压泵(立式加工中心),它们可产生设备所需的压力和体积流量。

(19) 外部冷却润滑 通过外部切削液装置供应切削液,通过各种泵向机床的封闭回路输送切削液,这些泵负责生成使用装置所需要的压力和流量。使用过的切削液流入切屑输送机,然后通过一个泵重新输送回切削液设备,并在设备中得到净化。

(20) 隔离式防护装置 在机床四周已经完整地将机床中的气动系统、液压系统、冷却系统、润滑系统和冷却润滑系统进行了隔离防护。可移动的隔离防护装置,如工作区门等,都用安全开关进行监控并以机械方式锁定,而固定的隔离防护装置只能用工具打开。

可移动的隔离防护装置对安全进入某些具有危险运动的机床区域提供了保证,工作区门采用了一种双层钣金焊接结构,它拥有 EN ISO 23125:2015 标准所要求的抵挡能力,能抵挡从卡盘或铣削主轴中脱落的零件,如切削刀片、切屑和卡爪。所使用的机床防护玻璃是一种特殊组合体,在机床一侧是钢化玻璃,在操作人员一侧是有机玻璃。机床防护玻璃通过了 EN ISO 23125:2015 标准阻力等级 A3/B3/C3 的认证。

加工区门是通过一根具有同步到达和同步带的专用数控轴自动打开或关闭的,它在滚轮上移动,在一个固定在支承梁(下部)或锁门梁(上部)上的圆形导轨上导向。用安全开关以电气方式监控工作区门,通过感应抱闸借助齿形带和安全凸轮实现机械锁定,另外,工作区门拥有一个安全开关条,如图 5-9 所示,在接触到关闭区域中的物体时将做出反应,从而防止挤伤,只在危险运动停止之后才能打开工作区门。

(21) 工作区抽气装置 工作区抽气装置用于将工作区加工时形成的污染空气抽吸出去。在考虑到技术特性和机床尺寸的情况下一般选择抽气单元,工作区抽气装置固定在机架背面上的支座上,相关的接口通常位于机床右侧,在特殊情况下,可能需要在左侧以及两侧进行连接。

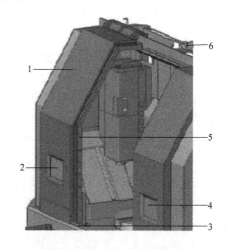

图 5-9 双主轴立式车削中心工作区门示意图
1—工作区门 2、4—观察窗 3—下导轨
5—安全开关条 6—上导轨和拉动装置

(22) 刀具测量装置 机床拥有一个用于测量刀具的装置,测量装置安装在刀库内并且可摆动(测量位置和停止位置),能够借助存储在刀库中的校准刀具进行校准,在校准时需要将其换入加工溜板的刀座中。

5.4.4 机床加工优势

相对于数控立式车床,双主轴立式车削中心的工艺范围相对较宽,加工柔性高,人工介入少,加工精度、生产效率和机床利用率都很高。工件仅需一次装夹,而且几乎能完成内外圆表面、端面、沟槽、内外圆及端面上的螺旋槽、非回转轴线上的轴向孔、径向孔等所有表面的加工。

双主轴立式车削中心的回转刀架上可安装钻头、铣刀、铰刀、丝锥等回转刀具,它们由单独的电动机驱动,也称自驱动刀具。在车削中心上用自驱动刀具对工件的加工分为两种情况，一种是主轴分度定位后固定，对工件进行钻、铣、攻螺纹等加工；另一种是主轴运动作为一个控制轴（C轴），C轴运动和X、Z轴运动合成为进给运动，即三坐标联动，能够使铣刀在工件表面上铣削各种形状的沟槽、凸台、平面等。在大多数情况下，车削中心能够避免由于二次安装引起的同轴度误差，缩短了加工周期。

双主轴立式车削中心的回转刀架通常配有12~16把刀具，这对无人看管的柔性加工系统而言，刀具数是远远不够的。因此，一部分车削中心装备有刀具库，刀具库呈筒形或链形，刀具更换和存储系统位于机床一侧，刀具库和刀架间的刀具交换由机械手或专门机构执行。

双主轴立式车削中心采用可快速更换的卡盘和卡爪，普通卡爪更换时间为5~10min，而快速更换卡盘、卡爪的时间可控制在2min以内。卡盘有3~5套快速更换卡爪，以适应不同直径的工件。如果工件直径变化很大，则需要更换卡盘。有时也采用人工在机床外部用卡盘夹持好工件，用夹持有新工件的卡盘更换已加工的工件卡盘，工件-卡盘系统更换常采用自动更换装置。由于工件装卸在机床外部，实现了辅助时间和机动时间的重合，因此几乎没有停机时间。

5.4.5 C轴功能

与传统车/铣床不同，双主轴立式车削中心配备 $Z\text{-}X$ 轴（车削）、C 轴（回转铣削）、B 轴（动力铣削）控制，从而使立式车削中心可以通过单次装夹来完成所有的铣削和车削操作，下面对 C 轴以及 B 轴的功能进行介绍。

1. 双主轴立式车削中心 C 轴

（1）C 轴功能简介　双主轴立式车削中心 C 轴就是在普通 CNC 立式车床的基础上，增加了 C 轴的分度和联动功能，可以控制 X、Z、C 三坐标轴，联动控制轴可以是 (x,z)、(x,c) 或 (z,c)。

由于增加了 C 轴的分度和联动功能，极大地提高了双主轴立式车削中心的加工功能。除了能够进行车削加工外，还可用于径向和轴向铣削、曲面铣削、中心线不在零件的回转中心的孔和径向孔的钻削等加工。

总之双主轴立式车削中心 C 轴的作用在于为额外为工作台增加了旋转角度分度功能，C 轴不仅可以实现主轴任意位置的控制，而且可以实现 $X\text{-}C$ 和 $Z\text{-}C$ 轴的联动，使其具有更广泛的加工能力和更强的加工性能。

（2）C 轴实现的方式　双主轴立式车削中心的 C 轴是绕车削主轴旋转的伺服轴，也是具有分度定位和联动功能的工件回转轴，在车削中心发展的初期，C 轴只有分度定位功能，还不是真正意义上的 C 轴；随着相关技术的发展，如今的 C 轴已是既具有分度定位功能，又具有联动功能的回转轴，如图5-10所示。当立式车削中心配置的副主轴也带 C 轴时，利用双 C 轴的同步控制，就能够实现主轴、副主轴的速度和相位同步，可以实现零件在旋转过程中的对接，也就是在左边主轴上加工完的零件，在不停止旋转的情况下，右边的副主轴以同样的旋转速度接近左边主轴，在工件旋转的同时完成右边装夹、左边松开的动作，快速转接零件，其目的是在一次装夹中完成盘类零件的双端面加工，此种加工方式，在一些相关特征具有比较高的形状和位置误差要求的高精度零件加工中具有重大意义。当工件需要在径向上钻孔、攻螺纹、铣槽或铣平面时，需要用 C 轴的分度定位功能，并要求在分度定位后

能将 C 轴锁紧，否则切削力会引起振动或位移从而影响加工精度。

图 5-10 C 轴示意图

由于双主轴立式车削中心驱动的特殊要求，即车削时要求高转速，联动铣削时要求低转速，所以根据目前车削主轴与 C 轴驱动的情况，可以将立式车削中心的 C 轴分为两种类型，一类是车削主轴与 C 轴由同一电动机驱动；另一类是车削主轴与 C 轴由不同电动机驱动，这两种类型的 C 轴实现方式有以下三种：

1) 电主轴（即内置式电动机主轴）直接驱动。这种电主轴自身转动惯量较大，且驱动转矩较小，此种方式能够彻底消除传动链的间隙。电主轴的自身转动惯量较大，电主轴的转子就是车削中心的主轴，相比普通电动机转子的直径大且长度长，在切削较小零件和较软材料时，如加工铜及铜合金、铝及铝合金，精度和零件表面质量都能满足要求；而在切削较大零件和较硬材料时则表现欠佳，不过，尺寸变小，而转矩变大将是电主轴的发展目标。因此，随着电主轴制造技术的发展，消除传动间隙的电主轴直接驱动实现 C 轴将是车削中心的发展趋势。

2) 伺服主轴电动机经带轮驱动。这种驱动方式所使用的驱动带最好选用多楔带或者同步带，而不是车床上常用的 V 带，这样可以提高 C 轴的性能。一般情况下，这种驱动方式的主轴的转矩要比电主轴的转矩大，所以能够加工一些尺寸较大的零件，如果想在不更换电动机的情况下，进一步增大主轴的输出转矩，就需要将传动比增大（此种情况下，传动比一般 $\leqslant 3$），但是这将导致车削主轴难以达到较高的转速。鉴于以上原因，采用此种结构实现 C 轴的车削中心比较少，随着另外两种方式的发展，这种驱动方式将被取代。

3) 进给伺服电动机经减速器驱动。这种车削主轴通过主轴伺服电动机驱动，而 C 轴则通过进给伺服电动机经减速器驱动。由于这种驱动方式的减速器的减速比可以设计得很大，所以 C 轴可以输出很大的转矩。当工件主轴用作车削加工时，需要高速旋转，这时 C 轴的动力传动系统必须与工件主轴脱离，否则会成为车削主轴的阻碍；而当 C 轴作为加工主轴使用时，则须 C 轴的传动系统与工件主轴啮合，车削主轴的电动机从动旋转或者与工件主轴脱离，使车削主轴转换为 C 轴，因此需要一个 C 轴与车削主轴的切换机构。

同时，为了防止错误判断，需要有检测装置来检测 C 轴传动系统与工件主轴是否啮合。在实际应用中，采用这种驱动形式的 C 轴结构适用范围较广，主要用于不需要频繁换向的联动运动中（如铣螺旋的槽），但由于这种驱动方式的 C 轴传动链较长，容易出现误差，因此对机械制造精度的要求更高。C 轴精度会直接影响工件上 C 轴参与加工的特征的精度，为了提高车削中心 C 轴的精度，一般采用闭环控制，并配有角度编码器作为反馈元件。

由于 C 轴回转一圈即可以找到参考点，所以选择增量式角度编码器即可，角度编码器有光栅、钢栅和磁栅等类型,在同等尺寸规格下,光栅精度最高,磁栅精度最低。在选择角度编码器时,需要校核角度编码器的机械允许转速和电气允许转速是否满足相应要求。

2. 双主轴立式车削中心 B 轴

(1) B 轴功能简介 双主轴立式车削中心的 B 轴就是动力铣削主轴,该主轴具有角度控制功能,可以实现水平表面 180°范围内的角度控制,同时将 B 轴铣头用作铣削主轴或车/镗刀夹。立式车削中心还可以控制 B-X 轴进行偏心铣削操作,正是 B 轴功能才使双主轴立式车削中心与其他类型的机床产生明显区别。

双主轴立式车削中心的 B 轴被定义为绕 Z 轴旋转,该坐标轴的定义使得立式车削中心可以进行复合角度加工。立式车削中心的 B 轴功能使机床能够完全支持 4 轴联动的自由形状铣削加工。双主轴立式车削中心 B 轴如图 5-11 所示。

(2) B 轴的关键技术

双主轴立式车削中心 B 轴的关键技术包括以下四个方面:

图 5-11 双主轴立式车削中心 B 轴示意图

1) 动力主轴锁紧技术。动力主轴的定向停、锁紧是带 B 轴车铣头的一个主要要求。在车削过程中,车刀是非旋转刀具,且需保证准确的中心高,要求动力主轴限制原有的旋转自由度,实现准确定向停止。目前常见的锁紧机构为三齿盘锁紧(也有采用锁紧销或者其他锁紧机构的),由于三齿盘结构能够在轴向和径向同时进行定位,限制了 6 个自由度,其中 5 个自由度为超定位,同时动力主轴结构紧凑、空间狭小,因此对零件加工精度、装配精度要求非常高,否则容易产生"蹩劲"。

2) 动力主轴卸荷技术。动力主轴具有自动换刀功能,由于打刀力一般在 1000kN 以上,且是瞬间动作,冲击力很大,对动力主轴轴承有损害,因此需要在一个有限的空间内,卸掉打刀时作用在动力主轴轴承上的载荷,以提高动力主轴的精度和寿命。

3) 高刚性、高定位精度的 B 轴技术。由于车铣头的 B 轴不仅有任意角度的锁紧要求,而且还有固定角度锁紧要求(一般是 5°的倍数),因此在 B 轴上还需要有 2 套锁紧机构。固定角度锁紧一般采用三齿盘锁紧机构,对于这种锁紧机构,要重点解决定齿盘与回转支承轴承的同心问题,消除"蹩劲",减少对 B 轴轴承的附加载荷,以提高 B 轴固定角度的锁紧刚性。B 轴无论采用何种驱动方式,都要消除传动链的间隙,以提高 B 轴的定位精度。就此方面而言,转矩电动机的驱动方式较其他驱动方式具有一定优势。

4) 油、水、气、线通道。动力主轴要求有主轴定向锁紧、松开,刀具锁紧、松开,刀具内冷、外冷,锥口清洁,主轴电动机(如果是电主轴)循环水冷,轴承气密封、润滑、循环冷却等功能要求,动力主轴上的相关执行元件需要有检测信号。

B 轴要求有固定角度锁紧、松开,任意角度锁紧、松开,转矩电动机(如果采用转矩电动机驱动)循环水冷,B 轴轴承气密封等功能,同样的 B 轴上的相关执行元件也需要有检测信号。所以在动力主轴和 B 轴上(动力主轴上的油、水、气、线通道都需要经过 B 轴)需要多个油、水、气、线通道,而且要确保通畅、不泄露,以提高带 B 轴的车铣头的可靠性,这就对带 B 轴的车铣头的结构布局和相关执行元件的加工提出了更高的要求。

5.5 双主轴立式车削中心操作基础

5.5.1 工件的安装找正

在双主轴立式车削中心上找正工件是指将工件的端面找正到水平位置,再使工件中心与工作台旋转中心相重合。

找正时将百分表座装在立刀架或侧刀架上,工作台带动工件回转,用百分表测头在内外圆上测量,并利用夹具调整工件的位置和夹紧力,直至工件中心与工作台旋转中心重合,使夹紧、定位和找正同时完成。

现代化的双主轴立式车削中心一般都配备了液压自动夹紧自定心卡盘,可以实现自动夹紧,卡爪在第一次找正后可以很好地保持装夹精度,后期装夹无特殊情况不需要进行找正,同时机床都配备了装夹精度检查功能,可以最大程度保证机床自动夹紧的装夹精度,此功能的应用就可以实现机床上下工件的柔性输送,是实现自动化的重要组成。

5.5.2 机床夹具

双主轴立式车铣中心夹具的概念和普通立式车床夹具的概念是一样的,都是机床上用以装夹工件(和引导刀具)的一种装置。其作用是将工件定位,以使工件获得相对于车床和刀具的正确位置,并把工件可靠地夹紧,夹具示意图如图 5-12 所示。

图 5-12 双主轴立式车铣中心夹具示意图
1—卡盘 2—机爪 3—夹爪

双主轴立式车铣中心夹具的分类如下:

(1) 专门化分类

1) 通用夹具。通用夹具是指已经标准化的,在一定范围内可用于加工不同工件的夹具。例如,车床上的自定心卡盘和单动卡盘,铣床上的平口钳、分度头和回转工作台等。这类夹具一般由专业工厂生产,常作为车床附件提供给用户。其特点是适应性广、生产效率低,主要适用于单件、小批量的生产。

2) 专用夹具。专用夹具是指专门为某一工件的某道工序而专门设计的夹具。其特点是结构紧凑、操作迅速、方便、省力,可以保证较高的加工精度和生产效率,但设计制造周期较长、制造费用也较高。当产品发生变更时,夹具将由于无法再使用而报废。只适用于产品固定且批量较大的生产中。

3) 通用可调夹具和成组夹具。这种类型夹具的特点是夹具的部分元件可以更换，部分装置可以调整，以适应不同零件的加工。用于相似零件的成组加工所用的夹具，称为成组夹具。通用可调夹具与成组夹具相比，加工对象不明确，适用范围更广。

4) 组合夹具。组合夹具是指按零件的加工要求，由一套事先制造好的标准元件和部件组装而成的夹具。由专业厂家制造，其特点是灵活多变、万能性强、制造周期短、元件能反复使用，特别适用于新产品的试制和单件小批生产。

5) 随行夹具。随行夹具是一种在自动线上使用的夹具，该夹具既要起到装夹工件的作用，又要与工件成为一体，沿着自动线从一个工位移到下一个工位，进行不同工序的加工。

(2) 按夹紧方式分类　根据夹具所采用的夹紧动力源不同，可分为手动夹具、气动夹具、液压夹具、气液夹具、电动夹具、磁力夹具、真空夹具等。

5.5.3　常用操作方法

双主轴立式车削中心的常用操作方法和普通数控立式车床的操作方法大体类似，主要分以下操作：

(1) 开机　接通CNC和机床电源系统即可进入加工操作区。

(2) 回参考点（加工操作区）　回参考点只有在JOG运行方式下可以进行，在［回参考点］窗口中显示各坐标轴是否已回参考点。具体操作步骤：用机床控制面板上的［回参考点］键启动。

(3) JOG运行方式（加工操作区）　在JOG运行方式中，可以使坐标轴点动运行。具体操作步骤：选择与JOG运行方式操作相应的方向键可以使坐标轴运行。如果同时按动相应的坐标轴键和快进键，则坐标轴以快进速度运行。在选择"增量选择"以步进增量方式运行时，坐标轴以增量行使，步进量会在界面上显示。

(4) MDA运行方式（手动输入，加工操作区）　在MDA运行方式下可以编制一个零件程序段加以执行，但不能加工由多个程序段描述的轮廓。具体操作步骤：

1) 选择机床操作面板上的［MDA］键。

2) 通过操作面板输入程序段。

3) 按动［数控启动］键执行输入的程序段。

(5) 建立新刀具　具体操作步骤：

1) 按［新刀具］键，建立一个新刀具。出现输入窗口，显示所有给定的刀具号。

2) 输入新的"T-"号（1-32000），并定义刀具具体安排类型。

3) 按［确认］键输入，刀具补偿参数窗口打开。

(6) 刀具补偿参数　刀具补偿分为刀具长度补偿、刀具半径补偿，参数表结构因刀具类型不同而不同。具体操作步骤：

1) 移动光标到要修改的区域，输入数值。

2) 按［确认］键输入。

(7) 确定刀具补偿值　具体操作步骤：

1) 按［参数］→［刀具补偿］→［对刀］键。

2) 如果刀具不能回到零点GXX，就输入需要的偏移值，没有零点偏置时，输入G500并输入偏移值。

3) 按下 [计算] 键，刀具补偿就会被存储。

5.5.4 其他操作

(1) 输入/修改零点偏置值（参数操作区） 在回参考点后，实际值存储器以及实际值的显示均以机床的零点为基准，而工件的加工程序则以工件的零点为基准，这之间的差值就作为可设定的零点偏移量输入。具体的操作步骤：

1) 按下 [参数] 键，界面上显示可设定零点偏置的情况。
2) 把光标移到待修改的范围，输入数值并单击 [向下翻页] 键，界面上显示下一页零点偏置值：G55 和 G56。
3) 按 [返回] 键不确认零点偏置值，直接返回上一级菜单。

(2) 计算零点偏置值 使用计算零点偏置指令的前提条件为已经选择了零点偏置（如 G54）窗口。具体操作步骤：依次按下 [参数] → [零点偏移] → [测量] → [确认] 键。

(3) 选择和启动零件程序（加工操作区） 在自动方式下零件程序可以自动加工执行，这是零件加工中正常使用的方式。但是启动程序之前必须要调整好系统和机床，保证安全。具体操作步骤：

1) 按下 [自动方式] 键选择自动运行方式。
2) 打开"程序目录窗口"，在第一次选择"程序"操作区时会自动显示"零件程序和子程序目录"。
3) 把光标定位到所选的程序上。
4) 用 [选择] 键选择待加工的程序，被选择的程序名称显示在界面中"程序名"下。
5) 按下 [打开] 键可编辑修改程序。
6) 按下 [单步循环] 键，选择 [单步循环加工]。
7) 按下 [CYCLESTART] 键，启动加工程序。

(4) 程序段搜索（加工操作区） 使用程序段搜索的前提条件是已经选择了程序。具体操作步骤：

1) 按下 [搜索] 键后程序段搜索一直进行下去，直到找到所需的零件程序。
2) [程序段搜索] 窗口执行程序搜索功能，关闭 [程序段搜索] 窗口后，[搜索结果] 窗口会显示所搜索到的程序段。

(5) 输入新程序（程序操作区） "输入新程序"功能用于编制新的零件程序文件。具体操作步骤：

1) 选择程序操作区，显示 NC 中已经存在的程序目录。
2) 按下 [新程序] 键出现对话窗口，在此输入新的主程序和子程序名称。
3) 按下 [确定] 键确认输入，生成新程序，此时就可以对新程序进行编辑。
4) 用 [关闭] 键结束程序的编制，这样才能返回到程序目录管理层。

(6) 零件程序修改（程序运行方式） "零件程序修改"功能在零件程序不处于执行状态时，才可以进行编辑。具体操作步骤：

1) 在主菜单下按 [程序] 键，出现 [程序目录] 窗口。
2) 用光标选择待修改的程序。
3) 按下 [打开] 键，界面上出现所修改的程序，现在就可以对程序进行修改。

4）用［关闭］键结束程序的修改，这样才能返回到程序目录管理层。

（7）编程设定数据（参数操作区）　"编程设定数据"功能可以进行机床运行状态的设定，并在需要时进行修改。具体操作步骤：

1）按下［参数］键。

2）按下［设定数据］键后进入下一级菜单，在此菜单中可对系统的各个设定数据进行修改。

3）将光标移到需要修改的数据位置上，并在光标处输入新的值。

4）按下［输入］键或者移动光标到需要修改的数据位置上，并在光标处输入新的值来对数据进行修改。

该功能允许对JOG进给率、主轴转速、主轴旋转速度最大值/最小值、可编程主轴极限值、空运行进给率、开始角螺纹切削开始角（SF）进行修改。

（8）R参数（"参数"操作区）　［R参数］窗口中会列出系统中所有的R参数，需要时可以对这些参数进行修改。具体操作步骤：

1）依次按下［参数］→［R参数］键。

2）将光标移到需要修改的参数位置上，按下［输入］键。

5.5.5　HMI用户操作菜单

通过控制系统基本菜单中的软键（HMI）进入HMI用户操作菜单，在此菜单下可以实现对机床的夹具、防护门、刀具校对、报警诊断等功能的操作控制，如图5-13所示的功能栏示意图。

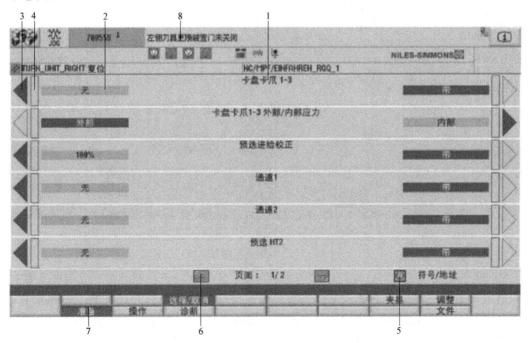

图5-13　功能栏示意图

1—单元/功能的名称　2—单元/功能的状态　3—功能的可执行性　4—功能的状态信息
5—在符号显示和地址显示之间切换　6—翻页　7—菜单条　8—报警行

主菜单栏由 8 个功能栏组成，通过使用功能键 1~8 可选择所需要的主菜单。按下相应的功能栏就会在显示器上出现相应的界面，如图 5-14 主菜单栏所示。

自动进程	夹具	刀具/刀库		冷却液		防护门
准备	操作	诊断				文件

图 5-14　主菜单栏

子菜单栏由 8 个功能栏组成，通过使用功能栏 1~8 可选择所需要的子菜单。按下相应的功能栏就会在显示器上出现相应的子菜单，如图 5-15 子菜单栏所示。

自动进程	夹具	刀具/刀库		冷却液		防护门
准备	操作	诊断				文件

图 5-15　子菜单栏

子子菜单栏由 8 个功能栏组成，通过使用功能栏 111-888 选择子子菜单。按下相应的功能栏就会在显示器上出现相应的子子菜单，如图 5-16 子子菜单栏所示。

左侧刀具	左侧刀库	测头左侧		测头右侧	右侧刀库	右侧刀具
准备	操作	诊断				文件

图 5-16　子子菜单栏

如图 5-17 所示的夹具卡盘卡爪 1-2-3 测量系统，其中各软键的用途如下：

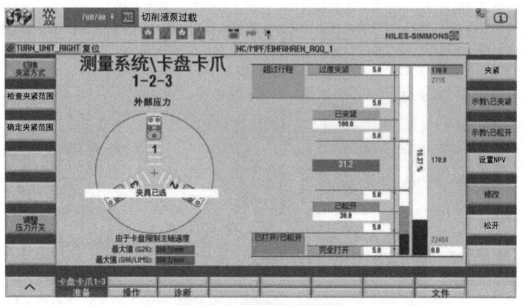

图 5-17　夹具卡盘卡爪测量系统

1）用 [+] 和 [-] 可以执行卡盘的移动命令，在工作区门打开时按下 [确认] 按钮。

2）[示教\已夹紧] 软键用于将当前测量系统实际值应用为 [已夹紧] 凸轮额定值；[示教\已松开] 软键用于将当前测量系统实际值应用为 [已松开] 凸轮额定值。

3）[设置 NPV] 软键用于将当前的 [零点偏移] 实际值进行计算测量并重新将其写入，以便将测量系统实际值纠正为 NPV 额定值（NPV 为零点偏移）。

4）[切换夹紧类型] 软键用于在内圆装夹和外圆装夹之间进行预选。只有在未夹紧工件时可以切换内圆装夹/外圆装夹。

5)［检查夹紧范围］软键用于检查是否可达到设置的终端位置。

6)凸轮的调整。在［实际值］栏中会显示卡盘爪的当前位置，可以借助模拟测量系统检查卡盘爪的位置。在该操作界面中显示软件凸轮以及压力开关的状态，并根据开关状态来激活文本显示（绿色）。

在［设置］运行模式下可以通过软键［修改］→［手动输入］或［示教\已夹紧］、［示教\已松开］和［设定NPV］中的［自动输入］来实现对凸轮的调整。在NC程序中可以使用M93指令将数值保存在GUD变量中。

将［N CHUCK CLAMPED］和［N CHUCK UNCLAMPED］的数值应用为夹紧位置或松开位置的方法为：首先按下［写入GUD］软键后，然后使用自动夹紧/松开命令就能够从GUD中读取数值并应用到操作界面中。

7)卡盘打开宽度的限制。如果机床中装夹有工件，那么就将卡盘的打开宽度限定为在［已夹紧］栏中保存的值。如果要将卡盘移至［已打开］终端位置，那么应从机床中取出工件并在［自动］子菜单中的［工件状态］中进行应答（机床排空）。在带以下数值的俯视图中显示了外圆装夹的卡盘爪（从上往下看）。

8)已在终端位置夹紧。如果［已在终端位置夹紧］指令已激活，那么带终端位置凸轮宽度的［完全夹紧］凸轮状态变为绿色，［超出行程］的凸轮状态变为红色。

9)已夹紧。如果凸轮［已夹紧］状态已激活，那么状态变为绿色，其额定值为［完全夹紧］和［已打开］方向上的凸轮宽度卡盘测量系统的实际值。

10)已松开。如果凸轮［已松开］指令已激活，那么带终端位置凸轮宽度的［已打开］凸轮状态变为绿色，其额定值为［完全夹紧］和［已打开］方向上的凸轮宽度卡盘测量系统的实际值。

此外，会以文本的形式显示可靠性。会在其中描述具体出现了哪些故障。除此之外，还会显示如下内容。

11)自动确定偏移量和标准化系数。在［最小/最大（左上或右下最外面的框）］框中输入所需的夹紧范围并通过软键［确定夹紧范围］启动自动确定。此时，机床必须处于已排空状态，在工作区门打开时按下确认键。

12)卡盘的转速限制（设定数据）。

13)卡盘曲线检查的状态（红色或绿色的点）。从访问等级［红色钥匙开关］起，可以更改额定值。只在满足了下面所有的条件时，卡盘才能报告已夹紧。

① 卡盘的夹紧压力。

② 卡盘的测量系统实际值在凸轮［已夹紧］之内。

③ 正确地给测量系统值进行了参数设置：［已打开］变为［完全夹紧］；［松开］变为［已夹紧］；［松开］变为［已打开］；［已夹紧］变为［完全夹紧］；各个凸轮不相交。

在自动运行中可以用M93指令选择卡盘，用M94指令来取消卡盘。必须将已夹紧和已松开凸轮的额定值输入变量［N CHUCK CLAMPED］和［N CHUCK UNCLAMPED］中。如果用M93指令来选择卡盘，那么就会将变量中的数值应用到凸轮上。如果此时出现错误的参数设置，那么不应答M命令并且标题行中有信息［缺少读入许可］。

5.6 双主轴立式车削中心加工编程

5.6.1 加工注意事项

1) 工件的毛面不准直接安置在工作台面上，应用垫铁或螺旋顶支承；严禁利用工作台面进行其他作业，如用锤击找正工件、焊接工件等。

2) 找正工件时只能点动工作台低速回转找正，不准高速找正。

3) 开停工作台时，工作台开停手柄只能用手扳动，严禁用脚蹬。

4) 工作台转动时不准做横梁升降和刀架快速移动。

5) 移动横梁时须先松开夹紧装置，移动完毕应立即夹紧。横梁每次下降后，应令其上升少许，以消除丝杠、螺母间隙。

6) 不允许在垂下直刀架及侧刀架的滑枕伸出很长的情况下进行重力切削加工，在使用垂直刀架进行加工，特别是做重力切削时，应将栋梁尽可能降到接近工作的位置上。

7) 做断续切削加工时，要适当减少进刀量和工作台转速。

8) 变速时操纵杆必须推到规定的位置。如齿轮未啮合好，应以工作后微动进行调正，不准强制扳动工作台开停手柄。

5.6.2 编程注意事项

双主轴同时运行时数控立式车床加工的注意事项：合理选择刀具、夹具以及切削用量；确定加工路线。

(1) 合理选择刀具

1) 粗加工时，要选强度高、寿命长的刀具，以便满足粗加工时大背吃刀量、大进给量的要求。

2) 精加工时，要选精度高、寿命长的刀具，以保证加工精度的要求。

3) 为减少换刀时间和方便对刀，应尽量采用机夹刀和机夹刀片。

(2) 合理选择夹具

1) 尽量选用通用夹具装夹工件，避免采用夹具。

2) 零件定位基准重合，以减少定位误差。

(3) 合理选择切削三要素　对于高效率的金属切削加工而言，被加工材料、切削工具、切削条件是三大要素。这些决定着加工时间、刀具寿命和加工质量，经济有效的加工方式需要对切削条件进行合理的选择。切削条件的三要素：切削速度、进给量和切削深度（背吃刀量）。

1) 切削速度的影响：伴随着切削速度的提高，刀尖温度会上升，会产生机械、化学以及热磨损。切削速度每提高20%，刀具寿命就会缩短1/2。

2) 进给量的影响：进给量与刀具磨损关系在极小的范围内产生。但如果进给量过大，就会导致切削温度上升，刀具磨损增大，但是进给量对刀具的影响比切削速度小。

3) 切削深度的影响：切削深度对刀具的影响虽然没有切削速度和进给量大，但在进行微小切削时，被切削材料产生硬化层，同样会影响刀具的寿命。

用户要根据被加工的材料、硬度、切削状态、材料种类、进给量、切削深度等选择合适的切削速度。适合的加工条件是在这些因素的基础上选定的,有规则的、稳定的磨损才是理想的条件。然而,在实际作业中,刀具寿命的选择与刀具磨损、被加工尺寸变化、表面质量、切削噪声、加工热量等有关。在确定加工条件时,需要根据实际情况进行研究。对于不锈钢和耐热合金等难加工的材料而言,可以采用切削液或选用刚性好的切削刃。

(4) 确定加工路线　加工路线是指数控立式机床加工过程中,刀具相对零件的运动轨迹和方向。

1) 应能保证加工精度和表面粗糙度要求。
2) 应尽量缩短加工路线,减少刀具空行程时间。
3) 简化数值计算和减少程序段,减低编程工作量。
4) 根据工件的形状、刚度、加工余量、机床系统的刚度等情况,确定循环加工次数。

5.6.3　参数化编程应用

随着我国计算机系统的不断发展,制造业开始向集成、智能化方向过渡,而数控技术就是现代加工设备的基础,这其中的数控程序编制更是重中之重,怎样让一个加工程序高效、灵活、通用,让机床内部参数和编程语言有机融合,在这里就需要加工程序参数化,确保特定程序智能化运作特征得以清晰彰显,相信此类程序必然会得到推广沿用。

双主轴立式车削中心加工中产品的类型、尺寸多样化,如果按照传统程序编制方法对每个点、每个尺寸进行计算,就造成编程及调试时间长,对数控程序编制要求相对较高,容易出错,程序相互之间无法通用的情况,而此类情况通过使用参数化编程就能得到很好的解决。西门子数控系统拥有丰富的 NC 指令和变量支持用户进行参数化程序的编写,程序简短高效,并且编写一次程序后即可通过改变参数初始值加工不同尺寸的同类结构,还可用来实现一些自定义功能,这里基于西门子系统的双主轴立式车削中心来研究产品加工程序参数化。

从实际应用出发,参数化编程将机床内部系统参数的分配和编程语言相结合,是利用计算机的辅助计算功能巧妙地运用数控参数使数控程序简洁而实用,能够节省大量的曲线加工取点并且能够在编程时避免烦琐的数值计算,减少了程序的内存占用,而且实用起来方便快捷,提高了编程质量,增强了程序灵活性和通用性,使程序具有智能化的特点,具有广泛的应用范围。

在加工程序运行前建立参数程序,把产品的相关尺寸赋值于数控系统全局用户变量的 UGUDB 变量中去,利用数控系统的自动读取功能来读取变量,产品加工程序也要用变量编辑,对不同尺寸车轮程序编辑时只需更改参数程序中车轮相关尺寸,从而实现程序参数化编辑,如图 5-18 所示的参数程序界面。

1. 应用

实例 1:参数程序如下。

```
N100 WHEEL_UNMACHINED=141;
N101 WHEEL_MACHINED=135;
N102 SYM_FACTOR=0.5;
N103 FLAT=0;
```

图 5-18　参数程序界面

N104 V_CUT=110;

N105 V_CUT_FINE=200;

N106 V_CUT_BORE=150;

N107 BASE_F=1.0;

N108 BASE_F_FINE=0.9;

N109 TREAD_DIAM=920.25;

N110 WHEEL_HEIGHT=WHEEL_MACHINED;

N111 TREAD_HEIGHT_S1=70;

N112 TREAD_HEIGHT_S2=WHEEL_HEIGHT-TREAD_HEIGHT_S1;

N113 HUB_DIAM_S1=252;

N114 HUB_DIAM_S2=252;

N115 HUB_HEIGHT_S1=160.25;

N116 HUB_HEIGHT_S2=150.25;

N117 BOTTOM_DIAM_S1=799;

N118 BOTTOM_DIAM_S2=784.4;

N119 GLOBAL_ALLOWANCE=0;

N120 TREAD_ALLOWANCE=0.3;

N121 BORE_DIAM=190;

N122 CHUCK_HEIGHT_Z1_S1[1]=123;

N123 CHUCK_HEIGHT_Z2_S1[1]=123;

N124 CHUCK_HEIGHT_Z1_S2[1]=121.05;

N125 CHUCK_HEIGHT_Z2_S2[1]=121.05;

实例 2：加工程序如下。

N126 IF NOT N_TWOCHANNELS;

N127 G96 S=V_CUT M3;

N128 ELSE;

N129 G95;

N130 LIMS=60;

N131 ENDIF;

N132 G0 X=920 Z=WHEEL_HEIGHT+8+GLOBAL_ALLOWANCE D1 M56;

N134 OFFN=GLOBAL_ALLOWANCE+0.2 H79=0;

N135 G1 G41 X=(457.355+7)*2 Z=WHEEL_HEIGHT F=BASE_F* 1.3 M7 M8;

N136 G1 X=BOTTOM_DIAM_S1-14 F=1.3;

N137 G0 G40 X=IC($P_TOOLR* (-2)) Z=IC(2);

N138 G0 Z=HUB_HEIGHT_S1+150;

N139 G0 Z=450;

N140 G4 F3;

N141 G0 Z=300;

N142 G0 Z=450;

N143 G0 X=750;

N145 G95 S160 M3;

N146 G4 F4;

N147 G96 S=120 M3 LIMS=180;

N148 G0 G64 X=HUB_DIAM_S1+25 Z=HUB_HEIGHT_S1+10+GLOBAL_ALLOWANCE;

N149 OFFN=GLOBAL_ALLOWANCE+0.2;

N150 G0 G41 X=274+25 Z=HUB_HEIGHT_S1;

N151 G1 X=264 F=1.4;

N152 G1 X=BORE_DIAM-10 F=1.3;

N153 G0 G40 X=IC($P_TOOLR* (-2)) Z=IC(2+GLOBAL_ALLOWANCE);

N154 G97;

N155 G0 X=400 Z=400;

如上述参数程序和加工程序所示，加工程序只需调用变量就能实现对产品的加工。如果对不同尺寸、相同类型的产品进行编程仅需改动参数程序的赋值即可。转速、进给量等参数都可以进行参数化，不需要人工对每段程序的参数进行编辑，方便快捷，不容易出错。OFFN 指令在 G41/G42 生效时有效，在不使用西门子工艺循环的情况下分刀去除产品余量非常方便。

2. 参数化编程注意事项

1) 注意变量的累加，条件判断及切削轨迹程序段之间的位置关系，防止过切。

2) 注意预处理参数的赋值与实际走刀点位之间的差距，在变量表里也应方便的给变量赋值。

3) 变量赋值要明确赋值变量所体现加工零件哪个位置的尺寸，切勿随便变更变量代表意义。

5.6.4 设备特有辅助功能

设备的各项辅助功能见表 5-2~表 5-10。

表 5-2 一般辅助功能

指令代码 HiFu	安全协议 SSL	局域网接入 ELSP	名称	说明
M18	—	—	无主轴进给	—
M25	√	—	开通通道 1 和通道 2 之间的进给停止同步	通道 1 的进给停止也将触发通道 2 的进给停止,反之通道 2 的进给停止也将触发通道 1 的进给停止
M26	√	—	关闭通道 1 和通道 2 之间的进给停止同步	
M31	—	—	添加润滑油	删除集中润滑装置的错误信息
M32	√	—	启动无夹具主轴	—
M33	√	—	停止无夹具主轴	—
M4 = 32	√	—	启动无夹具主轴 4	—
M4 = 33	√	—	停止无夹具主轴 4	—
M48	—	—	进给找正有效	—
M49	—	—	进给找正无效(始终 100%)	—
M62	√	√	打开工作区门	—
M2062	√	—		—
M64	√	√	关闭工作区门	—
M2064	√	—		—
H99 = 1~4	√	—	自动,为节拍时间和工件计数器预选上次操作	—
M99	√	—	循环结束	描述工件状态,更新工件计数器
M100	√	—	将机床中的零件设置为不合格	—

表 5-3 辅助功能(切削液/吹气/切屑废弃处理)

指令代码 HiFu	安全协议 SSL	局域网接入 ELSP	名称	说明
M7	√	—	开通内部切削液/吹气	—
M8	√	—	开通外部切削液/吹气	—
M9	√	—	关闭切削液/吹气	—
M10	√	—	开通切屑输送机/切屑废弃处理	—
M11	√	—	关闭切屑输送机/切屑废弃处理	—
M56	√	—	启动工作区吸尘装置	—
M57	√	—	关闭工作区吸尘装置	—
M130	√	—	开通切削液混合冲洗/卡盘清洁/刀具更换装置门清洁	—

(续)

指令代码 HiFu	安全协议 SSL	局域网接入 ELSP	名称	说明
M131	√	—	关闭切削液混合冲洗/卡盘清洁/刀具更换装置门清洁	—
M1050	—	—	关闭换刀位置处刀库吹气	—
M1090	—	—	开通刀具夹头吹气	—

表 5-4 辅助功能（刀具断裂监控）

指令代码 HiFu	安全协议 SSL	局域网接入 ELSP	名称	说明
M20	√	—	开通刀具断裂检查	—
M22	√	—	关闭刀具断裂检查	—
M27	—	—	开通刀具断裂检查学习功能	—
M28	√	—	开通（Artis）自适应控制	—
M29	√	—	关闭（Artis）自适应控制	—
M38	—	—	刀具断裂检查:开通阶梯	—
M39	—	—	刀具断裂检查:关闭阶梯	—
H28 =	√	—	（Artis）自适应控制,传递最小进给影响	—
H29 =	√	—	（Artis）自适应控制,传递最大进给影响	—
M69	—	—	刀具断裂检查:隐藏 G0	—
H79	√	—	传递回退方向 0…99 至 PLC	—
H80 =	√	—	刀具断裂监控,预选程序编号	—
H81 =	√	—	刀具断裂监控,预选刀具编号	—
M800	√	—	刀具断裂监控已停用	—
M801~899	√	—	刀具断裂监控,预选切削编号	—

表 5-5 辅助功能（端面安装位置检查）

指令代码 HiFu	安全协议 SSL	局域网接入 ELSP	名称	说明
M50	—	—	工件安装位置检查:开通压缩空气	开通压缩空气,开始分析时间
M51	—	√	工件安装位置检查,端面安装位置检查	—
M52	—	√	工件安装位置检查,空气喷嘴畅通检查	—
M53	—	(√)	工件安装位置检查,开通动态分析	ELSP,直到分析时间过去
M54	—	—	工件安装位置检查,关闭动态分析	—

表 5-6 辅助功能（卡爪）

指令代码 HiFu	安全协议 SSL	局域网接入 ELSP	名称	说明
M2 = 65	√	√	夹紧卡盘	—
M2 = 2065	√	—		
M2 = 66	√	√	完全打开卡盘	—
M2 = 2066	√	—		
M2 = 166	√	√	在松开状况下将卡盘移到位	—
M2 = 2166	√	—		
M2 = 67	√	√	卡盘 2 开通压力段	—
M2 = 68	√	√	卡盘 1 开通压力段	—
M2 = 93	√	√	预选"带卡盘"	—
M2 = 94	√	√	预选"无卡盘"	—
M2 = 91	√	√	预选"外圆装夹"	—
M2 = 92	√	√	预选"内圆装夹"	—
M2 = 193	√	√	预选"对中夹紧"	—
M2 = 194	√	√	预选"补偿夹紧"	—
M2 = 1910	—	√	检查夹紧凸轮/限位	—

表 5-7 辅助功能（测量）

指令代码 HiFu	安全协议 SSL	局域网接入 ELSP	名称	说明
M80 = 1~4	√	√	预选工件测量探头	—
M80	√	√	启动工件测量探头	—
M81	√	√	关闭工件测量探头	—
M85	√	√	工件测量探头在工作位置	—
M2085	√	—		
M86	√	√	工件测量探头在初始位置	—
M2086	√	—		

表 5-8 辅助功能（换刀）

指令代码 HiFu	安全协议 SSL	局域网接入 ELSP	名称	说明
M1010	—	√	启动换刀发送至 PLC	—
M1011	—	√	结束换刀发送至 PLC	—
M1012	—	√	信息[组的最后一把备用刀具] 发送至 PLC	—
M1013	—	√	自动更换位置空位检查	—
M1018	√	√	刀具更换装置，打开工作区—刀库门	—
M2018	√	—		

(续)

指令代码 HiFu	安全协议 SSL	局域网接入 ELSP	名称	说明
M1019	√	√	刀具更换装置,关闭工作区—刀库门	—
M2019	√	—	—	—
M1024	—	√	将刀库移至更换位置	—
M2024	—	—		
M1025	—	√	将刀库移至原位	—
M2025	—	—		
M1030	—	√	检查夹紧凸轮/限位	—
M1033	—	√	刀具夹头,夹紧刀具	—
M2033	—	—		
M1034	—	√	刀具夹头,松开/弹出刀具	—
M2034	—	—		
M1081	—	—	刀具夹头端面安装监控:开通压缩空气	开通压缩空气,开始分析时间
M1082	—	(√)	刀具夹头端面安装监控:开通动态分析	ELSP,直到分析时间过去
M1083	—	—	刀具夹头端面安装监控:关闭动态分析	—
M1084	—	√	刀具夹头端面安装监控,检查[到达了端面安装位置]	—
M1085	—	√	刀具夹头安装位置检查,空气喷嘴畅通检查	—
M1087	—	√	开通刀具夹头安装位置检查吹气	—
M1088	—	√	关闭刀具夹头安装位置检查吹气	—
M2106	—	√	确认[换刀准备已结束],旧刀具已被放在一边	—
M2107	—	√	确认[换刀已结束],新刀具已被装上	—
H81 =	√	—	BDE,预选刀具编号	—
H82 =	√	—	BDE,预选 Duplo 编号	—
H83 =	√	—	将所有在刀库中所装载刀具的重量传递给PLC,以切换参数组	—

表 5-9 辅助功能(铣削塔)

指令代码 HiFu	安全协议 SSL	局域网接入 ELSP	名称	说明
M300 Mx = 300	√	√	锁紧 B 轴	M1 = 300 用于通道 1 M2 = 300 用于通道 2
M301 Mx = 301	√	√	松开 B 轴锁紧装置	M1 = 300 用于通道 1 M2 = 300 用于通道 2
M310	√	√	连接液力离合器	—

(续)

指令代码 HiFu	安全协议 SSL	局域网接入 ELSP	名称	说明
M311	√	√	松开液力离合器	—
M312 Mx=312	√	√	锁紧铣削主轴	M3=312 用于 s3 M4=312 用于 s4
M313 Mx=313	√	√	放松铣削主轴锁紧	M3=313 用于 s3 M4=313 用于 s4
M1026	—	√	启动 PLC 进程[铣削塔换刀准备]	锁紧 B 轴,对接液力离合器,连接主轴锁紧机构
M2026				—
M1027	—	√	启动 PLC 进程[铣削塔在初始位置]	松开液力离合器和主轴锁紧机构
M2027	—	—		

表 5-10 其他辅助功能

指令代码 HiFu	安全协议 SSL	局域网接入 ELSP	名称	说明
M1900	—	—	初始化异步子程序已结束	—
M1901	—	—	AUT0sEQ 异步子程序已结束	—
M1914	—	√	测试停机异步子程序已启动	—
M1916	—	√	测试停机异步子程序已结束	—
M1915	—	√	启动外部停止测试+停机路径测试	—
H1=	—	—	安全制动测试预选增量移动位移	—
H2=	—	—	安全制动测试预选轴向进给	—
M1920	—	—	启动立轴马达抱闸制动测试	—
M1921	—	—	启动立轴马达制动器制动测试	—

5.7 双主轴立式车削中心车轮加工柔性化生产线应用

5.7.1 工件尺寸在线检测

1. 自动检测技术的构成和工作原理

自动检测也称为在线检测,是在数控加工过程中实时对工件进行检测,并依据检测的结果做出相对应的处理的一种检测方式。自动检测是一种基于数控系统自动控制的检测技术,其检测路径由数控程序来控制。在线检测的主要组成部件是工件测头,当需要检测时,数控系统就会从刀库里调出测头装入主轴,按测量循环路径进行检测,根据检测结果,进一步完成对工件的切削。

数控加工自动检测在加工具有复杂空间曲面的产品方面有着明显的优势。数控机床自动检测技术实现了在自动检测和加工两个过程的紧密结合，是最为理想的检测技术应用之一。同时，该项检测技术对零部件进行了高精度、高效率的加工。在对更为复杂的零部件的检测工作中，在线检测技术同样有出色表现，其能够有效减少零部件的装夹次数，减少零部件生产工艺强度，缩短制作周期，使零部件生产制造成本大大降低。

数控加工自动检测系统一般由数控机床、PC 和测头三大部分组成。数控机床既是加工设备，又兼备测量机的某些功能。将测头和刀具同时安装在刀库中并统一编号，便可通过程序随时进行自动测量。想要实现数控机床的在线检测，需要用到数控系统标准的测量循环指令，编辑测量路径和标准，使测头按程序规定路径运动。当测头接触工件时就会发出触发信号，通过测头与数控系统的专用接口将触发信号传到转换器上，并将触发信号转换后传给机床的控制系统，该点的坐标就会被记录下来。在信号被接收后，机床就会停止运动，测量点的坐标会通过通信接口传回计算机，然后执行下一个测量动作，进而实现对加工工件的完整测量。

双主轴立式车削中心车轮加工在线检测功能可以实现机床对车轮的尺寸检测、尺寸补偿、安装定位检测、刀具测量以及复杂轮廓或难以测量尺寸的检测工作，双主轴立式车削中心是车轮柔性化生产的重要组成部分，是车轮加工高精度、高速度、智能化发展的趋势。

2. 车轮加工检测程序实例

```
N133 T="PROBE1";                            调用工件测头
N134 M1=5 D2;                               测头 2 号刀
N135 G0 X=970;                              快速定位检测起始点 X 方向坐标
N137 WP_PROBE(1,"PROBE1");                  激活测头
N138 N_P_POS(Z,135-65,3000);                定位到检测起始点 Z 方向坐标
N139 CYCLE974(2,,,1,860.5,2,8,20,0,2,"",,0,1.01,1.01,-1.01,,,,,2,1);
N140 _M_POINT[50]=_OVR[4];                  调用测量循环进行第一点检测
N142 G1 HS=120 F4000;
N143 CYCLE974(2,,,1,860.5,2,8,20,0,2,"",,0,1.01,1.01,-1.01,,,,,2,1);
N144 _M_POINT[51]=_OVR[4];                  调用测量循环进行第二点检测
N145 G1 HS=240 F4000;
N146 CYCLE974(2,,,1,860.5,2,8,20,0,2,"",,0,1.01,1.01,-1.01,,,,,2,1);
N147 _M_POINT[52]=_OVR[4];                  调用测量循环进行第三点检测
N148 IF (ABS(_M_POINT[50]-_M_POINT[51])>=0.08)…;
…OR  (ABS(_M_POINT[51]-_M_POINT[52])>=0.08);
…OR  (ABS(_M_POINT[50]-_M_POINT[52])>=0.08);
                                            对三点检测结果进行对比
N149 LOOP;
N150 MSG("Please check the run out");       超差报警
N152 M0;
```

5.7.2 自动化输送系统

想要实现数控立式车铣中心的全自动化生产，为设备配备工件自动化输送系统是其关键条件，机械手是一种模拟人手操作的自动机械，它可按固定程序抓取、搬运物件或操持工具完成某些特定操作。应用机械手可以代替人从事单调、重复或繁重的体力劳动，实现生产的机械化和自动化，代替人在有害环境下的手工操作、改善劳动条件、保证人身安全。机械手首先是从美国开始研制的，其在国外有较完善的运用。

1958 年，美国联合控制公司研制出第一台机械手。1962 年，美国联合控制公司在上述方案的基础上又试制成一台数控示教再现型机械手，商名为 Unimate（即万能自动）。其运动系统仿照坦克炮塔，臂可以回转、俯仰、伸缩、用液压驱动；控制系统用磁鼓作为存储装置。不少球坐标通用机械手就是在这个基础上发展起来的。同年，美国机械制造公司也试验成功一种叫作 Vewrsatran 的机械手，该机械手的中央立柱可以回转、升降、采用液压驱动控制系统，也是示教再现型。这两种出现在六十年代初的机械手，是后来国外工业机械手发展的基础。

1978 年，美国 Unimate 公司和斯坦福大学、麻省理工学院联合研制一种 Unimate-Vicarm 型工业机械手，装有小型电子计算机进行控制，用于装配作业，定位误差小于 ±1mm。联邦德国 KUKA 公司还生产一种点焊机械手，采用关节式结构和程序控制。

20 世纪 40 年代后期，美国在原子能试验中，首先采用机械手搬运放射性材料，人在安全室操纵机械手进行各种操作和试验。20 世纪 50 年代以后，机械手逐步推广到工业生产部门，用于高温、污染严重的地方取放工件和装卸材料，也作为机床的辅助装置在自动机床、自动生产线和加工中心中，完成上下料或从刀库中取放刀具并按固定程序更换刀具等操作。

机械手主要由手部机构和运动机构组成。手部机构随使用场合和操作对象而不同，常见的有夹持、托持和吸附等类型。运动机构一般由液压、气动、电气装置驱动。机械手可独立地实现伸缩、旋转和升降等运动，一般有 2~3 个自由度。机械手广泛用于机械制造、冶金、轻工和原子能等部门。

机床与机械手的相互配合能够使生产更加高效、便捷、规范。机床机械手与立式车削中心组合形成柔性生产线，实现了加工过程的自动化、无人化。机械手和机床配合，能够大大地提高工厂的生产效率，能够减轻工人的劳动强度，节约加工的辅助时间，提高工厂的综合生产力。

在机床机械手的设计中，影响其工作效果的因素有以下三点：

（1）精度　机床机械手的最终精度主要依存于机械误差、控制算法与系统分辨率。机械误差主要产生于传动误差、关节间隙与连杆机构的挠性。传动误差是由轮齿误差、螺距误差等引起的；关节间隙是由关节处轴承间隙、谐波齿隙等引起的；而连杆机构的挠性随机械手的位型、负载的变化而变化。

（2）位置重复精度　机械手的位置重复精度是关于精度的统计数据。任何一台工业机器人的机械手，即使在同一命令、同一动作、同一条件、同一环境下，每一次的动作位置都会有一定的误差，不可能完全一致。虽然误差无法完全消除，但是却可以把机械手的误差控制在一定范围之内。

(3) 分辨率　在机械手功能中,常常容易将精度和分辨率、位置重复精度相混淆。机械手的分辨率是由系统设计参数所决定并受到位置反馈检测单元性能的影响,分辨率分为编程分辨率与控制分辨率,统称为系统分辨率。编程分辨率是指程序中可以设定的最小距离单位,又称基准分辨率;而控制分辨率是位置反馈回路能够检测到的最小位移量。

5.7.3 车轮搬运桁架机械手

车轮立式车削中心配备的桁架机械手是实现工件的轨迹运动等功能的全自动工业设备,其控制核心是通过工业控制器(如 PLC、运动控制、单片机等)来实现的。通过控制器对各种输入(各种传感器、按钮等)信号的分析与处理,做出一定的逻辑判断后,对各个输出元件(继电器、电动机驱动器、指示灯等)下达执行命令,完成 X、Y、Z 三轴之间的联合运动,以此来实现一整套全自动作业流程,如图 5-19 所示。

图 5-19　车轮搬运桁架机械手示意图

机械手由结构框架、X 轴组件、Y 轴组件、Z 轴组件、工装夹具以及控制柜共六部分组成。

其中:

(1) 结构框架　主要由立柱等结构件组成,其作用是将各轴架空至一定高度,多由铝型材或方管、矩形管、圆管等焊接件构成。

(2) X 轴组件、Y 轴组件、Z 轴组件　三个运动组件为桁架机械手的核心组件,其定义规则遵循笛卡儿坐标系。各轴组件通常由结构件、导向件、传动件、传感器检测元件以及机械限位组件共五部分组成。

1) 结构件通常由铝型材或方管、矩形管、槽钢、工字钢等结构组成,其作用是作为导向件、传动件等组件的安装底座,同时也是机械手负载的主要承担者。

2) 导向件常用的有直线导轨、V 形滚轮导轨、U 形滚轮导轨、方型导轨以及燕尾槽等导向结构,其具体运用需根据实际使用工况以及定位精度决定。

3) 传动件通常有电动、气动、液压三种类型,其中电动有齿轮齿条结构、滚珠丝杠结构、同步带传动、链条传动以及钢丝绳传动等。

4) 传感器检测元件通常两端采用行程开关作为电限位,当移动组件移动至两端限位开关处时,需要对机构进行锁死,防止其超程。此外,还有原点传感器以及位置反馈传感器。

5) 机械限位组件的作用是在电限位行程之外的刚性限位,俗称"死限位"。

(3) 工装夹具　根据工件形状大小、材质等有不同形式,如真空吸盘吸取、卡盘夹取、托取或针式夹具插取等形式。

（4）控制柜 控制柜相当于桁架机械手的"大脑"，通过工业控制器，采集各传感器或按钮的输入信号，来给执行元件发送指令。

车轮专用夹具由一条上横梁构成，两条可自由移动的夹臂悬挂在其上，具体结构如图 5-20 铁路车轮搬运专用夹具所示。夹臂支承机构在线性导轨上，伺服电动机通过行星齿轮和带齿 V 带来驱动丝杠（由两个反向旋转的丝杠半体构成）运动，夹臂的动作则通过两个梯形丝杠螺母来实现；螺纹丝杠的两个部分由夹壳联轴器以力锁合方式连接，使得这两个部分在联轴器松开时能够独立转动，这样便可以根据中心轴单独设置各个夹钳。

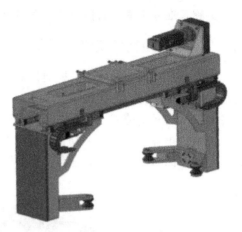

用于移动夹钳的动力输出来源于轴承座，轴承座中有梯形丝杠螺母以及一组碟形弹簧。当夹臂夹紧工件时，丝杠会继续紧固碟形弹簧组，直至作用于工件上的夹紧力达到预设值。之后，安

图 5-20 铁路车轮搬运专用夹具

装在轴承座中的接触元件以及电感式接近开关便会发出信号，由此可关闭丝杠驱动装置，移动接近开关便可以改变作用于工件上的夹紧力。

旋转轴的轴承位于各空心夹臂的底端，轴端会穿过夹具主体伸入夹具空间内，它用作可旋转夹钳的连接法兰，每个夹臂都分别通过一个带有串联行星齿轮和双重链传动机构的伺服电动机单独驱动；电动机安装在工件的旋转范围外、夹臂内侧高处的一个可调支架上，它位于安全区域内；夹臂的相对角度可以通过链轮轮毂中的夹紧组件进行调整。

通过机械手的 HT8 控制手柄可对车轮抓取信息、车轮信息、位置信息进行查看和修改，也可进行手动操作、灵活可靠，如图 5-21 机械手不同车轮抓取信息编辑界面所示。

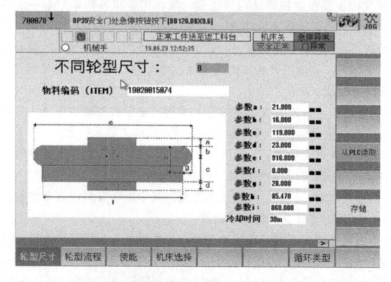

图 5-21 机械手不同车轮抓取信息编辑界面

产品特点：

1）高效。各轴能够以极高的速度直线运行，可用伺服电动机快速响应。
2）稳定。极小的重复性误差，最高可达0.05mm。
3）高强度。可24h连续工作。
4）高精度。定位精度可达0.02mm（基于制作成本原因，可根据使用工况适当放大定位精度）。
5）性价比高。与关节机器人相比，其负载量大、制作成本低，符合"中国智造"基本国情。
6）操作简单。其操作是基于直角坐标体系来设定的，因此运动参数设置较为简单。
7）灵活性高。通过车轮参数的设置可对不同型号的车轮进行抓取和搬运。

5.7.4　自动对刀功能

双主轴立式车削中心配备有自动对刀功能，它是通过刀尖检测系统来实现的，刀尖向接触式传感器接近，当刀尖与传感器接触并发出信号后，数控系统立即记下该瞬间的坐标值，并自动修正刀具补偿，自动对刀过程如图5-22所示。

5.7.5　刀具监视系统的应用

机床的基础性能决定了产线的基本配置，然而实际的加工效果则需要刀具的装夹精度来保证。即使主轴与刀柄之间仅存在极微小的异物，也会造成铣镗刀具装卡的不准确，导致次品率上升和停机事故频发，双主轴立式车削中心配备的传感器辅助的监视系统则可以有效阻止此类事故的发生。

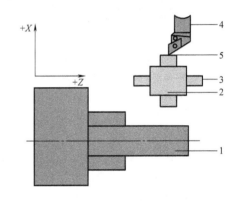

图5-22　自动对刀过程示意图
1—主轴　2—接触式传感器
3—Z向对刀　4—刀架　5—X向对刀

在切削加工过程中避免残次品和停机事故的办法是对机床设备的特征进行状态监视，其目标便是对误差进行早期识别，对可能造成的损伤进行规避，并采取整治措施，对此还可采用基于动压测定原理的成熟系统。

在更换刀具之后，可以对压缩空气吹洗通道的压力进行求值。如果在刀具和刀柄之间出现间隙，那么压力就会随着间隙的加大而降低，通过这种原理，可以对大于30μm的间隙进行测定。如图5-23所示，监视系统被集成到刀具主轴上，由此该电子组件可以在旋转的主轴上自行工作。

随着部件精度的提高，高精度传感器能够起到很好的辅助作用。它可以对刀具状态进行连续监视。这种测量技术

图5-23　安装于刀具主轴的刀具监视系统

可以以微米级的精度对刀具的位移进行测定，记录偏差数值并及时发出报警信号，以免制造出有误差的部件。

5.7.6 夹具检测机构的应用

以前对夹具的要求仅仅是定位精确、夹紧稳定，但是随着产业升级，自动化、智能制造等趋势也从侧面对夹具提出了新的要求。夹具必须要与机床进行信号交互，包括工件到位检测、夹紧检测、位置漂移检测、工件识别等。而双主轴立式车铣中心采用的夹具为自动检测夹紧夹具，定位精度高，而且配备了工件定位检测功能，能够实施检测车轮的夹紧状态。其结构如图5-24、图5-25所示。

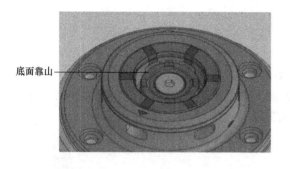

图5-24 外径夹具结构示意图

外径夹具动作说明：工件以耳形对应指示点放入后，以底面靠山作为基准，夹套边夹紧、边和工件一起后移，从而使定位面更好的贴合基准面。

图5-25 内涨夹具结构示意图

内涨夹具动作说明：工件放入后，以底面靠山作为基准，涨套边涨紧、边和工件一起后移，从而使定位面更好的贴合基准面。

该类夹具上设置有检测气孔，在有积屑及其他因素导致未贴近基准面的状况下会报警停机，防止精度超差产品的产生；同时该类夹具还配备有气密检测功能，如果在装夹工件时，工件轴线和主轴轴线发生了偏离，那么气体会溢出触发压力检测器，发送信号到机床控制系统，并可以产生提示信号强制机床停机，起到了自动化的防错作用。

5.7.7 自动断屑装置

为了粉碎体积较大的切屑，在切屑通道和排屑机之间安装有一个断屑器。断屑器位于机床下面，断屑器由外壳、粉碎机轴、切刀和传动装置组成，如图5-26所示的断屑装置示意图。切削过程中落下的切屑通过切屑通道向下落入断屑器中，在此将其粉碎，然后通过排屑机运出。

5.7.8 自动换刀系统

自动换刀系统是双主轴立式车削中心的重要组成部件，可以实现零件工序之间连续加工的换刀要求，即在每一工序完成后自动将下一工序所用的新刀具更换到主轴上，从而保证车削中心工

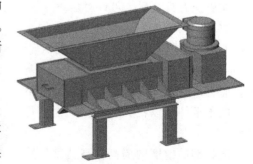

图5-26 断屑装置示意图

艺集中的特点，刀具的交换一般通过机械手、刀库及机床主轴的协调动作共同完成。

双主轴立式车削中心上的自动换刀系统应当满足的基本要求包括：换刀时间短、刀具重复定位精度高、足够的刀具储存量、刀库占用空间少。

双主轴立式车削中心刀库左右两个加工溜板各配备有一个刀库，每个刀库可存放20把加工刀具。刀库集成在防切屑保护装置中，可防止刀具被切屑损坏。镀锌挡板、刮板和密封件的存在可防止腐蚀性物质、切屑和切削液进入轴承位置。

刀库由带刀座的圆盘组成，刀具位于刀座中，刀座由弹簧钢制成，通过力和形状配合自动固定住刀具。通过与外部的旋转连接转动刀库，该连接通过电动机与行星齿轮变速器和传动齿轮传动。可以沿顺时针或逆时针方向旋转刀库，以在最短的时间内搜索和定位所需的刀具。在此，电动机中的测量系统将规定角度位置和所选刀具的位置。毛毡轮采用油润滑方式，通过计量单元和软管将润滑油传送到毛毡轮，旋转连接的滚珠轴承用脂润滑方式润滑。

由操作人员手动（通过压入或拔出弹簧钳）将刀具插入刀库或从刀库中取出并通过加工溜板中的刀座支承。手动取放刀位（装载位置）位于机床左侧和右侧刀库门的后面，如图5-27手动取放刀位机构示意图所示。

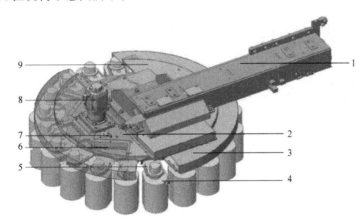

图5-27　手动取放刀位机构示意图

1—支架　2—刀库　3、6—刮板（环形）　4—刀具　5—刀座　7—毛毡轮润滑接口　8—传动装置　9—盖板

5.7.9　双主轴立式车削中心组成的加工柔性化生产线

随着机械加工设备向着智能化、集成化方向发展，自动化加工生产方式也应运而生，它是生产活动中的一种高级生产形势，是时代不断发展的产物。任何一条自动化生产线想要实现加工自动化，必须配备相应的加工设备、物料传送系统、尺寸检测设备、控制系统、辅助设备等，而双主轴立式车削中心就是利用工件传输系统把按加工顺序排列起来的多台双主轴立式车削中心和其他辅助设备联系起来的一个自动生产系统。在自动生产线上，工件按一定的生产顺序和节拍自动的通过每个工位，完成预定的加工内容，这一个流程走下来完全实现工件的全自动化加工生产。车轮立式车削中心组成的车轮柔性加工生产线如图5-28所示，物料输送系统布局如图5-29所示。

设备和自动化输送系统实现信号的互联功能，每一道工序完成后夹具自动松紧设备会发送信号给自动输送化系统实现自动上下料作业，每台加工设备都配备有自动检测工件测头及

图 5-28 车轮立式车削中心组成的车轮柔性加工生产线

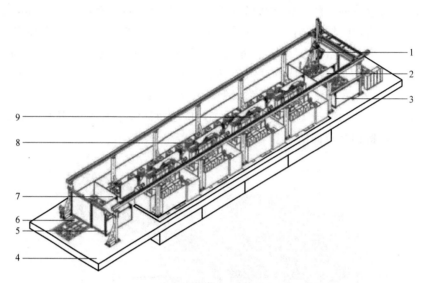

图 5-29 物料输送系统布局
1—机械手 2、6—上料区 3—上料小车 4—下料区
5—不合格品区 7—贴标机 8—缓存区 9—扫描台

自动对刀系统,可实现工件的自动测量及刀具的自动对刀。

1. 柔性加工线中控系统的介绍及应用

中控系统是车轮柔性加工线的核心,控制整条线的运行,可以实现工单管理、工艺路径规划、工件流程展示、加工效率分析、设备状态实时监控等功能。

(1) 建立工单 根据当天的生产计划建立工单。工单的属性有项目号,工件分解结构 (Work Breakdown Structure, WBS) 元素,毛坯物料编码,MES 工单号,产出物料编码,计划开始、结束日期等信息。当工单进行换产时,需要根据上个页面维护的工单点检确认后,才可进行工单换产绑定操作,车轮来料后通过车轮加工线扫码枪扫描车轮上二维码,确认车轮应当进入哪个车型的工单,给车轮一个正确的"身份",保证车轮进入设备后能够调用正确的程序进行加工。

(2) 工艺路径规划 根据产线内工艺路径,可对产线内的工序进行维护,包含工序编号、工序名称、工序写入值、工序类型。在工序建立后,针对产线内已建立好的设备与工序进行绑定,中控系统可对工序进行编排。设备执行中控编排,可以实现不同车型的车轮之间不同工序内容的切换。

(3) 工件流程展示 工件流程展示用于工件上下线的记录,会记录工件在自动产线内的流转信息、进出入设备时间、在设备内生成对的参数信息、检测报告、监测数据、质量状态等信息,进行绑定生成追溯记录。追溯管理系统的实现,使操作者对零件的生产过程有更加直观和详细的了解。

(4) 加工效率分析　加工效率分析可查询各台设备的利用效率情况、设备各个状态的占比情况、各个产品的产量情况及工位的节拍效率分析,对加工进行全面的效率掌控。

(5) 设备状态实时监控　操作人员可在控制中心的中控系统界面监控设备报警、设备加工参数(转速、进给速度、刀具寿命情况、刀具使用情况)以及设备加工程序运行状态。

2. 车轮加工生产线工艺流程简介

1) 根据当天的生产任务在生产线中控系统建立工单计划,包括加工车轮的数量、车型、物料编码、日期等信息。

2) 在中控系统中对即将生产车轮的工艺路径进行编排,机械手和设备按此工艺路径工作。

3) 车轮来料后在上料区进行上料,扫描车轮二维码(二维码信息包括车轮型号、物料编码、轮号等车轮信息),扫描后车轮信息进入中控系统,中控系统把车轮信息发送给设备。

4) 机械手根据中控信息对车轮进行抓取,输送到车轮立式车削中心进行车削工序的加工,车削工序完成后机械手抓取工件从设备下料,工件放置于车轮缓存柱缓存,输送到车轮立式车铣中心进行车铣工序的加工,车轮加工完成。两道工序的加工程序都是根据中控系统发送车轮信息自动调用,自动加工完成。

5) 加工工序完成后进行设备清洗、车轮三坐标检测、车轮探伤、车轮动平衡以及车轮打标工序,完成所有工序后,最后车轮入库。

第6章

车轴柔性加工生产线

本章主要对车轴柔性加工生产线的组成及应用进行介绍。

车轴柔性加工生产线由卧式双主轴车削中心、外圆磨床、内孔钻削、珩磨等八台数控加工设备和一条柔性自动化输送系统组成,能够实现车轴的内孔钻削、珩磨、外圆车削、磨削加工。

6.1 车轴柔性加工生产线工位布局

生产线采用中央集中控制模式,能够实现车轴自动识别、上下料、定位装夹加工、输送,该生产线处于国际领先水平,工位布局如图6-1所示。

图6-1 车轴柔性加工生产线工位布局示意图

6.2 车轴输送系统

车轴输送系统采用的是由德国GUDEL公司生产的"GU-2011-006"型车轴自动化柔性输送系统,如图6-2所示的车轴输送系统。该设备用于实现车轴在各工序的上下料、在不同工序之间的周转、在设备上的旋转掉头、在工序间的存储等工作。

车轴输送主要技术参数如下:水平行程为75m(原有输送线延伸),垂直行程为2500mm,Y轴运行速度(无级)为70m/

图6-2 车轴输送系统

min，Z 轴运行速度（无级）为 40m/min，C 轴转角可达 ±180°，X、Y、Z 轴重复定位精度满足 ±0.10mm，C 轴旋转定位精度满足 ±0.1°。

6.3 车轴柔性自动化加工线主要组成设备及加工范围

6.3.1 粗加工设备

粗加工设备采用的是由德国奈尔斯-西蒙斯公司生产的"N30LT×3500AFL"型卧式双主轴车轴车削中心，如图 6-3 所示，该设备主要用于城轨地铁、动车组等车轴粗加工、半精加工。该设备布置在轮轴厂房的车轴自动化柔性生产线上，主要负责空心车轴车导向基准，车轴的粗加工、半精加工，主要进行车轴调质处理后的车端面、车中心定位孔、车外圆以及后工序定位基准的加工。

图 6-3 卧式双主轴车轴车削中心

卧式双主轴车轴车削中心主要技术参数如下：最大车削长度为 3500mm，最大车削直径为 620mm，最大工件质量可达 2000kg，最大功率为 91kW，刀位数量为 12。

6.3.2 内孔钻削

内孔钻削设备采用的是由德国沃伦贝格生产的"PB2L-800B×2800"型深孔加工机床，如图 6-4 内孔钻削机床所示，该机床主要用于城轨地铁、动车组等合金钢空心车轴内孔的钻削加工。两台深孔加工机床并行布置在轮轴厂房的车轴自动化柔性生产线上，能够满足两种不同规格孔径的空心车轴并行生产需要。

主要技术参数如下：最大钻孔深度为 2800mm，钻头直径为 38.5~60mm，进给速度在 1~5000mm/min 之间，工件车头箱速度在 0~1000r/min 之间，机床尺寸为 9000mm×530mm。

图 6-4 内孔钻削机床

6.3.3 内孔珩磨

内孔钻削采用的是由瑞士善能股份有限公司生产的"HTC-3100W"型卧式数控自动深孔珩磨机床。如图6-5所示,卧式自动深孔珩磨机床设备采用卧式结构,配备自动化操作软件、可视化中文操作界面,具有自动控制珩磨和人工珩磨两种作业方式,能够实现动车组空心轴内孔的自动粗精珩磨刀具转换,一套刀具完成两种模式的珩磨作业,能满足高强度、高硬度、高韧性钢材等材料的强力磨削。该设备主要用于轨道车辆、动车组空心车轴的内孔珩磨加工,也能够进行空心车轴钻孔后的内孔表面修复、局部孔径误差修复,提高空心车轴内孔的表面粗糙度。

图6-5 卧式数控自动深孔珩磨机床

主要技术参数如下:适用工件直径为20~150mm,最大珩磨孔长度为3000mm,工件最大重量可达5000kg,珩磨后工件表面粗糙度为0.2~0.4μm,总功率为30kW。

6.3.4 精加工设备

如图6-6所示,精加工设备采用的是由德国FFG公司生产的"VDF650-4T"型卧式双主轴车轴车削中心,该车轴车削中心适用于空心车轴及实心车轴的精加工。该设备采用卧式结构,具有移动式可编程液压中心架,能自动夹紧定中,配备测量探头,具有自动纠偏测量功能,具有可视化中文操作界面,能够记录加工时间、循环调用程序等。可对加工完成后的空心车轴深孔进行精加工,双侧刀塔可安装动力刀座,进行钻、铣、镗、攻螺纹等精加工,一次装夹即可完成整根车轴的自动化加工,配合自动化机械手上下料,能够实现无人值守自动化生产。

图6-6 卧式双主轴车轴车削中心 VDF650-4T

主要技术参数如下:最大车削长度为3000mm,最大车削直径为650mm,转速范围在20~2000r/min之间,轴数为3,刀塔数为2,单刀塔刀位数为12,功率为71kW。

6.3.5 磨削设备

磨削设备采用的是由意大利莫罗拉-德奇玛股份公司生产的"MH 3000D CNC"型全自

动数控外圆磨床，如图6-7所示，两台全自动车轴数控外圆磨床并行布置在轮轴厂房的车轴自动化柔性生产线上，该机床主要用于城轨地铁、动车组等车轴外圆各座的磨削加工。该设备具备在线尺寸控制及后置处理的尺寸测量功能，可以判定车轴磨削是否合格。

两台双砂轮磨床可提供灵活多样的磨削工艺，既可用一台设备一次装夹独立完成一种车轴轴颈、防尘板座、轮座、制动盘座、齿轮座的磨削，也可两台设备组合其中一台设备磨削轴颈、防尘板座，另一台设备完成轮座、制动盘座、齿轮座的磨削，可以根据实际需要自主设定。

图6-7 全自动数控外圆磨床

主要技术参数如下：双砂轮最大磨削长度可达3000mm，两顶尖距离为3050mm，最大加工直径可达450mm，装机总功率为176 kW，最大位移为470mm，重复定位精度为0.002mm。

6.4 空心车轴中孔加工

6.4.1 空心车轴结构特点和中孔加工难点分析

某车型动车组的空心车轴中孔的长径比超过了70，属于大长径比的深孔。空心车轴的中孔深两余米，由于在钻削过程中使用的钻杆较长、刚性较差，容易产生振动和钻偏。此外，随着钻孔越来越深，润滑、冷却和排出切屑都变得越来越困难，产生的大量热量难以散除，导致车轴内部温度升高、加工质量降低、刀具磨损加快。因此，保证车轴各部位外圆表面的尺寸精度、同轴度以及外圆表面和孔的同轴度要求是空心车轴加工的难点。

钻深孔是整个加工过程中最重要的环节，其加工质量直接决定了后续工作能否顺利进行，因此该阶段机床、刀具的选用以及工装、工艺参数的确定显得尤为重要。在钻深孔之前需要先在卧式双主轴车轴车削中心上为动车车轴钻出直径为3～5mm，深度约20mm的中心孔，然后采用"一夹一顶"的装夹方式，切除工件外表面单边0.2～0.4mm的余量。对工件处理完成之后，便开始"钻深孔"工序。

在深孔钻孔过程中，由于切削力不对称等原因会导致钻头产生初始偏移量，偏移量会随着钻孔深度的增加而扩大，钻头轴线会逐渐远离理论钻孔轴线，最终导致内孔轴线与端面不垂直，更严重者会直接造成车轴报废。在空心车轴中孔加工试验初期，曾因为输油器漏油导致切削刃冷却润滑不足，排屑不畅，影响了加工质量，后经改善油压，弥补了上述缺陷，提高了加工质量。

6.4.2 中心孔钻削参数验证推荐

空心车轴中孔钻削加工的关键是要解决钻头持续加工过程中的冷却润滑及排屑问题，同时，要做好钻削初始阶段的钻头导向以及切削力的稳定，达到消除钻偏、内孔划伤及阶梯台阶等缺陷的目的。经现场试验加工验证，可以通过选用合适型号的钻头及参数、采用合适的装夹定位方式、选择合适的冷却压力等方法来提高空心车轴的中孔钻削质量。

空心车轴的内孔加工一般选用 BTA 单齿钻，钻头材质为硬质合金钢，钻头切削部分由内刃、外刃、钻尖、导向条及排屑孔组成，钻头圆周上布置有 2 个导向条，可对钻头进行导向，切削刃磨有 3 个分屑台阶，更易断屑，钻头为内排屑深孔钻，切屑会从钻杆内部排出，不会划伤已加工孔表面。该钻头适用于加工直径范围为 6~60mm 的孔，满足常规空心车轴的深孔加工要求。钻孔长径比可达 100，加工精度达 IT7~IT8，内孔加工表面粗糙度 Ra 达 0.8~$3.2\mu m$，其排屑口张角约为 $135°$，为了加强内刃强度，外刃前角取 $\gamma = 0°$，内刃前角 $\gamma_{o\tau} = -15°$~$-5°$。外刃余偏角通常取 $\psi_r = 10°$~$20°$。对于有阶梯刃的深孔钻，为了使各段所产生的切屑流相互冲击以达到断屑、排屑的目的，各段上余偏角的取值应有所区别，钻尖处最小，中间次之，钻头边缘最大，本文中 $\phi_{r1} = 10°$，$\phi_{r2} = 12°$，$\phi_{r3} = 16°$。内刃余偏角 $\psi_{r\tau} = 20°$，其作用是使中心刃在孔底切出反锥面，利于定心，并将钻心处的切屑尖劈分屑。

空心车轴深孔加工机床配有主主轴和副主轴，中孔钻削定位采用"两顶"定位方式，通过主主轴和副主轴端面内锥孔与空心车轴的导向锥面实现定位。在主主轴外端面有一弹性摩擦盘，盘上均布尖锐凸起，将空心车轴夹紧后，摩擦盘凸起会压入车轴端面。中孔钻削时主主轴通过摩擦盘带动工件一起旋转，为了减少刀具磨损，通常不采用太高的切削速度，一般取 220r/min，进给量 8mm/min 为宜。根据中孔内径尺寸选择合适的钻头，钻头直径一般小于中孔内径 0.5mm。由于工件的体积、重量都较大，其中间部位使用中心架支承。针对钻杆长、刚性差、容易产生振动的问题，在钻杆中部安装 1~2 个支承架，支承架可沿导轨滑动，直至钻孔结束。

为了令中孔加工钻头能够充分的冷却润滑，需要选择合适的切削液压力。只有在高压、高速的情况下，切削液才能产生足以推动切屑迅速排出的动量，达到迅速带走切削热的目的。如果油压过低，那么会使切削液流量过小，导致切削刃冷却润滑不足、排屑不畅，中孔钻削加工时要始终保证 1MPa 的高压切削液。

6.4.3 中心孔珩磨优化方法

内孔珩磨是空心车轴加工过程中重要的工序，空心车轴中孔珩磨的主要目的是保证内孔表面粗糙度和内孔尺寸精度。珩磨头在张紧机构的作用下，产生径向微量进给，将油石条压向工件内孔壁来产生一定的接触面，增大压力，进而增大切削量；同时珩磨头在机床主轴的带动下做旋转和直线往复运动，油石条上的磨粒会在内孔孔壁上形成交叉网纹，从而降低内孔表面的粗糙度。

中孔珩磨采用工件固定而珩磨头旋转并进给的方式进行加工，珩磨头的转动采用交流变频无级调速的方式来实现，其往复运动则采用液压无级调速的方式来实现。由于深孔珩磨油石比较长，故油石座采用多斜面支承，并且要求研配，这样能够在简化进给系统的同时，保证进给运动的稳定性。主轴负载影响着油石对内孔壁的压力，因此在珩磨过程中，主要通过调整珩磨机的珩磨时间、珩磨次数以及主轴负载这三个参数的搭配来达到最佳的珩磨质量和效率。

中孔珩磨完成后，由于内孔表面还残留着珩磨过程中产生的网纹，每次都需要对内孔进行"二次珩磨"来提高其表面加工质量。其具体方法是将 200 目的砂纸缠绕固定于珩磨头，利用上述加工方法来实现二次珩磨，此次加工主要是磨去网纹，降低内孔表面粗糙度，单边磨去约 0.01mm。

经工艺优化后，主轴负载的调整能够有效地节约油石的消耗，提高珩磨头的珩磨稳定性。空心车轴内孔珩磨不仅大幅提高了产品合格率、减少了返修次数、提高了工作效率、节约了人力物力成本，而且消除了返修时存在的安全隐患，提高了产品质量。工艺优化方法起到了提质增效的作用，极大地减少了油石的使用量，为提高产品的可靠性起到了积极效果。

6.4.4　中心孔效果总结

为了保证空心车轴中孔钻削加工的精度，从工装设计方面采取相关措施，在钻削时利用导向套来抑制钻头的偏斜，利用支承架降低钻杆的振动，能有效抑制孔的偏斜。经试验确定了合理的钻头几何参数和切削参数，采用上述各参数对空心车轴进行加工，使得断屑容易，排屑顺畅。利用"二次珩磨"可使动车空心车轴中孔的表面粗糙度得到很大提高。利用上述工艺与装备所加工的车轴孔直线度不超过 0.1mm/m，表面粗糙度 Ra 小于 $1.6\mu m$。

加工完成的空心车轴需要做内孔直线度和表面粗糙度检测，深孔直线度是通过对车轴两端壁厚测量间接得到的。在轴的一端面均匀任取三点 A_1、B_1、C_1，测量孔的内表面与外圆间的壁厚，得到三个数据，然后标记与上述三点相对应的另一端面的点 A_2、B_2、C_2 并测量该端面的壁厚，又可得到三个数据，将此六个数据进行比较，如果任意两个数据之差的绝对值不大于 0.2mm，则认为产品的直线度符合要求，经检验，最大偏差不超过 0.12mm。经过检测产品质量符合要求，能够得到合格的产品且刀具使用寿命较长。

6.5　卧式双主轴车削中心

6.5.1　卧式双主轴车削中心简介

在现今的机械加工领域，卧式双主轴车削中心已得到广泛应用，如图 6-8 所示的卧式双主轴车削中心。卧式双主轴车削中心是一种高柔性、高精度、高效率的自动化机床。配备双主轴多工位动力刀塔，机床具有广泛的加工工艺性能，可加工直线圆柱、斜线圆柱、圆弧和各种螺纹、沟槽等复杂工件，具有直线插补、圆弧插补各种补偿功能，并在复杂零件的批量生产中有着良好的经济性，车削中心的使用和工艺特点易于保证工件各加工面的位置精度和同轴度要求。

车削中心回转轴线是两顶尖的中心连线，利用动力卡盘和车床主轴回转轴线前后顶尖来安装工件，易于保证端面与轴线垂直度要求。切削过程较为平稳，避免了惯性力与冲击力，允许采用较大的切削用量，高速切削，利于生产率的提高，可以避免由于结构刚性不足、抗震性差、滑动面的摩擦阻力大等问题产生的不良影响。卧式双主轴车削中心功能较强，适用于加工车轴等轴类零件，在轨道装备行业已得到广泛应用。

图 6-8 卧式双主轴车削中心

6.5.2 卧式双主轴车削中心结构

卧式车削中心一般由输入输出设备、CNC 装置（或称 CNC 单元）、伺服单元、驱动装置（或称执行机构）及电气控制装置、辅助装置、机床主体、测量反馈装置等组成。

1. 机床主体

卧式车削中心采用 45°斜床身结构，加工精度高、机床刚性好、切削时不易引起振荡，由于受到重力的影响，铁屑不易缠绕刀具，利于排屑。由于车削中心切削用量大、连续加工发热量大等因素会对加工精度产生一定的影响，而加工中又是自动控制，不能像在普通车床那样由人工进行调整、补偿，所以其设计要求比普通机床更严格，制造要求更精密，采用了许多新结构来达到加强刚性、减小热变形、提高加工精度的目的。

2. 数控装置

数控装置是数控系统的核心，主要包括微处理器 CPU、存储器、局部总线、外围逻辑电路以及与数控系统的其他组成部分相关联的各种接口。车削中心的数控系统完全由软件来处理输入信息，能够处理相对复杂的信息，使数字控制系统的性能进一步得到提升。

3. 主轴与主轴箱

卧式车削中心主轴转速采用变频器操控无极调速，可根据需求来配置主轴伺服驱动系统。主轴的回转精度对加工零件的精度有很大的影响，而且它的功率、回转速度等对于其加工效率而言也有一定程度的影响。卧式双主轴车削中心的主轴箱采用靠背布置，使三联角接触球轴承支承点的距离拉开，能够得到较大的支承距离；轴承装配时进行了配磨，预加了载荷，增加了支承刚性。主轴后轴承采用双圆柱滚子轴承，该轴承外圈是可分的，在温度升高后会产生膨胀，轴承内圈及滚子能够沿轴向方向在外圈滚道上浮动，减小了热变形对主轴前端精度的影响。主主轴和副主轴同轴心对置，工件无须进行人工调头，便能自动完成工件的大部分或全部加工工序内容。

（1）主轴减速器设计形式及技术参数　主轴减速器技术参数见表 6-1。

表 6-1 主轴减速器技术参数

技术参数	A11 减速器	A15 减速器
前轴承上的主轴直径/mm	150	190
主轴通孔/mm	103	132
转速范围/(r/min)	0~3000	0~2000
驱动功率/kW	56（40%工作周期）	71（60%工作周期）

(续)

技术参数	A11 减速器	A15 减速器
转矩/(N·m)(40%工作周期)	2650	4500
C 轴转速范围/(r/min)	0~30	0~20
C 轴转矩/(N·m)	600(40%工作周期)	800(60%工作周期)
C 轴输入精度/(°)	0.001	0.001

双主轴的使用方式分为两种情况,一种是一个 Z 向带两个主轴,另一种是两个独立的 Z 向,不管哪一种都有其自身的特点。在提高机床的进给速度方面,高速滚珠丝杠和直线电动机不仅可以提高机床的进给速度,而且可以提高加/减速度。

双主轴结构通常有两种使用方法,一种是同时加工两个工件,另一种是使用两个主轴装夹同一个大型轴类零件。双主轴加工机床能够在工件加工过程中实现自动换刀、节省辅助时间、提高生产效率。双主轴车削中心是一种能进行高效加工、步转速跟踪系统,两主轴转速同步、相对速度为零,复合加工和柔性加工的新颖数控机床,工件能在不停车状态下自动实现对接转移。

(2) X 轴技术参数 $X/X2$ 轴技术参数见表 6-2、$X3$ 轴(下刀具架)技术参数见表 6-3。

表 6-2 $X/X2$ 轴技术参数

技术参数	说明
进给速度/(m/min)	15
进给行程/mm	410(无 Y 轴) 340(带 Y 轴)
进刀力/kN(100%工作周期)	10
输入精度/mm	0.001

表 6-3 $X3$ 轴(下刀具架)技术参数

技术参数	说明
进给速度/(m/min)	15
进给行程/mm	300
进刀力/kN(100%工作周期)	10
输入精度/mm	0.001

(3) Y 轴技术参数 卧式双主轴车削中心自带加工 Y 轴,包括 Y 轴立柱和 Y 轴滑台,Y 轴滑台滑动连接 Y 轴立柱,伺服电动机安装在 Y 轴立柱上,伺服电动机通过无背隙联轴器与 Y 轴滑台上的滚珠丝杠相连接,动力刀塔设置在 Y 轴滑台上。动力刀塔包括冷却罩、切削刀具、冷却管和制冷机构。

制冷机构的内腔中安装有半导体制冷芯片,而且制冷机构通过冷却管连通冷却罩,冷却罩分为中部的切削刀具腔体和两侧的冷却腔体,冷却腔体面向切削刀具腔体的一侧表面分布有若干冷却通孔,冷却罩的外部两侧安装有刮刀安装板,刮刀安装板的顶部设有长条形宽通道,其底部设有长条形窄通道,刮刀活动插装在刮刀安装板的安装内腔中。

$Y1/Y2$ 轴（上刀具架）技术参数见表 6-4。

表 6-4　$Y1/Y2$ 轴（上刀具架）技术参数

技术参数	说明
进给速度/(m/min)	15
进给行程/mm	±65
进刀力/kN(100%工作周期)	10

（4）Z 轴技术参数　Z 轴（刀架）技术参数表见表 6-5。

表 6-5　Z 轴（刀架）技术参数

选型	DL1000	DL2000	DL3000
进给速度/(m/min)	30	30	30
进给行程/mm	1080	2080	3080
进刀力/kN(100%工作周期)	15	15	15
输入精度/mm	0.001	0.001	0.001

（5）W 轴技术参数　卧式车削中心的电主轴也叫作 $W1$ 轴，电主轴是最近几年在数控机床领域出现的将机床主轴与主轴电动机融为一体的新技术。高速数控机床主传动系统取消了带轮传动和齿轮传动，机床主轴由内装式电动机直接驱动，从而把机床主传动链的长度缩短为零，实现了机床的"零传动"。这种主轴电动机与机床主轴"合二为一"的传动结构形式，使得主轴部件从机床的传动系统和整体结构中相对独立出来，因此可作为"主轴单元"，俗称"电主轴"，$W1$ 轴技术参数见表 6-6、$W2$ 轴技术参数见表 6-7。

表 6-6　$W1$ 轴技术参数

技术参数	DL1000	DL2000	DL3000
进给速度/(m/min)（顶尖套 MK5）	30	30	30
进给速度/(m/min)（顶尖套 MK6）	15	15	15
进给行程/mm	1560	2560	3560

表 6-7　$W2$ 轴技术参数

技术参数	说明
输入精度/mm	0.001
最高进给速度/(m/min)	25
进给行程	根据工作间示意图

（6）C 轴　因为 C 轴由所使用的主轴来决定，所以在主轴和副轴的表中对其进行了说明。双主轴车削中心采用对置的两个主轴结构，每个主轴都是双主轴车削中心的关键部件，能够与刀架实现两轴联动，形成两套独立的数控车型的副主轴。刀塔采用多刀位回转刀架，可安装多把加工刀具，有些还选用了动力刀架，能安装钻头、攻螺纹，自带 C 轴，采用斜丝或铣刀进行钻削、攻螺纹和铣削加工。由于配有 C 床身，而且副主轴箱底面与水平面倾

斜45°，因此可在圆周向和轴向加工出任意的轮廓形状，能与对应的主轴进行两轴联动，其移动量可达500mm，最大移动速度为10000mm/min。

4. 卧式双主轴车削中心导轨

卧式双主轴车削中心导轨主要有以下三种形式：平面导轨、直线滚动导轨和循环滚柱与平面导轨组合构成的滚动导轨。平面导轨随着工作时间的增长，钢球会不断地磨损，作用在钢球上的预加负载开始减弱，导致机床工作部件运动精度的降低。

卧式双主轴车削中心导轨采用的是滚动导轨，属于直线滚动导轨的一种。滚动直线滑轨是一种采用滚动导引方式的导轨，它通过钢珠在滑块与滑轨之间做无限滚动循环，使得负载平台能沿着滑轨实现高精度线性运动，其摩擦系数可降至传统滑动导引的1/50，使其达到μm级的定位精度。

滚动导轨主要有如下优点：

1）灵敏度高，而且滚动导轨动摩擦与静摩擦系数相差甚微，低速移动时不易出现爬行现象，运动平稳。

2）定位精度高，重复定位精度可达$0.2\mu m$。

3）摩擦阻力小，移动轻便，磨损小，精度保持性好。

滚动导轨特别适用于要求机床移动均匀、运动灵敏、定位精度高的场合。卧式车削中心的滚动导轨为进给运动的精度提供了保证。在很大程度上对车床的刚度、精度以及低速进给时的平稳性提供保证，提高了零件加工的质量。

5. 卧式双主轴车削中心液压系统

卧式车削中心配有一个液压柜，并带有润滑机组以及安装于机床配电箱内的流体技术控制和调整元件。除了部分主轴箱内传动机构外，车削中心采用滚珠丝杠螺母结构，滚珠丝杠螺母副的选择包括精度、尺寸规格、支承方式等几个方面，需要根据机床精度选用丝杠副的精度，根据机床载荷来选定丝杠直径；对于细长而又承受轴向压缩载荷的滚珠丝杠，需核算压杆稳定性；对于转速高、支承距离大的滚珠丝杠副需校核临界转速；对于精度要求高的滚珠丝杠则需校核其刚度。

（1）液压主轴卡盘　按照动力方式来分，卡盘有液压、气动、手动三种方式；从结构特性上来分，又可分为中空卡盘和中实卡盘。

液压卡盘的中空和中实之分可以从它的使用特性上来区分。中空卡盘就是卡盘中间是空心的，夹持的工件可以穿过卡盘进行切削，一般适用于棒料的批量生产，需要搭配通孔设计的拉杆来工作。此外，现在的中空卡盘都带有一个防尘盖，加上这个防尘盖后不但可以将中空卡盘当作中实卡盘使用，也可防尘、防水、防铁屑，具有很强的实用性，液压主轴卡盘技术参数见表6-8。

表6-8　液压主轴卡盘技术参数

技术参数	说明
最大转速/(r/min)	4800
最大电动机功率/kW	22.4
最大转矩/N	500
主轴鼻端	A2-6

(续)

技术参数	说明
主轴孔/mm	88.9
卡盘尺寸/mm	254
床身最大回转直径/mm	806
滑板最大回转直径/mm	527
尾座最大回转直径/mm	650
最大车削直径/mm	650
最大车削长度(不带夹具)/mm	3600

(2) 液压端面驱动顶尖　液压端面驱动顶尖是一种安装于机床主轴上来使用的工件夹具,与尾座顶尖配合使用,负责将机床主轴产生的转矩传递到置于两顶尖之间的被加工工件上。适用于轴类件的一次装夹、全长加工,主要应用于车削加工。

端面驱动夹具与机床主轴的连接有多种形式,常用的有法兰连接和莫氏锥连接。当端面驱动夹具的接口与机床主轴的接口形式不同时,可以通过过渡法兰实现连接。端面驱动夹具主要包含两部分:定心顶尖和驱动刃。定心顶尖实现对工件的定位,驱动刃通过吃入工件端面,将机床主轴的行定力传入工件。

驱动刃主要有如下的优势:

1) 一次装夹即可完成各轴颈、端面、槽型和螺纹加工;在车铣中心上还可以一次完成键槽和油孔的加工,大大缩短了装夹辅助时间,和传统的卡盘装夹相比其加工效率提高 2 倍以上。

2) 由于不需要再次装夹,同轴度和位置度更有保证,因此越来越被广泛地应用于轴类零件的车削、磨削和齿形加工中。

3) 顶尖内部采用动平衡和自动补偿系统,即使针对毛坯零件或斜面依然可以实现加工。

无论是常用的杠杆式液压卡盘,还是楔式增力液压卡盘,只要不在其结构上附加卡爪离心力平衡机构,其动态夹紧力都会随着主轴转速的提高而锐减;然而,附加了卡爪离心力平衡机构的卡盘,机床主轴转速的提高还要受其自身结构强度及安装在其上面的液压缸或气缸的极限转速的制约;而驱动端面顶尖的驱动力不是来源于安装在主轴后面的液压缸,因此主轴转速的提高不会受到液压缸极限转速的制约,特别有利于高速车削加工。

(3) 液压系统技术参数　液压系统技术参数见表 6-9。

表 6-9　液压系统技术参数

液压机组	说明
储罐容量/L	60
基础机床的流量/(L/min)	27
系统压力/bar	60

(4) 液压伺服中心架　在重型卧式车床加工过程中,由于工件自身重、切削力大等因素,工件切削过程中变形量大,严重影响加工性能以及精度。为了克服以上因素带来的不利

影响，对工件施加辅助支承，可有效控制工件变形量，达到切削过程稳定和获得良好的加工精度的目的。

液压伺服中心架由机械装置、液压伺服系统和控制系统三部分组成。相对于普通中心架，其优势在于能够在工件转动的过程中根据工件圆度状况或者回转轴线摆动等自动调整支承杆位置，防止刚性支承引起内力之间相互作用而产生附加变形以及由此引起的整个系统的振荡，保持了支承力恒定，因此支承更加稳定。

对于四导轨卧式车床而言，液压伺服中心架采取 c 型两支承机构，即底部支承用于抵消重力，而水平支承用于抵消切削力。机械部分主要由支承基座、上体进给机构、上支承构件、上顶持机构、工件重量顶持机构、行走机构、锁紧机构等部分组成。

中心架的调整可以在程序中调用"M24""M25""M26"以及"M27"指令来控制，在使用以上指令的情况下，中心架在加工后会自动打开并在加工启动时自动关闭。如果在工件程序中未定义夹紧动作，却必须用中心架夹紧工件时，应根据实际情况夹紧中心架。不同中心架夹紧参数见表6-10。

表6-10 不同中心架夹紧参数

	标准中心架	串联式中心架	中心架（扩展）
夹紧范围/mm	50~330	90~350	180~580
可调节的夹紧压力/bar	5~60	5~60	5~60

6. 卧式双主轴车削中心数控装置

卧式双主轴车削中心数控装置主要是将从内部存储器中的接受输入装置传送来的数控加工程序，经过数控装置的电路或者软件将其代码加以识别、储存、运算后，输出相应的指令脉冲来驱动伺服系统，进而控制机床的动作。

数控装置是数控机床的核心，一般由输入装置、存储器、控制器、运算器和输出装置组成。由于计算机本身就含有运算器、控制器等单元，因此数控装置可通过一台计算机来完成指令，实现一台或多台机械设备的动作控制，它所控制的通常是位置、角度、速度等机械量和开关量。

7. 卧式双主轴车削中心伺服系统

卧式双主轴车削中心机床主轴下侧的十字滑台上设置有 $X1$ 下轴和 $Z1$ 下轴，在 $X1$ 下轴和 $Z1$ 下轴上分别安装有伺服刀塔 ST1、$X1$ 伺服电动机、$X1$ 线性导轨、$Z1$ 伺服电动机和 $Z1$ 线性导轨；主轴上侧十字滑台上设置有 $X2$ 上轴和 $Z2$ 上轴，分别在 $X2$ 上轴和 $Z2$ 上轴上安装有上伺服刀塔 ST2、$X2$ 伺服电动机、$X2$ 上轴丝杆、$X2$ 上轴线性导轨、$Z2$ 伺服电动机和 $Z2$ 线性导轨；伺服刀塔 ST1/ST2 可在切削区上同时加工不同的产品。伺服系统包含两个方面：伺服单元以及驱动装置。

伺服单元是数控系统（CNC）和车床之间连接的环节，它可以将 CNC 装置中的微弱信号放大，形成大功率驱动装置的信号，伺服单元根据接收指令的不同，会有脉冲式和模拟式的分别。

驱动装置是把由伺服单元扩大的 CNC 信号编成机械运动，通过简单的接卸连接部件对车床进行驱动，让工作台精确定位轨迹的相对运动，最后按照要求加工出所需要的产品。伺服系统的最大特色就是可以通过回馈信号来进行指令值与目标值的比较，因而能够大幅减少误差情况。

6.5.3 卧式车削中心用途及功能

卧式车削中心配备增加了 C 轴和动力刀具，机床还带有刀库，可控制 X、Y、Z 和 C 四个坐标轴，联动控制轴可以是 (X, Y)、(X, Z)、(Y, Z)、(X, C) 或 (Z, C)。由于增加了 C 轴和铣削动力头，使得车削中心的加工功能大大增强，不但可以进行一般车削，而且还可以进行径向和轴向铣削、曲面铣削、中心线不在零件回转中心的孔和径向孔的钻削等加工。

1. 卧式双主轴车削中心的加工范围

卧式双主轴车削中心是一种功能强大的机床，其工艺范围很广，能进行内外圆柱面、圆锥面、环槽及成形面、端面、螺纹、钻孔、扩孔、攻螺纹等多种表面的加工，而且可以进行多轴线的零件（如曲轴、偏心轮等）或盘形凸轮，直径大而长度短（长径比 0.3~0.8）的大型零件的加工。在完成主轴夹持的工件一端的加工后，可以不用改变工件的安装方向，就能完成工件另一端的加工作业，极大地缩短了换向装夹所需要的时间，提高了加工效率。

2. 卧式双主轴车削中心刀塔结构

卧式双主轴车削中心配置左右双刀塔结构，卧式车削中心车床的转塔刀架有 12 把刀具，配备 2 个转塔刀架。可以按照加工零件的复杂程度来进行选取，车削中心的刀库有 24 把刀具，选用时以够用为原则，一般 8~12 把刀具就已足够。在卧式双刀塔车削中心上车削零件时，应根据车床的刀架结构和可以安装刀具的数量，合理、科学地安排刀具在刀架上的位置，在刀具静止或工作时要注意避免刀具与机床、刀具与工件以及刀具相互之间的干涉现象。

3. 刀具结构及参数选用

车轴轴端螺纹孔的结构为阶梯孔形式，如图 6-9 所示，第一个阶梯面是平面，孔端需要 C1 倒角。如果使用普通钻头分步进行钻孔、扩孔后，再换倒角刀具进行 C1 倒角的加工不但难度大，加工质量不高，而且加工效率低、经济性差，不符合卧式车削中心高柔性、高效率的加工特点。

通过对车轴轴端螺纹孔的结构进行分析不难发现，其阶梯结构分步明确，尺寸过渡比较缓和，因此专门设计并制造了将钻孔、扩孔钻头以及倒角刀具合成为一种新型复合钻头，如图 6-10 所示。同时为了提高复合钻头的冷却性能、增加排屑容屑空间，将复合钻头制作成内部冷却结构，提高了钻孔作业时的润滑和排屑效果，防止由于

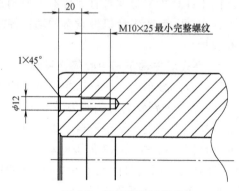

图 6-9 轴端螺纹孔结构

冷却和排屑不畅而引起钻头异常现象的发生。通过以上措施，保证了轴端螺纹孔的批量加工质量，该复合钻头应用后，车轴轴端螺孔加工效率提高了 3 倍。

4. 动力刀座

卧式车削中心刀塔上安装铣削动力头后大大扩展了机床的加工能力，如利用铣削动力头进行轴向钻孔攻螺纹和铣削轴向槽。

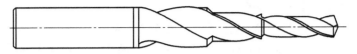

图 6-10 整体复合刀具

BMT66-90 钻孔动力头也称动力刀座,指的是安装在动力刀塔上、可由伺服电动机驱动的刀座。这种刀座一般应用在车铣复合机床上,也有少数可应用在带动力刀塔的加工中心上,动力头主要由主运动、进给运动和控制装置三部分组成。

(1) 主运动 动力头的主运动采用三相异步电动机驱动,主轴的转速特性好,输出功率大,非常适用于多轴钻削和较大孔径的加工工况。

(2) 进给运动 动力头的进给运动采用液压站或压缩空气作为动力源,气压和液压传动不但具有动作反应快、环境适应性好、结构简单、体积小等优点,而且工作寿命长,动力源来源方便。

(3) 控制装置 如果动力头的进给运动采用了压缩空气为动力源,那么就由气动控制装置来控制进给运动。其结构紧凑,具有手动和远距离控制操作功能。

5. 转塔刀架技术参数

卧式车削中心车床配备 2 个转塔刀架,每个转塔刀架有 12 把刀具。可按照加工零件的复杂程度进行选取,选用时以够用为原则,一般 12 把刀具已足够。卧式车削中心的刀具转速范围、刀具驱动功率等见表 6-11。摆动换刀时间,由于其结构较加工中心简捷,相邻刀具更换仅需 0.5s,对角换刀仅需 1s 左右。

表 6-11 卧式车削中心刀具参数

刀具类别	DIN69880-50	DIN69880-60
刀具夹	异型齿 DIN 5480	双扳手开口宽度 13
刀柄直径/mm	50	60
刀具夹数量	12	12
受驱动刀具数量	12	12
可用刀具位置	12	8
摆动时间(两个刀具之间)/s	<1.5	<1.5
最长摆动时间(6 个刀具)/s	<2	<2
扳手开口宽度/mm	460	470
刀具轨迹/mm	最大 860	最大 860
转速范围(受驱动刀具数量)/(r/min)	0~3000	0~3000
刀具类别	DIN69880-50	DIN69880-60
驱动功率(受驱动刀具数量)/kW	15.7(50%工作周期) 8.1(100%工作周期)	15.7(50%工作周期) 8.1(100%工作周期)
转矩(受驱动刀具数量)/(N·m)	50(50%工作周期) 26(100%工作周期)	50(50%工作周期) 26(100%工作周期)
刀具排列	径向	径向

6. 测量探头在卧式车削中心的应用

机床测量探头是一种配置在卧式车削中心上的测量设备，是一种科技创新型产品，其主要功能是为机床提升加工精度和测量精度，提高制造品质，节省人工测量时间，降低制造成本。

（1）测量探头使用原理　触发式测量探头的测头内部有一个闭合的有源电路，该电路与一个特殊的触发机构相连接，只要触发机构产生触发动作，就会引起电路状态变化并发出声光信号，指示测头的工作状态。触发机构产生触发动作的唯一条件是测头的测针产生微小的摆动或向测头内部移动，当测头连接在机床刀塔上并随刀塔移动时，只要测针上的触头在任意方向与工件（或任何固体材料）表面接触，使测针产生微小的摆动或移动，都会立即导致测头产生声光信号，指明其工作状态。

（2）测量探头的作用　机床测头对数控机床的作用主要有以下几个方面：

1）能自动识别机床精度误差，自动补偿机床精度。
2）代替人工做自动分中、寻边、测量，自动修正坐标系，自动刀补。
3）能够直接在机床上对大型复杂零件进行曲面的测量。
4）能提升现有机床的加工能力和精度，大型单件产品在线修正一次完成，不再需要进行二次装夹返工修补。
5）能够自动比对测量结果并生成报告。
6）提高生产效率、提升制造品质，确保产品合格率。
7）降低零件基准加工的制造成本及外形加工工序。
8）批量分中一次完成，首件调机、打样、确定生产方案方便快捷。
9）减少机床辅助时间，降低制造成本。

7. 卧式双主轴车削中心对刀仪应用

对于安装了对刀仪的机床而言，对刀仪传感器距坐标系零点的各方向实际坐标值是一个固定值，需要通过参数设定的方法对坐标值进行精确确定后，才能满足使用要求，否则数控系统将无法在机床坐标系和对刀仪固定坐标之间进行相互位置的数据换算。

（1）对刀仪的工作原理　对刀仪的核心部件是由一个高精度的开关（测头），一个高硬度、高耐磨的硬质合金四面体（对刀探针）和一个信号传输接口器组成（其他件略）。四面体探针是用于与刀具进行接触，并通过安装在其下的挠性支承杆，将力传至高精度开关所发出的通断信号，通过信号传输接口器，传输到数控系统中进行刀具方向识别、运算、补偿、存取等，如图 6-11 所示的对刀仪结构。

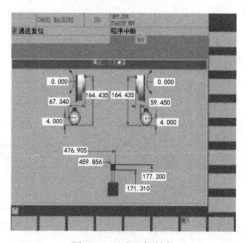

图 6-11　对刀仪结构

（2）对刀仪的技术参数　刀具的切削位置说明了在坐标系里刀具刀片的位置，在任意一个轴向上，刀具向该测头的探体靠近，直至该探体提示接触为止即为对刀一次，如图 6-12 所示。由于各轴位置以及探体的位置均已知，因此可以靠这种方式确定刀锋的长度和宽度，从而确定其磨损程度。只有当刀具已在测量前就已经做过清洁处理时，才能保证测量的可靠性，同时，重复测量的准确性也取决于测杆及其上固定的探体被带入调准位置的精确程度。

除了机床温度变化的影响外，测头的正常使用状态也是一个对精度产生影响的重要因素，必须要避免测头的污损或对测头施加机械负载。在测量前先行将测头对照一个在刀具上的参照零件进行校准后，所有刀具将对照刀具上的基准点进行测量，在这种情况下测量精确度将会得到提高。

（3）对刀仪的作用　在没有安装对刀仪的机床上完成磨损值的补偿是很麻烦的，需要多次停下机床对工件的尺寸进行手工测量，还要将得到的磨损值手动修改刀补参数。安装对刀仪后，这个问题就简单多了。对刀仪的使用，减少了机床的辅助时间、降返工和废品率，可显著提高机床效率和加工精度。其作用可概括为以下几点：

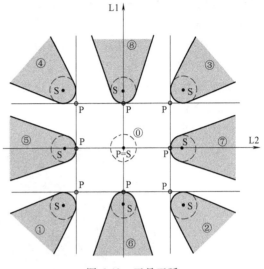

图 6-12　刀具刀延

1）测量和补偿刀偏值。在 $\pm X$、$\pm Z$ 及 Y 轴五个方向上测量和补偿刀偏值，可以有效地消除人工对刀产生的误差和效率低下的问题。

2）实现加工过程中刀具磨损或破损的自动监测、报警和补偿。如果机床安装了 HPPA 型对刀仪，只要根据刀具的磨损规律，加工完一定数量的工件后停下机床，用对刀仪再进行一遍对刀的过程即可；如果机床安装了 HPMA 型对刀仪，只要在程序中完成多少个加工循环后执行一次自动对刀，即可完成刀补工作。

对于刀具破损报警或刀具磨损到一定程度后的更换，是根据刀具允许的磨损量设定一个"门槛值"，一旦对刀仪监测到的误差超过门槛值，即认为刀具已破损或超过了允许的磨损值，则机床自动报警停机，然后强制进行刀具的更换。

3）机床热变形引起的刀偏值变动量的补偿。机床在工作循环过程中会产生各种热量，导致机床的变形特别是丝杠的热伸长，使刀尖位置发生变化，其结果会导致加工工件的尺寸精度受到影响。而对刀仪会将这种由热变形产生的刀尖位置变化，视为刀具的磨损值，通过对刀仪来测量这种刀具偏置值，就能够解决机床的热变形问题。

（4）对刀精度　根据卧式车削中心的实践证明，对刀仪测头重复精度可达 $1\mu m$，对于 15in 以下的卡盘，手臂旋转重复精度可达 $5\mu m$；对于 18in 及其以上的大规格卡盘，对刀臂的重复精度可达 $8\mu m$。这一精度可以满足加工的需要而不需要进行试切作业。

6.5.4　卧式双主轴车削中心操作

学习卧式双主轴车削中心操作前，操作者首先需要对操作的数控机床有一个全面的了解。包括机床的机械构造组成，机床的轴系分布，各个数控轴的正负方向，机床各部件的工作原理、功能和使用方法；另外还要掌握机床各辅助单元（如刀库、冷却单元、电压稳压器、电器柜冷却器等）的工作原理、功能和使用方法，机床各个安全门锁的工作原理、功能和使用方法。

其次了解机床加工使用的软件及其语言，熟练掌握机床的各操作按钮功能，知道如何执行程序，如何在暂停程序，检查工件加工状态后继续执行程序，如何停止程序，怎么更改程序后再执行程序等。

另外，操作者也需要在培训时对一般的操作报警的语句进行学习掌握，知道其中文所代表的意思，如何解决问题，如何消除错误报警。对于操作者而言，在精力和能力允许的情况下，应该对该类语言进行系统的学习，这样对提高机床操作技巧有很大帮助。

1. 机床操作面板介绍

机床操作面板如图 6-13 所示。

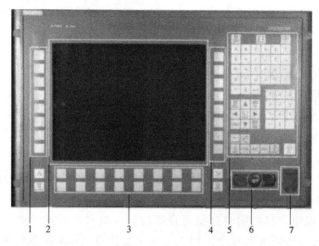

图 6-13　机床操作面板

1—竖直软键栏（左侧）　2—显示器　3—水平软键栏　4—竖直软键栏（右侧）
5—字母数字键盘、输入键、更改键和光标键　6—指戴鼠　7—前 USB 接口

（1）PESET 复位建　用于当前状态解除、加工程序重新设置、机床紧急停止。

（2）PROC 程序键　在此编辑方式下，可进行编辑、修改、查找、删除等操作。

（3）OFS/SET 刀具偏置键　结合其他键可进行工件坐标系设置，并可进行刀尖半径、磨损补正操作。

（4）POS 位置键　用于显示各坐标轴的机床坐标、绝对坐标、增量坐标值以及程序执行中各坐标轴距指定。

（5）CSTM/GPPH 图形显示键　结合相关按键，可显示仿真加工、观察刀具运行轨迹，而机床则没有进行实际加工。

（6）SYSTEM 系统键　用于数控系统自我诊断相关数据和参数。

（7）MESSAGE 信息键　用于显示系统的警示状态。

（8）HELP 帮助键　用于查看机械装备的说明等功能。

（9）SHIFT 转换键　和地址键共用，可实现按键的字符之间的切换。

（10）INSERT 插入键　用于在光标指定位置插入字符或数字。

（11）INPUT 输入键　用于参数或偏置值输入、启动 I/O 设备的输入，MDI 方式下的指令数据输入。

（12）ALTER 替换键　用于修改程序中光标指定位置的地址和数据命令，或用新数据来替换原来的数据。

（13）DELETE 删除键　用于删除程序中光标指定位置的字符或数字，被删除后的语句不能复原，操作前应仔细确认是否要删除该内容。

（14）CAN 取消键　删除写入储存区的字符。

（15）EOB 结束键　用于每段程序编辑时的结束指令。

（16）翻页键　显示屏界面的切换控制键。

（17）光标移动键　控制光标在显示屏中上下左右移动。

2. 机床控制面板介绍

机床控制面板主要用于数控车床的操作模式选择、主轴转向选择与刀架移动操作、主轴倍率与刀架移动速率调节等功能，控制面板结构如图 6-14 所示。

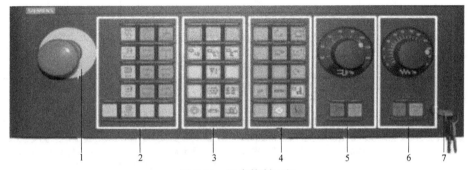

图 6-14　机床控制面板

1—紧急停机按钮　2—左侧按键组（包括：[运行方式][增量键][机床功能][程序控制]）
3—中间按键组（用于手动机床功能）　4—右侧按键组（包含：[NC 轴预选][一般性功能]）
5—旋钮（主轴修调，旋钮下面的按键无功能）　6—旋钮（进给修调，旋钮下面的按键无功能）
7—钥匙开关（权限许可）

（1）编辑方式　可用于输入、输出程序，也可对程序进行修改或删除。

（2）MDI 方式　在[PROG]编辑模式下输入程序，按循环启动键后直接执行输入程序段，最多可输入 10 条指令。

（3）自动加工方式　在[PROG]编辑模式下调用要执行的程序编号，循环启动后对工件执行自动加工。

（4）手动方式　结合刀架移动控制键可对刀架执行快、慢速移动等操作。

（5）返回参考方式　用于手动返回参考点位置，建立机床坐标系。

（6）手轮方式　可用手摇脉冲操作刀架沿 X、Z 方向做 $\text{X}1\mu\text{m}$、$\text{X}10\mu\text{m}$、$\text{X}100\mu\text{m}$、$\text{X}1000\mu\text{m}$ 四种微量移动。

3. 常用功能指令简介

由于设备应用 SINUMERIK840D 系统，与德国卧式加工中心基本相同，此处不单独进行介绍。

4. 卧式双主轴车削中心功能组简介

在每个功能组中，每个 NC 程序段只能编辑一个功能。一个组中各个功能可以相互盖写，F 功能、T 功能、S 功能均为模态代码，详细的介绍见表 6-12。

表 6-12 卧式双主轴车削中心功能

功能组	M/H/S/T 功能 （必要时也能扩展其书写方式）	名称	备注
1	M0,M1,M2,M17,M30	程序控制指令	标准西门子
2	M3/M1=3,M4/M1=4,M5/M1=5,M70/1=70	主轴功能,主轴1	标准西门子
3	S=（所有值）	主轴1的转速	—
4	T=（所有值）	调用转塔刀具	根据转塔专用的通道
5	M2=3,M2=4,M2=5,M2=70	主轴功能,主轴2	副轴
6	S2=（所有值）	主轴2的转速	—
7	M7,M8,M9	切削液	标准
8	M46,M47	切屑传送带	—
9	M41/M1=41	变速挡位	NG200上没有
	M42/M1=42	主轴1	—
10	H50=（所有值）	自动化功能	
11	H3021	应用测量值	
12	M58,M5800;M5858,M59	切屑防护门	
13	M24,M25,H8024,H8025	打开/关闭中心架1	
14	H2401,H2402	转塔的优选旋转方向	根据转塔的专用通道
15	H2101,H2102	寿命激活/取消	根据刀具系统的专用通道
16	H4595,H4596	烟气抽吸	—
17	M48,M49	调节切削液供给量	—
18	M28,M29	操作测量臂	
19	M61,M62	工件暂放架	
20	M3=3,M3=4,M3=5	转塔1从动刀具的旋转方向	（属于NC通道1）
21	M3=41,M3=42	转塔1从动刀具的变速挡位	（属于NC通道1）
22	S3=（所有值）	转塔1从动刀具的转速	（属于NC通道1）
23	M15,M16	工件测量传感器	
24	M20,M21	测量探头激活/关闭	
25	M26,M27,H8026,H8027	打开/关闭中心架2	
26	M78,M79,H8078,H8079	打开/关闭装料口	
27	H2060	在出现NC停机故障信息时程序停止	仅限于第2个转塔不带从动刀具时
28	S4=（所有值）	转塔2从动刀具的转速	（属于NC通道2）
29	H2900,H2901	打开/关闭润滑脉冲抑制	仅限于第2个转塔不带从动刀具时
30	M4=41,M4=42	转塔2传动刀具的变速挡位	（属于NC通道2）
31	M4=3,M4=4,M4=5	转塔2传动刀具的旋转方向	（属于NC通道2）

6.5.5 空心车轴车削实例

1. 空心车轴加工概述

一件合格的空心车轴从坯料加工至符合图样上技术要求，需要经过尺寸公差精度、表面粗糙度、几何公差要求、表面热处理、坯料的选择、机加工设备的安排、加工工艺方案、数控编程、刀具的应用、程序的调试以及操作人员精湛的技术等一系列加工流程才能完成。空心车轴是转向架上的关键零部件，组成的空心轴轮对支承着地铁走行部分及上体部分所有的重量，肩负着牵引力传递的有效性和保持整车运行平稳性的重任。

想要加工出高质量的空心车轴，需要通过设计工装、夹具、模具等获得技术支持来实现。在实际生产中，数控车削中心车削空心车轴的质量受诸多因素的影响，如工艺过程，数控系统，数控编程和刀具调整等都直接影响零件的加工质量。通过掌握数控车削中心的使用技巧，深入分析数控车削过程中数控系统误差、编程误差和对刀误差产生的原因，利用软件来进行校正补偿，使每道工序、工步、走刀都能获得最佳的切削用量组合，充分发挥工艺系统的潜能，从而实现提高数控车削空心车轴加工质量的目的。

加工工艺简单来说就是在一定的加工条件下，在保证安全生产和产品质量基础上进行工序划分，空心车轴在精加工时需要加工内孔及外圆轴身等部位，结构复杂、加工难度较高，而且生产批量较大。为满足图样技术要求，在双主轴、双刀塔、双中心架设备上对其精加工工艺进行了研究和开发，形成了批量加工能力，获得了较好的经济和社会效益。

下面主要针对卧式双主轴车削中心对轴类零件，特别是车轴加工进行工艺分析，对车轴在双主轴、双刀塔、双中心架设备上的加工工艺、工步的安排、刀具的选用、加工参数的设定以及数控程序的编制等问题进行了针对性论述。

2. 空心车轴结构分析

图 6-15 所示车轴为空心结构，通过对该车轴的结构进行分析不难发现，该车轴两端相对中心基本对称，由轮座、制动盘座、支承座等配合座组成，各配合座尺寸精度要求高，加工过程复杂，而且对于一般空心车轴而言，在精加工过程中一般都以轴端中心孔 60°锥面作为定位基准，此处空心车轴内孔倒角为 45°，与一般铁路客车空心车轴不同。

图 6-15 车轴外观

在车轴轴端内孔处需要加工锥形过渡面，如图 6-16 所示，该位置加工公差较小，难度较大，而且轴端螺纹孔结构也较为特殊，为阶梯形螺纹孔结构，使用加工设备的动力刀具直接进行钻孔攻螺纹加工会与普通车轴加工工艺存在一定差异。由于车轴内孔及螺纹孔的特殊性以及更高的精度要求，对现有加工设备及工艺提出了更高的要求，而且在双主轴、双刀塔、双中心架设备上进行加工也为车轴精加工装夹和定位带来了新的挑战。

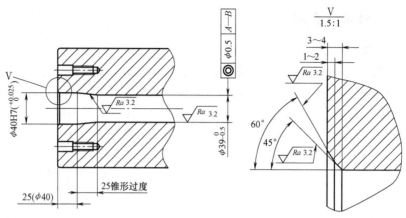

图 6-16 车轴轴端结构

3. 工艺流程介绍

现阶段空心车轴的基本加工工艺流程如下：车轴装夹定位→粗加工卡爪夹紧驱动→车削中心架抱夹位置→中心架夹持外圆→车轴内孔纠偏→粗加工纠偏端内孔定位锥面→尾座顶紧→粗加工外圆→精加工一端轴端孔及定位倒角→钻攻一端面螺纹孔→精加工卡爪夹紧驱动→粗精加工另一端轴端孔及定位倒角→钻攻另一端面螺纹孔→利用两端中心孔 45°倒角定位→精加工外圆。

（1）难点分析　内孔 φ39mm 过渡锥面可使用整体成型刀具铣削加工，整体成型刀具须专门定做，价格昂贵，且因切削面积较大，表面粗糙度无法达到技术要求，内孔空间狭小，打磨抛光难度很大，在加工试制过程中废品率较高；同时，该过渡面也可以使用车削加工工艺车削完成，车刀使用标准刀具从轴端开始，由外而内一步车削完成。另一方面，如果在车轴内孔加工过程中发现车轴内孔与车轴外圆同轴度偏差较大时，过渡锥面与内孔相贯线往往加工成椭圆形。

（2）解决措施

1）在进行精加工内孔前，必须对车轴内孔与外圆的同轴度进行检测找正。使用标准内孔车刀并安装于双主轴、双刀塔设备上，用中心架抱夹车轴外圆，一端主轴作为驱动，另一端刀塔用内孔车刀 Z 向车削。车削时增加试切削作业，将车削作业分成半精加工、精加工两个工步完成，在进行半精加工时要为精加工留有 0.3mm 的加工余量，以保证 0.025mm 的公差要求。精加工留量的大小要适中，留量太大易引起精加工刀具的振动，引起车削过程中的不确定性出现。留量太小易引起刀具在车削过程中刚性不稳定，给加工带来一定的困难。

2）切削液在切削过程中用于冷却和润滑，同时也有利于排屑，切削液的使用减小了刀具和材料及切屑三者之间的摩擦，大大降低了切削力和切削热，减小了切屑与刀具连接，抑制切削瘤和鳞刺生长，延长了车刀使用寿命，容易获得较小的表面粗糙度值，对于提高表面质量的作用是明显的。但应根据加工性质、工件材料、刀具材料的不同正确使用。

4. 刀具选用及难点解决

刀具的选用和切削用量的选取需要针对零件的结构特点、技术要求等方面进行综合的考虑。

粗加工时，要选强度高、使用寿命长的刀具，以便满足粗加工需要。刀具的选择、刃磨、安装正确与否会直接影响加工工件的质量,根据工艺系统刚性、具体背吃刀量、进给量的要求,减少走刀次数,提高加工效率。

精加工时,要选精度高、寿命长、切削性能好的刀具,以保证加工精度的要求。为减少换刀时间和方便对刀,数控车削中广泛采用机夹可转位刀具,能够提高数控加工生产效率,保证零件的加工质量。精加工过程中,工艺的实现主要依靠设备、程序和刀具的相互配合,因此,除需调整切削加工参数之外,还需选用特种刀具,来满足其加工工艺要求。

例如:由于车轴外圆过渡圆弧较多,定位台处卸荷槽较深,为了避免精加工时存在的接刀现象,可选用 X 向外圆刀具,如图 6-17 所示,刀具切削刃沿为 8mm,经过切削试验,55°的粗加工刀片寿命长,断屑效果好;圆弧精加工时则使用 R4mm 圆弧刀片,精加工后的表面粗糙度优于其他刀片,满足工艺文件表面粗糙度 Ra 不大于 0.8 的技术要求。

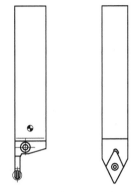

图 6-17 加工刀具选型

5. 双主轴双刀塔加工编程

由于空心车轴结构基本对称,因此左右两端加工部位基本一致,可充分利用加工设备的双刀塔、双主轴和双中心架的结构提高车轴的加工效率,如图 6-18 所示;同时,为了保证加工精度,在精加工时需要通过两端主轴顶尖与轴端中心孔倒角密贴顶紧,以及双中心架的抱持结构来增加车轴的加工刚性和切削稳定性,避免由于车轴轴径比较大而带来的刚性不足和振动问题。

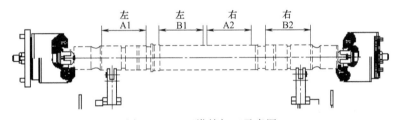

图 6-18 双刀塔精加工示意图

在利用双刀塔进行加工时,能够充分利用双刀塔错位的同时进行车轴的加工,如图 6-18 所示,当左刀塔加工 A1 部位时,右刀塔加工 A2 部位,当左刀塔加工 B1 部位时,右刀塔加工 B2 部位,其加工效率是普通车床的两倍。

为了实现以上工艺规划,提高车轴的加工效率,保证加工质量,在编制数控加工程序时需要注意以下几点:

1) 合理的安排双刀塔的加工节奏和同时序的位置,利用车轴相对对称的结构,充分错位加工,两刀塔分配的加工量基本相同。

2) 分配交错区域时,尽量使 2 个刀塔的加工时间相同,避免出现等待的情况,可利用西门子标准指令 WAITM(n,1,2)来实现 2 个刀塔加工的时序安排,避免出现刀塔加工干涉碰撞的情况。

3) 在相对独立的加工区域设置中断标示,设备自动化程度较高时,灵活性会受到限制,当加工中断时,需要保持车轴的装夹位置不变,待问题解决后,跳转至临近的中断标示点,能够快速回到加工状态,避免程序从头重新运行加工。

4) 车削加工中心进行钻孔和攻螺纹时,需要使用动力刀座进行动力的转换,其传动主轴与加工主轴不同轴,经过齿轮机构转换后,主轴转速与加工转速呈特定比例,传动结构如图 6-19 所示。

在编制钻孔和攻螺纹程序时,需要对进给量 F 进行比例计算,尤其是攻螺纹加工时,需要进行精确计算,不能使用西门子的标准指令程序。动力刀座的主轴与加工轴传动比是 3∶1,加工螺纹为 M22,螺距 2.5,设置主轴转速为 390r/min,因此加工轴的转速就是 130r/min,$F=130×2.5=325$,加工螺纹 M22×2.5,刀座传动比为 3∶1。

攻螺纹程序如下:

```
N0010 T="303";
N0020 L6;
N0030 G0 G54 Z-217 D1;
N0040 SETMS(2);
N0050 G0 SPOS[2]=0;
N0060 SETMS(3);
N0070 STOPRE;
N0080 G94 M3=3 S3=390 M8 M48;
N0090 SPOS[3]=0;
N0100 FFWON;
N0110 G0 G94 X85;
N0120 G63 Z-158 M3 F325;
N0130 G63 Z-217 M4;
……
```

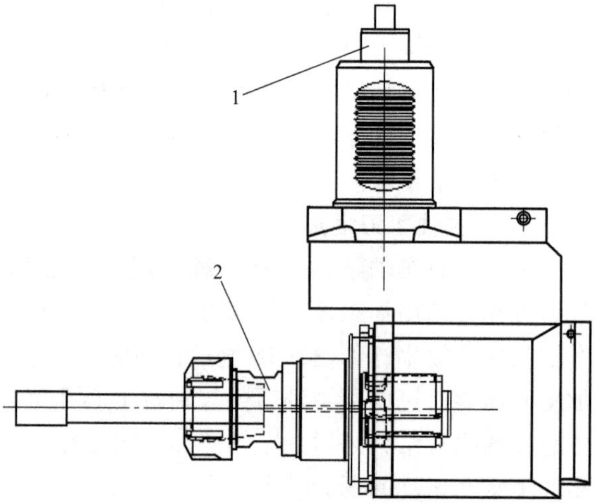

图 6-19 动力刀座传动示意图
1—编程主轴　2—加工主轴

6. 效果综述

使用数控车削中心加工的工件结构复杂多样,形状及位置千变万化,考虑到材料、批量、工艺不同等多方面因素的影响,需要在加工前对所加工零件进行具体分析和灵活对待,根据零件图样要求认真分析加工工艺方案,选用合适的工艺路线和刀具参数,合理设计数控加工工序、走刀路线,精益求精,充分发挥数控车削中心本身的精度优势和操作人员的技能优势,才能加工出符合图样技术要求的零件产品。车轴的加工不仅符合公司的战略目标,也为高速列车动车组车轴的后期加工积累了大量宝贵经验。

1) 车削中心车轴加工是传统机床车轴加工的延续和提升,只要合理地进行工艺分析,结合车削中心性能特点就能够设计出合理的加工工艺。

2) 使用双刀塔、双主轴设备进行车轴加工,不仅提高了车轴加工效率,而且避免了加工中断调转车轴重新装夹,减少了人为干预。

3) 刀具选型与数控程序的编制紧密联系,在进行程序编制时首先进行刀具的选型,能够极大地缩短数控程序的编制周期和调试周期。

6.6　全自动车轴数控外圆磨床

全自动数控外圆磨床主要由床身、工作台、砂轮架、头架、尾座、马波斯 P7 测量系统、冷却系统、排屑系统、加油站、控制面板等部件组成，下面对主要组成部件及功用进行简述。

6.6.1 床身及工作台

1. 床身

床身用于连接和支承磨床各个部件，为了提高机床刚度，磨床床身设计采用箱型结构，上部有一组纵向导轨用以安装工作台，两组横向导轨用于安装砂轮架（双头架），横向导轨与纵向导轨成20°夹角分布，此设计方便砂轮安装后的成型修整，床身与工作台采用滑动导轨结构。

2. 工作台

工作台安装在床身上，上面可用来安装磨床头架、尾座以及马波斯P7测量仪标准环等部件，工作台下面装有滚珠丝杠，可通过伺服电动机的驱动实现工作台的往复运动。普通磨床工作台采用双层设计，中间由一圆柱相连接，需要调整磨床锥度时，上工作台以圆柱为中心，相对下工作台旋转一定角度，实现磨床锥度的变化。与普通磨床相比，全自动车轴数控外圆磨床工作台为单层设计，磨床锥度的调整依靠尾座顶尖套筒的偏心装置实现。

6.6.2 磨床头架

全自动车轴数控外圆磨床的头架主轴由伺服电动机驱动，可以准确控制头架的启停，主轴分为两层结构设计，顶尖安置在磨床内主轴孔内，拨盘与外主轴连接带动车轴旋转，在两层主轴接触端面上有一定位销，顶尖会随外主轴一起旋转，此时可看作是活顶尖；而卸下定位销后，顶尖不会随外主轴旋转，此时可看作是死顶尖。

头架主轴的转速可在加工程序中进行设置，控制面板设有主轴启停键，在手动模式下，按住启停键，头架主轴开始旋转，松开启停键则头架主轴停止。头架外侧装有点动按键，可以控制头架主轴的点动。头架主轴端部保护锥套外侧配置一个检测块，头架旋转时检测块会触发工作台上的传感器，能够自动记录磨床头架的转速。

头架顶尖安装时，需要使用千分表测量顶尖定位锥面的径向圆跳动值，点动［头架转动］按钮，在径向圆跳动值最大处做好标识，以此点为基准，将顶尖退卸后转动180°重新安装，顶尖径向圆跳动值控制在0.005mm之内即可。

6.6.3 磨床尾座

磨床尾座上装有套筒，可用于安装顶尖，松开尾座底部的四个紧固螺栓，就能够使尾座在工作台上进行移动，来满足不同长度车轴在磨床上的装夹要求。

与普通磨床相比，全自动车轴数控外圆磨床锥度的调整不是依靠双层工作台来实现的。由于其顶尖在套筒中的位置是偏心设置的，因此利用调整装置转动套筒即可实现尾座顶尖位置的调整，进而实现磨床锥度的调整。

磨床尾座内侧装有砂轮修整器，砂轮修整器安装中心与砂轮主轴的中心要在同一水平位置上，金刚修整笔在砂轮修整器中安装得要牢固可靠。金刚修整笔安装完成后，用手动遥控器移动砂轮和工作台，让金刚修整笔前端接触砂轮外圆，从侧面观察金刚修整笔与砂轮接触点上下空隙是否均匀，金刚修整笔的位置可以略低于砂轮中心，如果高于砂轮中心则需要重新调整。

6.6.4 磨床砂轮架

砂轮架安装在床身的横向导轨上,底部装有滚珠丝杠,可通过伺服电动机驱动的方式来实现横向运动。砂轮架主轴使用静压轴承并安装在砂轮架上,砂轮架主轴采用独立的油箱系统供油,满足静压轴承油压需求;主轴采用1∶20的锥度设计,通过法兰盘将砂轮安装在主轴上,由单独的电动机带动主轴进行高速旋转,整个主轴系统采用气密封,能够满足砂轮主轴高速、重载的工作需要。

6.6.5 砂轮参数选择

砂轮是磨削加工的关键"刀具",车轴磨削用砂轮外径为 $\varphi 760mm$,宽度有 220mm、305mm 两种,最高线速度可达 50m/s,受砂轮自重及高速旋转产生的离心力的影响,砂轮会产生振动,磨削外圆表面会产生直波纹、多角形振纹等磨削缺陷,严重影响车轴质量。只有最大限度的减低砂轮高速旋转时产生的振动,才能确保车轴外圆表面的磨削质量。

(1) 砂轮磨料的选择 磨料是制造砂轮的主要原料,它担负着切削工作。因此磨料必须锋利而且具备较高的硬度、良好的耐热性以及一定的韧性,砂轮磨料明细见表 6-13。目前,现场使用的砂轮磨料采用的是 A、WA、SA、PA、碳化硅和氧化铝混合磨料。

表 6-13 砂轮磨料明细

砂轮磨料	砂轮的适用范围(刚玉系和碳化系)
棕刚玉砂轮(A)	磨抗张强度较高的金属,如碳素钢、合金钢、可锻铸铁、硬青铜等
白刚玉砂轮(WA)	磨淬火钢、合金钢、高速钢、高碳钢、薄壁零件等
单晶刚玉砂轮(SA)	磨不锈钢等韧性大、硬度高的材料及易变形烧伤的工件
微晶刚玉砂轮(MA)	磨轴承钢和特种球墨铸铁等,用于成形磨削、切入磨削、镜面磨削等
铬刚玉砂轮(PA)	磨刀具、量具、仪表螺纹等工件表面粗糙度值要求低的工件
锆刚玉砂轮(ZA)	磨钛合金

(2) 砂轮粒度的选择 磨料的粒度表示磨料颗粒尺寸的大小,分为磨粒和微粉两种类型。粒度影响加工的质量和生产率,一般情况下,磨粒越细,Ra 值越小。砂轮粒度的选择主要根据工件磨削表面粗糙度要求来进行选择,磨料粒度尺寸见表 6-14,车轴磨削外圆表面粗糙度满足 $0.8 \sim 1.6 \mu m$,砂轮粒度选择 46# 或 60# 即可满足工艺要求。

(3) 砂轮硬度的选择 砂轮硬度是指砂轮表面的磨粒在外力作用下脱落的难易程度,在砂轮磨削工件过程中,如果砂轮太硬,那么即使在磨粒变钝的情况下,磨粒也不容易脱落,会造成砂轮磨削能力急剧下降,容易产生磨削激振,磨削表面出现直波纹等质量缺陷;如果砂轮太软,那么磨粒容易脱落,造成砂轮表面不容易保持固定的形状,不能保证磨削工件的形状精度。车轴磨削砂轮硬度一般选用中软(K 或 L)硬度来确保砂轮在磨削过程中既具有一定的磨削能力的同时,又容易保持形状精度,砂轮硬度分级代号见表 6-15。

表 6-14 磨料粒度尺寸

类别	粒度	颗粒尺寸范围	类别	粒度	颗粒尺寸范围
磨粒	8#	2500~3150	磨粒	150#	80~100
	10#	2000~2500		180#	63~80
	12#	1600~2000		220#	50~63
	14#	1250~16000		240#	40~50
	16#	1000~1250	微粉	W40	28~40
	20#	800~1000		W28	20~28
	24#	630~800		W20	14~20
	30#	500~630		W14	10~14
	36#	400~500		W10	7~10
	46#	315~400		W7	5~7
	60#	250~315		W5	3.5~5
	70#	200~250		W3.5	2.5~3.5
	80#	160~200		W2.5	1.5~2.5

表 6-15 砂轮硬度分级代号

硬度分级	超软	软			中软		中		中硬			硬		超硬
		软1	软2	软3	中软1	中软2	中1	中2	中硬1	中硬2	中硬3	硬1	硬2	
代号	DEF	G	H	J	K	L	M	N	P	Q	R	S	T	Y

（4）砂轮结合剂的选择 砂轮的强度，抗冲击性，耐热性及抗腐蚀性能主要取决于结合剂的性能。车轴的材质现在一般以 EA4T 为主，砂轮磨削方式多采用宽砂轮或成型砂轮磨削，需要一定的强度和韧性，常用的结合剂为陶瓷结合剂或陶瓷、树脂混合结合剂，常用砂轮结合剂性能见表 6-16。

表 6-16 常用砂轮结合剂性能

种类	代号	主要成分	性能	用途
陶瓷结合剂	V	黏土,长石滑石	①耐水酸碱及热 ②较脆不易堵塞 ③价格便宜	除切削零件窄槽的磨削
树脂结合剂	B	石炭酸与甲醛制成的树脂	①强度高、弹性好 ②耐热、耐蚀性差 ③存放时间不超过一年	磨削窄槽,切割用的砂轮,抛光用的砂轮
橡胶结合剂	R	人造橡胶	①强度大、弹性好 ②退让性好、吸振 ③不耐油	窄槽磨削磨成型面
菱苦土结合剂	Mg	—	①自锐性好 ②磨削热好	磨削大面积表面及导热差的金属

（5）砂轮组织的选择 砂轮组织是指砂轮中磨粒所占砂轮体积的百分比。砂轮组织等

级的划分是将62%的磨粒体积百分数作为"0"号组织,磨粒体积每减少2%,其组织就增加一号,依此类推。磨粒在砂轮总体中所占比例越大,砂轮组织越致密,气孔越小,砂轮组织分为紧密、中等、疏松三个级别,细分为14个组织号,从0~14号,号越小组织越致密。

一般情况下,若砂轮未标明组织号,即表示是中等组织。紧密组织砂轮的组织号为0~3,磨粒占砂轮体积大于55%,紧密组织砂轮磨具适用于重力下的磨削,在成形磨削或精密磨削时,紧密组织砂轮能保持砂轮的成形性,并可获得较小的粗糙度;中等组织砂轮的组织号为4~7,磨粒占砂轮体积在54%~58%之间,适用于一般的淬火钢及刀具的刃磨等;疏松组织砂轮的组织号为8~12,磨粒占砂轮体积在38%~46%之间,疏松组织砂轮不易阻塞,适用于平面磨、内圆磨等磨削接触面积较大的工序,以及磨削热敏性强的材料或薄工件。

车轴磨削砂轮一般选择6号组织,如果砂轮组织号选得过小,会降低砂轮的容屑率,车轴在磨削时磨屑堆积在砂轮气孔中不易排出,造成砂轮磨削能力急剧下降,产生大量的磨削热,容易造成车轴磨削表面烧伤,或者车轴磨削过程热变形较大,影响加工后车轴的尺寸精度,尤其在设备所处环境温度变化较大时,温度对车轴尺寸精度的影响会更加明显。砂轮组织号选得过大,会导致砂轮比较松散,在修整和磨削过程中容易脱落,不利于保持砂轮的形状精度,容易造成磨削出的车轴外圆形状精度超差。

(6) 砂轮线速度 线速度是物体上一定点对定轴做圆周运动时的速度,车轴磨削用砂轮最高线速度为50m/s,常用线速度一般为38~45m/s,砂轮使用时严禁超过砂轮最高线速度。

选择砂轮时,必须保证离心力的故障速度和最大的表面速度的安全系数不小于5。当使用速度高于厂家保证以及在该砂轮的标签上写明的速度时,不能使用该砂轮。如果无法看到砂轮上最高速度的相应标记时,那么需要及时咨询砂轮厂家。

由于砂轮修整循环会使砂轮直径逐渐变小,因此为了保持砂轮表面速度恒定,在车轴数控外圆磨床上安装了保持砂轮表面速度的速度恒定装置,该装置可以使磨床最大限度地发挥砂轮的磨削性能。为了达到这种效果,数字控制系统会不断地计算砂轮的直径,检测砂轮的磨损情况并通过一种精确设定的转换方式(通过专用伏信号)来调节砂轮磨的表面速度以使表面速度保持恒定。

砂轮更换后以及启动前,数字控制系统都会提示操作人员确认砂轮的直径(两次确认),而且只有在两次提示确认都进行确认后才会启动砂轮,两次提示确认是为了避免由于操作人员的失误而造成的误操作。

砂轮运行速度的计算公式如下:

$$V_R = \frac{1000 \times 60 V_P}{\pi D}$$

$$V_P = \frac{V_R \pi D}{1000 \times 60}$$

其中:V_R 为主轴旋转速度,单位为 r/min;V_P 为表面速度,单位为 m/s;D 为砂轮直径,单位为 mm;π 为 3.14。

例:计算表面速度为45m/s,直径为380mm的砂轮的主轴旋转速度为多少?

解:$V_R = \dfrac{45\text{m/s} \times 1000 \times 60}{\pi \times 380\text{mm}} = 2260\text{r/min}$

例：计算旋转速度为 2000r/min，直径为 400mm 的砂轮的表面速度为多少？

解：$V_P = \dfrac{2000\text{r/min} \times \pi \times 400\text{mm}}{1000 \times 60} = 42\text{m/s}$

（7）车轴磨削砂轮型号的选择

国产砂轮型号：AT-760X220（305）X304.8SA/F54K6V50m/s。

进口砂轮型号：CS33A760X220（305）X304.8KK6VB3。

（8）砂轮搬运及存储的注意事项

砂轮搬运及存储的注意事项如下：

1）砂轮的搬运需要始终使用大小和重量同砂轮相适应的起吊设备进行搬运，提供的搬运托架应与砂轮相符合。

2）由于大部分砂轮是易损的，因此必须小心操作，避免砂轮的碰撞和跌落，不要在地板上滚动砂轮，在搬运时避免振动。

3）砂轮必须存储在架子上，一方面可以避免损伤，同时也便于存取（不会影响周边的砂轮）。

4）取用砂轮时，优先取用存储时间最长的砂轮。

5）砂轮存放场地应保持干燥，温度适宜，避免使其置于冰点温度以下，避免置于温度变化剧烈的环境中以防止冷凝。

（9）砂轮检查及验收　在使用砂轮前，要检查包装是否有损坏，并进行敲击试验，用木锤轻轻敲打砂轮不同部位，如图 6-20 所示，正常的砂轮声音清脆，如果声音沉闷、嘶哑，说明砂轮存在问题，做好不合格标识，杜绝使用不合格的砂轮。

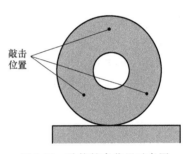

图 6-20　砂轮敲击位置示意图

6.6.6　砂轮组装与拆卸

1. 砂轮组装

（1）砂轮组装方向　新砂轮厂家会给出一个安装方向（黑三角处），此处为砂轮最大不平衡点。安装砂轮时，将砂轮按图 6-21 所示位置垂直放置，紧固砂轮与法兰盘后，可以利用法兰盘颈的外圆表面和砂轮内孔间隙来抵消部分砂轮不平衡量。

（2）法兰盘　车轴磨削用砂轮孔径大于直径的五分之一时，需要使用安装法兰盘。法兰盘用于固定砂轮，图 6-22 所示的法兰盘规格为：外径 φ304.8mm，宽度 220（305）mm，内孔锥度为 1:20，与磨床主轴组装配合。

砂轮与法兰盘之间需要装配衬垫，砂轮和法兰盘之间的衬垫必须要合适，进行砂轮的更换时，其相应的衬垫也必须要进行更换。衬垫能够弥补砂轮和卡盘之间不平整的承载面，提高砂轮和卡盘之间的摩擦系数避免滑动，在整个紧固表面均匀地分配了坚固的轴向应力，减少了对卡盘的磨损，而且在某些情况下，轴向应力能够确保砂轮正确定位。需要注意的是，衬垫必须要由塑料、软板或者橡胶等可压缩的软材料制成，厚度必须在 0.1～0.2mm 之间。对于磁性砂轮而言，其厚度至少为 1mm，衬垫直径必须要大于卡盘，并且能覆盖整个紧固表面，在砂轮表面，衬垫必须要能提供松散或是附着力的功能，同时注意衬垫不能被切削液所腐蚀。

（3）紧固法兰盘　如图6-23所示，砂轮法兰盘紧固时要按照1~2、3~4、5~6、7~8对角顺序依次紧固，紧固时用力要均匀，使砂轮均匀受力。

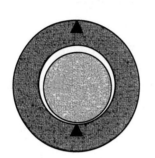

图6-21　砂轮不平衡位置

图6-22　法兰盘示意图

2. 砂轮静态平衡

（1）砂轮静平衡器找正　由于车轴磨削用砂轮结构尺寸较大，而且静平衡器（图6-24）直接放置地面并不牢固，会导致其在起落时其自重容易将静平衡器水平破坏，影响砂轮的静平衡质量。为此，制作专用平台，将静平衡器固定在专用平台上，在进行砂轮静平衡器找正时，将框式水平仪放置在静平衡器的找正面上，通过调整平台下面的可调垫铁，按横向、纵向两个方位找正，并将水平仪的偏差控制在一格之内即可。

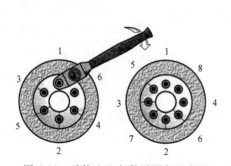

图6-23　砂轮法兰盘紧固顺序示意图

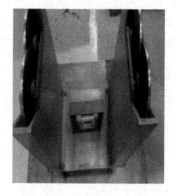

图6-24　静平衡器示意图

为了让砂轮静平衡器能够保持相对稳定的平衡状态，平台使用了四个可调垫铁，在进行调整时，先让其中三个受力，起支承作用，待静平衡器找正以后，调整剩下一个可调垫铁，确保与平台充分接触。调整时不要破坏静平衡器的平衡状态，将组装好的砂轮装入平衡心轴后，安放在静平衡器的平衡轮上，转动一会后吊走，检查静平衡器水平状态是否有变化，若有变化可进行微调。

（2）砂轮静平衡　进行砂轮静平衡前，首先需要将平衡心轴外表面和法兰盘内表面擦拭干净，去除油污和锈蚀，用油石对法兰盘内孔面的磕碰伤痕进行局部打磨，打磨方向要顺着圆周方向左右打磨，不能有高于内孔面的高点，确保平衡心轴和法兰盘内孔面的有效接触面积。

然后将平衡心轴穿过法兰盘内孔,并将二者连接在一起,用两条1.5m的吊带分别挂在平衡心轴两侧,使用天车将组装好的砂轮放置在平衡轮上,让平衡心轴带着砂轮自由旋转。待砂轮停止旋转后,砂轮最下端即为组装好的砂轮的最大不平衡点。此时砂轮上的"▲"标识位置,应在砂轮最下端45°夹角范围内。

待砂轮静止后,在砂轮正上方法兰盘的凹槽内安装第一块平衡块(图6-25),此平衡块安装后不再移动。然后在砂轮的水平方向左右各安装一块平衡块,可通过调整这两块平衡块的位置使砂轮最终达到平衡。用手轻轻推动平衡好的砂轮,砂轮转动时会有明显的摩擦感,砂轮在任何位置受到阻力会立即停止转动。将砂轮分别转到四个象限,砂轮左右摆幅不得超过90°。

平衡好的砂轮上机修整后,砂轮外圆轮廓会以磨床主轴回转中心为径心,形成新的砂轮实体,而之前的砂轮平衡被打破。此时需要将砂轮拆下,重新进行静平衡试验,步骤同上。

(3)砂轮吊装辅助工装 为了方便砂轮的安装与拆卸,设备厂家专门制作了砂轮吊装工装,工装上部通过吊环与天车连接。砂轮重量发生变化时,可通过调整吊环在吊臂上的位置,来保持砂轮吊运时始终保持垂直状态,如图6-26所示砂轮吊装辅助工装。吊具下部安装部位呈凸缘设计,安装时,凸缘会沉入法兰盘外端内槽中,凸缘底部平面与法兰盘外端面接触定位,用6个M12的螺栓将吊装工具与砂轮法兰盘紧固牢靠,防止脱落。

图6-25 平衡块

图6-26 砂轮吊装辅助工装

车轴柔性自动加工线整线联调后,机械手运行导轨安装在了所有数控设备的顶部中线位置,机械手线槽位置在车轴数控外圆磨床砂轮主轴位置的正上方,在进行砂轮的安装和拆卸时,天车吊钩与机械手线槽会发生干涉,导致砂轮无法更换。经过现场调研,设计了"弓"字形砂轮吊装辅助工装,该吊具的上部跨接部位可以绕过线槽,并有一定的上下移动空间实现安装过程的微调,吊具上部与天车相连,下部通过吊带与砂轮吊装工具形成软连接,从而可以实现砂轮与吊具的相对扭转,作业时一人扶住吊具的控制手柄,另一人操控天车,调整砂轮角度,实现砂轮与磨床主轴成20°夹角的安装所需方向,完成砂轮的更换。

(4)砂轮安装

砂轮的安装步骤为:将砂轮紧固在砂轮吊装辅助工装上,用擦拭纸将砂轮主轴外圆面和砂轮法兰盘内孔面擦拭干净,用天车将"弓"字形砂轮吊装辅助工装吊起,一人扶住砂轮吊具的控制手柄，另一人操控天车，当砂轮法兰盘中心与磨床主轴中心基本处于同一水平位置时，令砂轮与磨床主轴成 20°，移动天车将砂轮吊运至磨床砂轮防护罩区域，通过点动天车，微调砂轮位置，确保砂轮法兰盘内孔与磨床主轴处于同一中心位置，操作天车人员点动天车向砂轮主轴根部方向微移，另一人用双手扶住砂轮水平方向两端，轻轻推动砂轮，注意观察砂轮安装位置，若有偏差应及时通知操作天车人员微调天车位置，直至将砂轮安装到位为止。

砂轮安装到位后，将砂轮吊运工装拆卸，放置到规定位置，以备下次使用。将砂轮压盖安装到磨床主轴端部，用 6 个 M12 螺栓进行紧固，紧固顺序按照对角顺序依次用力，将防护门锁紧，砂轮安装完毕。

（5）砂轮拆卸　砂轮退卸工装是将砂轮从主轴退卸的专用工具，使用时将导向螺纹旋入砂轮法兰盘内螺纹内，用扳手将顶螺钉旋紧，螺栓顶部与磨床主轴端部相互作用，直至将砂轮退卸，如图 6-27 所示砂轮退卸工装示意图。

（6）砂轮自动平衡器　砂轮安装后，需要空转 30min，观察砂轮的平衡情况以便及时对砂轮进行调整。车轴全自动数控外圆磨床配有砂轮自动平衡装置，用于优化砂轮平衡的精确度和时间，平衡装置由平衡器、振动传感器、操作界面、自动四个元件组成，其结构示意图如图 6-28 所示。

图 6-27　砂轮退卸工装示意图
1—顶螺钉　2—退卸工装　3—导向螺纹

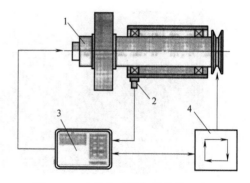

图 6-28　砂轮自动平衡器结构示意图
1—平衡器　2—振动传感器　3—操作界面　4—自动

6.6.7　砂轮修型、修整

1. 砂轮修型方案确定

新采购或者不同车型车轴磨削所需的砂轮，都要按照所要加工的车轴外圆轮廓进行修型才能满足使用要求。

砂轮修整器安装在磨床的尾座上，砂轮修整器用于固定金刚刀并确定金刚刀的正确位置。砂轮修型前，需要先根据砂轮所磨削车轴外圆轮廓的几何结构、尺寸精度来确定砂轮的修型方案；然后根据砂轮的修型方案、砂轮的型号及结构尺寸，确定砂轮的修型轨迹；之后，按照最短的加工路线、极高的符合性、绝对的安全性的原则编制砂轮修型程序；最后，进行砂轮的修型。

2. 对刀

对刀的具体操作步骤：

1）选择砂轮 X1 或 X2。
2）选用修整器的原点模式。
3）按下循环开始键。

注意：如果出现"砂轮 X1/X2 的修整器原点搜索—按下循环开始或复位键"信息，需要重新按下循环开始键继续程序，否则按下 CNC 复位键终止程序。

第二次按下循环开始键后，会显示"砂轮 X1/X2 的修整器原点搜索—将砂轮前端去接触修整器并按下设置键"。

操纵遥控键盘移动砂轮，使其前端刚好接触到修整器的修整笔前端，按下设置键，CNC 会保存 X 值，然后显示"砂轮 X1/X2 的修整器原点搜索—将砂轮左/右侧去接触修整器并按下设置键"。移动砂轮，使其左侧刚好接触到修整器的金刚笔前端，然后再按设置键，CNC 保存 Z 值，显示"砂轮修整器原点搜索结束"，最后按下复位键结束修整器原点搜索。

3. 砂轮修型

砂轮修整器示意图如图 6-29 所示。砂轮修型的具体操作步骤：

1）选择砂轮 X1 或 X2。
2）选用砂轮的修型模式。
3）按下循环开始键。

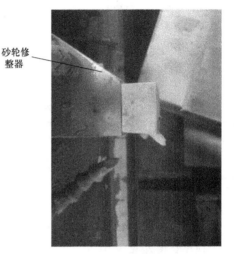

图 6-29 砂轮修整器示意图

在修型开始时，CNC 会将砂轮移到开始修型的位置，然后进行一系列的修整运动，直到将预先设置在 WHEELDATA（砂轮数据）里的一定量的砂轮材料全部去掉为止。

在砂轮修型阶段，由于砂轮的结构尺寸与程序的编制尺寸有较大差异，局部尺寸差会大于 10mm，为防止过大的修整量将金刚笔损坏，修型前要计算局部尺寸差，并在砂轮数据中预先设置安全距离，初次运行程序时要使用单段运行，在确认设定数据无误后，再开始正常修型。

4. 砂轮的修整

修整砂轮的具体操作步骤：

1）选择砂轮 X1 或 X2。
2）选用砂轮的修整模式。
3）按下循环开始键即可。

砂轮修型完毕后，按照车轴磨削部位技术要求，需要修正砂轮修整数据，由于新修整的砂轮比较锋利，容易造成磨削表面粗糙度值出现超差，因此砂轮修整速度和修整量宜选用较小数值，具体数值需要根据使用情况来逐渐调整。

6.6.8 统型砂轮尺寸设计

由于车轴的生产模式以多品种、小批量为主，不同类型车轴磨削部位结构不同，需要匹配不同外形的砂轮，在换产时，需要频繁修整砂轮，而且砂轮修形的时间较长，砂轮的利用率不高。因此为了提高砂轮的利用率，对车轴的种类和尺寸进行研究，设计出统一的砂轮外形尺寸，使一种砂轮可以同时适用于多种车轴的外圆磨削加工。下面以磨削轴径、防尘板座等部位的统型砂轮尺寸设计为例进行设计方法的介绍。

1. 统型砂轮1尺寸设计

通过分析研究29种车轴的径向和轴向尺寸结构，列出轴颈、防尘板座直径差，轴颈、防尘板座长度差见表6-17。

表6-17　29种车轴轴颈和防尘板座尺寸

类型	类型1	类型2	类型3	类型4	类型5
数量	5	1	5	16	2
轴径、防尘板座直径差/mm	30	30	30	31	31
轴径、防尘板座长度差/mm	108	111	118	104	117

分析上表数据，得到统型砂轮1主要结构尺寸见表6-18。

表6-18　统型砂轮1主要结构尺寸

砂轮名称	项目	轴径	防尘板座
MOLA-X2-1	轴向/mm	195	120
	径向/mm	0	30.5

2. 统型砂轮2尺寸设计

通过分析研究28种车轴的径向和轴向尺寸结构，列出轴颈、防尘板座直径差，轴颈、防尘板座长度差见表6-19。

表6-19　28种车轴轴颈和防尘板座尺寸

类型	类型1	类型2	类型3	类型4
数量	3	6	11	8
轴径、防尘板座直径差/mm	30	30	30	30
轴径、防尘板座长度差/mm	126	140~146	164~174	188

分析上表数据，得到统型砂轮2主要结构尺寸见表6-20。

表6-20　统型砂轮2主要结构尺寸

砂轮名称	项目	轴径	防尘板座
MOLA-X2-2	轴向/mm	240	75
	径向/mm	0	30

3. 统型砂轮验证

在统型砂轮尺寸设计完成后，按照设计尺寸，在车轴数控外圆磨床编写程序，对普通砂轮进行修形、修整，使其加工成统型砂轮。在班组施工现场用多种车轴对统型砂轮进行磨削验证，试验结果表明，统型砂轮可以满足所有车轴的外圆磨削加工要求，而且成型后的统型砂轮在进行轴颈、防尘板座等部位磨削时，只用两种型号的砂轮即可满足57种车轴的磨削要求，减少了换产后反复修整造成的砂轮浪费。

6.6.9 马波斯 P7 测量系统

全自动车轴数控外圆磨床采用马波斯 P7 测量系统，该系统可实现车轴磨削过程的在线测量和机后测量。

1. 直径量仪原点搜索

使用直径量仪原点搜索的具体步骤：

1）选择 GAUGE ZEROING（量仪归零）模式。

2）选择 GAUGE ORIGIN（量仪原点）模式。

3）按下 START CYCLE（循环开始）键。

进行直径量仪原点搜索前，通过操纵遥控键盘，将 W 轴定位到归零位置，使用控制键盘上的选择器来上下移动直径量仪，然后按下设置键，CNC 就会保存 W 轴此时的位置。

2. 直径量仪归零

全自动车轴数控外圆磨床为马波斯 P7 测量仪配有一标准环，安装在工作台最右边，标准环的安装中心与磨床头架的回转中心同轴，要注意做好标准环的清洁和防锈，如图 6-30 直径量仪校零示意图所示。

执行量仪归零前，首先需要用擦拭纸清除标准环和马波斯测量仪测量头处的污垢，然后将量仪的上下测量头紧固螺栓松开，保证测量头接触面与测量杆齐平，之后手动将量仪测量臂放下，将下部测量头旋动接近标准环底部，紧固螺栓旋紧到测量头可稍稍用力转动即可，旋动底部测量头至控制面板压力数据显示为"-2"，最后将紧固螺栓旋紧，此时控制面板压力数据显示为"0"。

图 6-30 直径量仪校零示意图

按照同样的步骤，调整上部测量头零位。注意：在紧固螺栓旋紧前，控制面板压力数据要显示为"2"，这样才能保证紧固螺栓旋紧后的数值"0"。调整完测量头零位，选择量仪归零按键，量仪执行归零程序，每次可执行 2~3 次。

3. 直径量仪加工原点搜索

直径量仪加工原点搜索用于确定量仪（W 轴）在加工循环当中的准确位置，操作步骤：

1）选择砂轮 X1 或 X2。

2）选用工件原点模式。

3）选择 GAUGE ORIGIN（量仪原点）模式。

4）按下 START CYCLE（循环开始）键。

进行直径量仪加工原点搜索时，需要令砂轮 X1 或 X2 及 Z 轴处在工作位置上，令 W 轴处在测量位置上（操作人员必须用手轮手动移轴），然后通过使用控制键盘上的选择器来上下移动直径量仪，最后按下设置键。

4. 定位器的原点搜索

POSITIONER ORIGIN SEARCH（定位器的原点搜索）用于确定定位器在加工循环当中的准确位置（车轴在磨削加工过程中的 Z 轴位置）。操作步骤：

1) 选择砂轮 X1 或 X2。
2) 选用工件原点模式。
3) 选用 [POSITIONER ORIGIN（定位器原点）] 模式。
4) 按下 [START CYCLE（循环开始）] 键。

进行定位器的原点搜索前，操作人员必须定位 X1 或 X2 定位器（可以使用控制键盘上的选择器来上下移动定位器），当定位器靠近肩面 4~5mm 时，按下设置键，令 CNC 向正或负方向移动 Z 轴，当定位器接触到肩面时，储存此时轴的重合值。

6.6.10 其他装置

1. 冷却系统

设备厂家提供了完善的冷却方案，包括主轴静压油箱冷却，切削液箱冷却等，确保设备对于温度的要求，保证设备安全运转。对于冷却系统的检查和维护，主要问题及解决方案见表 6-21。

表 6-21 主要问题及解决方案

问题	原因	解决方法
降解（腐臭）	油的浓度低	增加油的浓度
杂质油过多	—	去除杂质油
机床清洁度差	—	使用清洁剂
不常补充	—	增加补充次数
腐蚀	油的浓度低	增加油的浓度
水质	—	用不同质量的水
湿度高	—	使用防潮产品
起泡	油的浓度高	降低油的浓度
软化水	—	用不同质量的水
罐的类型	—	使用不同的罐
污染物	—	排掉乳化液
残留物	浓度高	降低浓度
水太硬	—	用不同质量的水
皮肤病	浓度高	降低浓度
污染物	—	消除污染物
使用不合适的个人防护装备	—	使用合适的个人防护装备
油漆剥落	浓度高	降低浓度

2. 加油站

设备厂家提供了完善的润滑方案，所有润滑都由加油站集中提供，顶尖润滑装置油桶可一次性添加 5L 特殊润滑脂，由加油泵自动定时加油，确保磨削过程中顶尖与中心孔充分润滑，避免出现划伤和粘连等质量缺陷发生，加油间隔时间可以在磨床数据中更改。加油站

125L 油箱添加 10 号主轴油，为两个砂轮主轴静压轴承提供压力油。75L 油箱添加 32 号抗磨液压油，为磨床液压系统及设备润滑提供油液保证。

3. 机床控制面板的说明

如图 6-31 机床控制面板示意图所示。

（1）OIL PUMP ON　是油压动力发动机开启键，向轴的驱动器供电。

（2）OIL PUMP OFF　是油压动力发动机关闭键，未向轴的驱动器供电。

（3）EXTERNAL 1 WHEEL ON　按下［EXTERNAL 1 WHEEL ON］键后会启动砂轮 X1。

砂轮 X1 的启动顺序：按下［EXTERNAL 1 WHEEL ON］键，在限制速度下开启砂轮。请勿在"安全速度"的设定速度（700r/min）下开启砂轮，只能在磨削或金刚石修整/修形中可以达到编程速度。每次启动砂轮后，将显示砂轮的数据确认信息。

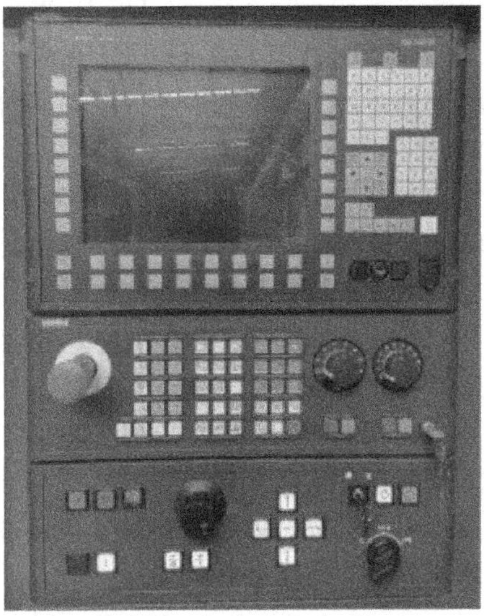

（4）EXTERNAL 1 WHEEL OFF　按下［EXTERNAL 1 WHEEL OFF］键后，砂轮 X1 停止运行。

图 6-31　机床控制面板示意图

（5）EXTERNAL 2 WHEEL ON　按下［EXTERNAL 2 WHEEL ON］键后会启动砂轮 X2。砂轮 X2 的启动顺序与砂轮 X1 的启动顺序一样，故不再阐述。

（6）EXTERNAL 2 WHEEL OFF　按下［EXTERNAL 2 WHEEL OFF］键后，砂轮 X2 停止运行。

（7）DOOR OPENING　按下［DOOR OPENING］键后，前防护门的锁会松开。

（8）ALARM（报警）灯　ALARM 红灯闪烁时，指示由 PLC 产生的机床报警。

（9）ALARM RESET（报警复位）　按下［ALARM RESET］键后，会复位 PLC 报警。

（10）ENABLING CYCLE（启动循环）灯　ENABLING CYCLE 绿灯亮起时，说明可以执行选用的循环（满足所有工作条件要求）。

（11）MANUAL（手动）灯　MANUAL 绿灯亮起时说明选用手动模式。

（12）MACHINE IN AUT./MAN（机床自动/手动模式）选择器　MACHINE IN AUT./MAN 是两种模式的选择器，分为手动和自动两种模式。

（13）AUTOMATIC（自动）灯　AUTOMATIC 蓝灯亮起时说明选用自动模式。

（14）START CYCLE（循环开始）键　按下［START CYCLE］键后，自动循环开始。

（15）MACHINE LIGHTING ON/OFF（机床照明开灯/关灯）选择器　此选择器用于控制机床内照明。

（16）RAPID RETRACTION（快速退回）键　此键用来控制 X 轴快速退回到安全位置。

（17）EXTERNAL 1 GAP ELIMINATOR（外圆砂轮 1 的消空程）灯　此灯指示砂轮 X1 的消空程装置已准备开启。

（18）EXTERNAL 2 GAP ELIMINATOR（外圆砂轮 2 的消空程）灯　此灯指示砂轮 X2

的消空程装置已准备开启。

(19) WHEEL GUARD CLOSE/OPEN（砂轮防护罩 打开/关闭）选择器　该选择器用于打开/关闭砂轮防护罩，仅当 X 轴处于休止位置时，可以关闭防护罩。

(20) GAUGE DOWN/UP（量仪下/上）选择器　GAUGE DOWN/UP 选择器用于控制直径量仪的上下行程。按下 GAUGE POSIT. ENABL（启动量仪的定位器）键后开始执行。

(21) POSITIONER X1 UP/DOWN（定位器 X1 上/下）选择器　POSITIONER X1 UP/DOWN 选择器用于控制砂轮 X1 定位器的上下行程。按下 GAUGE POSIT ENABL（启动量仪的定位器）键后开始执行。

(22) POSITIONER X2 UP/DOWN（定位器 X2 上/下）选择器　POSITIONER X2 UP/DOWN 选择器用于控制砂轮 X2 定位器的上下行程。按下 GAUGE POSIT ENABL（启动量仪的定位器）键后开始执行。

(23) COOLANT（切削液）选择器　COOLANT 为连续模式（当砂轮连续转动时，切削液连续提供）或间歇模式（切削液由 CNC 中的工件程序控制）的选择器。

(24) POWER ON/OFF 电源开启/关闭开关　POWER ON/OFF 开关用于启动器的 DC24V 电源开启或关闭。

(25) TAILSTOCK OPENING（尾座打开）键　TAILSTOCK OPENING 为尾座打开键，仅在前门关闭条件下才能使用。

(26) TAILSTOCK CLOSING（尾座关闭）键　TAILSTOCK CLOSING 为关闭尾座键。

(27) DOORS OPENING（开门）键　DOORS OPENING 为前防护门打开键。

(28) DOORS CLOSING（关门）键　按下此键来关闭前门，只能在 SERVAX 系统启用的条件下使用。

当设有 SERVAX 系统时，开机后，需进行必要的校准，当所有门关闭后，操作人员必须按下关门键来进行校准操作。

6.6.11　应用举例：车轴磨削外圆直波纹产生机理分析及消除

1. 生产现状

磨削某车型动车组动车车轴齿轮箱各座时，轴承座及紧圈座外圆表面会出现严重的直波纹缺陷，如图 6-32 所示，这两处磨削外圆直波纹目视可见，用手触摸存在较强的凹凸感，影响产品质量，属于较严重的磨削表面质量缺陷。两座尺寸公差要求为 0.029mm，磨削加工后，可供修复直波纹的余量仅约为 0.01mm。人工修复容易造成尺寸超差，导致车轴报废，而且修复直波纹要占用设备、人员，耗时费力，形成"瓶颈"工序。

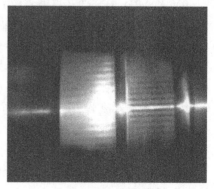

图 6-32　直波纹缺陷

2. 原因分析

经过分析，磨削加工时会出现表面直波纹缺陷的原因主要有以下四点：

1) 砂轮材质与车轴材质不匹配以及砂轮硬度过高、磨粒分布不均匀、砂轮磨损不均匀，造成了磨削表面直波纹缺陷。

2) 砂轮平衡不良、砂轮已变钝或修整不良（修整用量过细或金刚石已磨损），容易造成磨削表面直波纹缺陷。

3) 磨削用量选用不合理，工件转速过高、精磨时进给量过小，也会造成磨削表面直波纹缺陷。

4) 车轴磨削外圆直径过大或重量过重。该车轴轴承座、紧圈座基本尺寸分别为 $\varphi216.5mm$、$\varphi216mm$，车轴重 450kg，属于较难磨削的工件。

3. 解决措施

从调整砂轮磨料及粒度和硬度入手，合理选择磨削参数，提高砂轮磨削能力，减少磨削激振。对容易出现直波纹的轴承座和紧圈座采用数控编程进行砂轮的修型，改变原来的分段磨削方式，一次进刀即可将两座磨好，增大了磨削时砂轮和车轴的接触刚度，减少激振发生。

（1）调整砂轮型号　该型动车组车轴材质为 EA4T，该材质韧性较大，硬度较高，属于较难磨削加工件。数控外圆磨床所用砂轮一直由国外公司提供，采用欧洲标准。砂轮型号中磨料 CS33A 为氧化铝和碳化硅混合磨料，粘结剂 VB3 为陶瓷和树脂混合型。

车轴自动加工线两台数控外圆磨床（该型号磨床为双砂轮架），每年需要消耗砂轮的数量约为 12 个。结合车轴材质和实际磨削状态，对砂轮粒度、硬度以及磨料进行适当调整，并对国产化单晶刚玉砂轮进行试验，试验砂轮型号如图 6-33～图 6-36 所示。

图 6-33　原砂轮型号

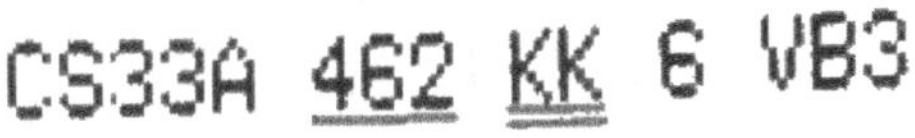

图 6-34　改进砂轮型号 1

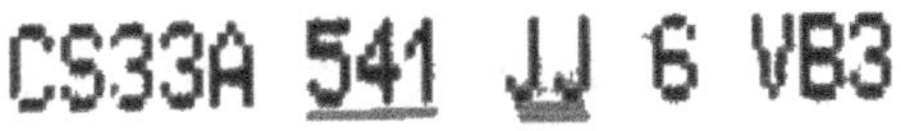

图 6-35　改进砂轮型号 2

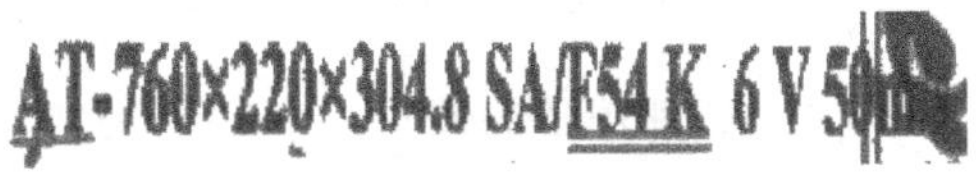

图 6-36　国产化砂轮型号

使用改进砂轮型号 1 后，其磨削能力提高了约为原来的 30%，使用改进砂轮型号 2 后，其磨削能力提高了约为原来的 10%，使用国产化砂轮型号后其磨削能力提高了约为原来的 30%，使用国产化砂轮后车轴磨削质量得到显著的提高。

单晶刚玉（SA）呈灰白色，其颗粒形状多为等积形，晶体内不含杂质，具有多棱角的切削刃。在同样的磨削力作用下，所形成的力矩小于其他磨料，不易折碎、机械强度较高、单颗粒抗压强度为 22~38kg，而棕刚玉仅为 10~20kg。由于单晶刚玉有较高的硬度和韧性，具有较强的切削能力，因此可用来加工工具钢、合金钢、不锈钢、高钒钢等韧性大、硬度高的难磨材料，用单晶刚玉磨料烧结成的砂轮，其切削性能完全可以替代进口砂轮，而且进口砂轮进货周期较长，一般为 6~8 个月，而国产砂轮一般仅需 15 天左右，因此在综合考虑了上述因素后最终选择使用国产砂轮。

（2）砂轮平衡　砂轮是一种不均质的物体，由于其质量中心与旋转中心不重合，在砂轮高速旋转时会引起振动，这种状态称为砂轮的不平衡。且在生产中使用了不平衡的砂轮，且作用在磨床轴承上，那么会使主轴产生振动，加快磨床主轴的磨损；如果作用在被加工车轴上，那么会使车轴磨削表面出现直波纹，以及加工精度和表面粗糙度变差。新砂轮不平衡的原因主要有内在质量、密度不均以及几何偏差两种。

内在质量、密度不均包括混料、成型摊料不均，烧结条件不均匀，收缩不一致，反应不一致，造成密度不均，成型时的几何偏差会造成各处压力不均。修整形态后，虽然几何精度达到了要求，但密度仍然不均。几何偏差主要包括两端面不平行以及砂轮内外径不同心。

砂轮的不平衡原理如图 6-37 所示，用垂直轴线的平面将砂轮分为相等的两部分。这两部分的重心分别为 A_1、A_2。重心 A_1、A_2 位于不同平面上，既有静不平衡，又有动不平衡。砂轮高速旋转时会出现激振，磨削车轴外圆表面就会出现直波纹缺陷，实际的砂轮都属此种情况。

新砂轮组装时要注意检查砂轮质量，用木锤轻轻敲击砂轮，声音清脆有余音说明砂轮合格，如果声音短促沉闷，说明砂轮有裂纹不能使用。砂轮做静平衡时，要求砂轮每转 45°都能停住，由于此砂轮较大，规格为（760×220×204.8）mm，因此砂轮上机修整后需做动平衡，平衡后的砂轮工作时动平衡值仅为 $0.02\mu m$，如图 6-38 所示。

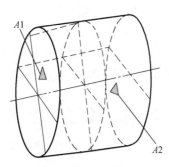

图 6-37 砂轮不平衡原理

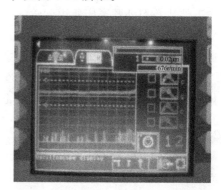

图 6-38 平衡后的砂轮工作动平衡值

（3）磨削用量的调整　磨削用量的选取不仅要考虑车轴的材质，而且要结合砂轮的磨损状况。EA4T 材质塑性较大，磨削时产生的热量较多，磨削区温度高达 1000℃，熔化的磨屑粘附在磨粒切削刃后刀面上，造成砂轮堵塞，引起砂轮切削能力急剧下降，磨削表面产生直波纹。因此为了优化磨削参数，在磨削过程中，实时监控设备、砂轮及磨削车轴状态，根据砂轮磨损状态，动态优化磨削用量。经过大量的磨削对比试验以及结果检测，确定最优的磨削参数，详见表 6-22。调整后的磨削用量既消除了粗磨阶段车轴过大的热变形又避免了精磨阶段由于磨屑过细引起的砂轮急剧堵塞导致磨削能力下降。

表 6-22　最优磨削参数

阶段	砂轮线速度/(m/s)	工件转速/(r/min)	粗磨量/(mm/min)	半精磨量/(mm/min)	精磨量/(mm/min)
优化前	37-40	30-35	0.15	0.10	0.02
优化后	40-42	20-30	0.12	0.08	0.04

（4）磨削方式的调整　车轴自动加工线数控外圆磨床，磨削车轴时采用直进式切入磨削。磨床所用砂轮为宽砂轮，厚度为 220mm，对于阶梯轴外圆面，原来只能依次分步磨削，造成砂轮两侧磨损严重，磨削外圆面容易出现直波纹。为了避免出现直波纹，需经常修整砂轮，造成了砂轮浪费。

因此为了提高车轴磨削质量及砂轮利用率，根据车轴齿轮座的结构形式，结合直波纹形成机理并通过反复的磨削对比试验改进了磨削方式,将原来的分步磨削方式改为成形磨削方式,一次进刀即可将轴承座、紧圈座两座磨好。按照以上要求编制数控程序,将砂轮进行修型,增加砂轮与车轴磨削外圆的接触刚度,消除工艺系统自激激振的发生。磨削方式改进后,不仅消除了车轴齿轮座、紧圈座的磨削外圆直波纹缺陷,而且磨削效率和砂轮的利用率也得到很大提高,如图6-39所示。

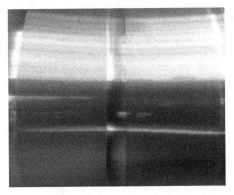

图6-39　改善后的加工工件表面

4. 效果综述

通过对磨削直波纹产生机理的分析,结合车轴、砂轮材质,选择了国产砂轮、优化了磨削参数,调整了磨削加工工艺,从而解决了某车型动车组动车车轴的轴承座和紧圈座磨削外圆直波纹问题,改善后两座磨削表面质量满足了工艺要求。此外,国产砂轮价格便宜、供货周期仅15天左右,一年可节约费用40万余元,解决了车轴自动加工线磨削工序的生产"瓶颈"问题。

参 考 文 献

[1] 韩鸿鸾. 数控铣工/加工中心操作工[M]. 北京：机械工业出版社，2007.
[2] 梁建英，杨中平，张济民. 高速列车[M]. 上海：上海科学技术文献出版社，2019.
[3] 杨晓. 数控钻头选用全图解[M]. 北京：机械工业出版社，2019.
[4] 李新勇，赵志平. 机械制造检测技术手册[M]. 北京：机械工业出版社，2012.
[5] 彭林中，张宏. 简明金属机械加工工艺手册[M]. 北京：化学工业出版社，2012.
[6] 闻邦椿. 机械设计手册[M]. 北京：机械工业出版社，2010.
[7] 孙凤池. 机械加工工艺手册[M]. 2版. 北京：机械工业出版社，2007.
[8] 管益辉，陶有朋，安迪. 分体式轴向体轴承孔加工工艺改进[J]. 金属加工（冷加工），2018（3）：23-25.